成吉思汗

下

一代天骄

李峰——著

中国出版集团　现代出版社

图书在版编目（CIP）数据

天骄成吉思汗：全二册 / 李峰著 . — 北京：现代出版社，2023.1
ISBN 978-7-5143-9993-6

I . ①天… II. ①李… III. ①成吉思汗（1162-1227）- 传记 IV . ① K827=47

中国版本图书馆 CIP 数据核字 (2022) 第 203942 号

天骄成吉思汗（全二册）

作　　者：李　峰
责任编辑：张　霆　谢　惠
出版发行：现代出版社
通信地址：北京市安定门外安华里 504 号
邮政编码：100011
电　　话：010-64267325　64245264（传真）
网　　址：www.1980xd.com
印　　刷：三河市宏盛印务有限公司

开　　本：710mm×1000mm　1/16
印　　张：45.5　　　　　　　字　　数：668 千
版　　次：2023 年 1 月第 1 版　　印　　次：2023 年 1 月第 1 次印刷
书　　号：ISBN 978-7-5143-9993-6
定　　价：118.00 元（全二册）

目　录

辽阔的原野上，两个蒙古军的万人队正向西进发。此时是晚冬，一片片白色的碎雪还覆盖着草原，篾儿乞部、乃蛮部等许多被蒙古军打败的部落残部又在阿尔泰山以西、天山以北的也儿的石河（今额尔齐斯河）、叶尼塞河一带集结作乱，并啸聚为匪。

通天巫阔阔出让铁木真第一次觉得世上也有他控制不了的神秘力量，虽然铁木真一向自认是"长生天的骄子"，但通天巫阔阔出却表现得像他才是得到了"长生天的宠爱"。当时，蒙古人已信仰萨满教几千年，但通天巫阔阔出却击中了铁木真信仰长生天的要害，让铁木真认为"通天巫就是长生天的代表和使者"。

铁木真和众将吃惊地看到，上贡地点集结了大批的金军铁骑。不过，蒙古众将不知道的是，前来收取贡品的金国卫王完颜永济和随身的金军将领更吃惊，原来他们也带了五万铁骑前来并准备趁蒙古上贡之机以迅雷不及掩耳之势擒下铁木真以绝草原后患，但万没想到的是铁木真竟是全副武装地率大队人马前来。

从蒙古帝国的心脏土兀剌河（今土拉河）上游到西夏的都城兴庆府（今宁夏银川），有一条穿越戈壁南北走向的通道，而这条通道直到今天都还在保留使用。这条通道是铁木真必灭西夏的根源之一，他最怕的事情之一就是西夏突然沿这条路直插蒙古的心脏——蒙古帝国的都城哈剌和林，把蒙古分为两段。脱栾就是沿着这条路向西夏进军的。

众人决定由"蒙古四狗"者勒蔑、忽必来、者别、速不台负责破堤，又筑起一道副堤预备将水引向兴庆府。此地黄土甚是松软，兴庆府离黄河又甚近，副堤工程很快完成。然后，一部蒙古军在掘开大堤之前退往高坡，大部蒙古军后退五里，以避开洪水。

面对如此凶狠的蒙古军，金军终于崩溃了，剩下的士兵们一起往后溃散，而主帅独吉思忠甚至跑在最前面。木华黎纵军放马追杀，金军伏尸十里，仅有独吉思忠率百骑逃走。蒙古军乘胜踏平乌沙堡，又回头与主力军夹击攻下乌月营，并将近万金军消灭。

这场惊天动地的大血战，从清晨一直打到下午才分出胜负。战斗开始时，十万金军在野狐岭北山口竖起一面面高大的盾牌，直接把山口堵得死死的，密得连只蚂蚁都爬不过去，以减轻蒙古军最厉害的武器——弓箭的杀伤力。同时，北山口的制高点獾儿嘴陡峭的山坡上更是密密麻麻地站满了金军，真可谓是"刀枪如林，剑戟如麻"。

尽管巴里黑城的百姓没有抵抗，铁木真还是进行了屠城，因为他不敢保证城中百姓以后不反叛。于是，铁木真以查验人户为名，将巴里黑城的百姓驱赶至郊外屠戮，然后纵火焚城，甚至连郊野的园林也没放过。就这样，又一座中亚名城毁灭了。

丘处机主要是劝告铁木真在战争中要爱惜百姓，不要乱杀屠戮。铁木真笑道："老神仙所言，便是以民为要，但朕以为天下之人已复太多，杀一点也不算什么。"丘处机心中暗暗叹息，但又劝解道："大汗差矣，须知民为天下之本，有民方有天下。若今大地之上万户萧疏，则谁来执大汗之命，为大汗生产粮食、布匹和一应什物呢？"

战场上，速不台领军一万五千骑和谷儿只军血战，不久败退。谷儿只军士气大振，穷追不舍，但就是追不上蒙古军。当谷儿只军追到一个谷地时，忽然号声大起，原来蒙古军乃是诈败将谷儿只军引入伏击圈，只见者别一马当先与左翼的蒙古将领扎拉、右翼的突厥将领马日古斯奋勇向前，顿时把谷儿只军截成了数段。

木华黎的去世，再次给了铁木真极大的打击。木华黎是铁木真的手足股肱，分担了他一半的重担，而其去世令铁木真不禁痛彻心扉。在爱将（者别）、爱子（长子术赤）和兄弟（木华黎）的接连去世后，铁木真感到了死亡在逼近。铁木真令前来报丧的孛鲁回去承袭木华黎的职位，继续指挥蒙古军攻打金国。然后，铁木真率军继续回归蒙古，他也需要回到三河源头的大营休整了。

铁木真的病越来越重了，终日高烧不退，睡着后做着一个又一个的噩梦：浑身漆黑被毒死的父亲也速该死不瞑目的眼睛，被泰赤乌人困在不儿罕山九天九夜差点被饿死的痛苦和抓去游行示众的死亡恐惧，篾儿乞人抢走了新婚妻子孛儿帖，与义父脱里汗、安答札木合的生死恩怨和纠缠不休，西征中一个个中亚繁华的城池瞬间变成死城与那满地的头颅和白骨扑将过来……

按照蒙古习俗，铁木真的遗体放置在一棵掏空了树芯的千年柏木里，外箍十八道纯金金箍，放在十八头白牛拉的大车上，准备返回漠北三河源头归葬。一万名怯薛勇士做开路前导，军旗猎猎、仪仗鲜明地簇拥着载着铁木真遗体的车驾，后面是浩浩荡荡的蒙古十万大军。

第二十一章　风暴在继续

辽阔的蒙古大草原迎来了百年来第一次整体性的和平与安宁，到处莺歌燕舞，牧人狂欢不打仗了。草原上，疯狂地繁殖着，公畜一天到晚都在撒野，母畜的肚子都是垂得鼓鼓的怀着胎，而人也一样，女人挺着大肚子，老母亲们都牵着孩子、抱着婴儿。此时，草原上一派红火发达、人畜兴旺的好景象，大家都夸铁木真是个好大汗。但是，铁木真和蒙古将帅们知道，这样的和平是短暂的——乃蛮部的残兵败将和铁了心要与蒙古死战到底的篾儿乞部残余，趁蒙古军主力撤走后又在遥远的西边集结起来兴风作浪，并试图东山再起——蒙古军新的远征很快又要开始了。

这天，铁木真和众将正在中军大帐议事，大皇后孛儿帖带着忽兰、合答安、古儿别速、也遂、也速干众皇后走了进来。众将纷纷站起来向皇后们问安，而这几位皇后特别是孛儿帖皇后在蒙古军中有着极高的威望。平时，铁木真只要不出征，一般都待在孛儿帖大皇后的黄金斡儿朵里，其他几个斡儿朵的皇后都陪在身边，而待他出战之后各位皇后才回各自的斡儿朵主管日常事务。

几位皇后和众将打过招呼，孛儿帖对铁木真说："大汗，你让我们办的事，试成功了。"

铁木真喜出望外地站起来问道："是新军粮制成功了吗？"

孛儿帖和几位皇后微笑点头道："大汗要不要去看看？"

铁木真站起身对众将说道："走，一起去看大皇后给我们制作的新军粮。"

原来，蒙古军万里征战是没有累赘的后勤的，他们如狂风般进退是有自己独具草原特色的补给方式的。

蒙古军最主要的军粮有三样：

一是每名士兵都携带一两匹母马，以马奶解渴。一匹母马一天所产的马奶可供十名将士饮用，既解渴又能迅速补充体力——马奶可是高蛋白的营养品。

二是蒙古军还携带有大量切成小块的干奶酪装在皮囊里，可以随时吃。奶酪是草原上最常见的干食，用牛奶、马奶、羊奶晒干制成（小孩子都会制作），不仅携带方便，而且营养价值极高。蒙古军一边行军一边嚼食奶酪，甚至连马都不用下，一天所需的营养就可以得到补充。后来，蒙古军西征欧洲时把奶酪带到了欧洲，这样欧洲人开始学会制作奶酪。

三是携带晒制、熏制或风干而成的各种肉干，如牛肉干、马肉干、羊肉干以及各种野兽肉干。所以，蒙古军万里征战时，喝着马奶、嚼着奶酪、啃着肉干，再加上经常围猎所得大量的新鲜兽肉和众多的缴获，不仅毫无饮食缺乏之虞，而且没有庞大笨重的后勤体系拖累，这样蒙古军攻守进退便如雷电疾风一般迅捷。——这就是世界军事史上著名的成吉思汗式后勤。

但是，在长期征战之中，蒙古军的军粮也暴露出了一些缺陷，主要就是肉干的问题。蒙古军将士普遍反映，各类肉干风干、晒干之后坚硬如铁，难撕难啃更难嚼，吃一条肉干后两侧腮帮要酸痛半天。所以，铁木真告诉大皇后孛儿帖，希望她能与众皇后一起制作一种既便于携带又便于食用的新军粮。

几位皇后把铁木真和众将带到一座毡房里，只见毡房里堆满了一个个马奶桶大小、撑得圆滚滚的东西。铁木真问："这是什么？"

孛儿帖笑道："大汗，你猜猜？"

铁木真满怀疑惑地接过这个沉甸甸的黄白色球状物仔细端详，然后说："还真不知道。"

合答安"扑哧"一笑："大汗，这是洗净晒干了之后的牛尿脬（牛膀胱）。"

孛儿帖解开系住牛膀胱口子的绳子，从里面倒出一点深红色的粉末，然后倾倒在铁木真和众将的手上，让他们尝尝味道。铁木真和众将疑惑地吃起这种粉末来，嚼了两下之后顿时喜笑颜开："好吃！好吃！味道好，吃起来又方便！这是牛肉的味道！这是什么东西？"

孛儿帖说："这叫布勒剌。"

原来，自从铁木真请孛儿帖试制新军粮后，孛儿帖就召集各斡儿朵的众后众妃和族中的能工巧匠一起想办法，最后终于试制出了布勒剌。

每年秋季，工匠们就开始准备，把夏季养肥了的牛杀好分割处理：首先取脂肪较少的红肉——也就是瘦牛肉，然后把分割好的红肉切成厚厚的肉条，再放入阴暗的毡房里风干。在冬季零下三十摄氏度的气温下，毡房变成了天然的大冰箱，而红肉挂在毡房里面经过一两年时间的风干脱水，重量只剩下原来的五分之一。这时候，把肉干取出来用锤子进行敲打，经过敲打的肉基本只剩下纤维，再把敲打过后的肉干撕碎，然后放入捣臼里捣碎。在经过这个过程的同时，牛肉进行了压缩，肉块体积已经缩小到不到原来的十分之一，如一头肥牛三四百斤的牛肉，这样处理后只剩下十来斤，这就是布勒剌——全世界第一种压缩军粮，实际上蒙古皇后们发明的就是肉松。最后，把压缩好的布勒剌装入由牛膀胱制成的袋子里面，一个牛膀胱袋刚好能装入一整头牛的红肉。出征时，将士食用的时候抓一把粉末放在碗里用热水冲泡，就是一大碗浓浓稠稠的牛肉汤；如果战事紧急不能开火，直接抓一把布勒剌干吃也行。这样，一袋子布勒剌可以供十个蒙古将士吃十天，也就是说可供一名将士吃一百天。

听完孛儿帖的介绍，铁木真和众将大喜过望。速不台嚷着说："大汗、大皇后，我们蒙古军以后出征一人发一袋布勒剌，就相当于在腰上拴上了一头牛，走再远都能轻装上阵、急速行军杀敌人个片甲不留。"

铁木真和众皇后、众将一起笑起来。

孛儿帖又说："还要带你们去工匠营看一件好东西——铁车。"

于是，众人兴致满满地又来到工匠营。这时，须发皆已银白的工匠营大统管札儿赤兀歹老人已迎在工匠营门口，而蒙古军皆称他为"老额赤格"。

札儿赤兀歹老人首先把大家领去看用勒勒车改造的铁车。

勒勒车，古称辘轳车、罗罗车、牛牛车等，是中国北方草原上蒙古族使用的古老交通运输工具。这种车又称蒙古大车，车身小，但双轮高大——直径一般均在一米五六左右，可完全用桦木或榆木制成，结构简单，易于制造和修理。整个车一般分下脚和上脚两部分，其中下脚由车轮、车辐、车轴组成。车轮的制造一般是首先用硬木削刻十二副车辋，然后将十二副车辋连接固定在一起便形成了圆形车轮，而支撑车轮的车辐条一般有三十六根左右。上脚由两根车辕和十条车撑构成，车辕长约四米，中间用十条车撑固定即可。一辆勒勒车自重约一百斤左右，可载货五六百斤至千余斤。

铁木真和众将看到一排排崭新的勒勒车车轮上都包了一层黝黑发亮的东西，车辕、车轴、车架也是一样。于是，铁木真问道："这是什么？"

札儿赤兀歹老人说："这是铁车。汉人铁匠教我们炼出了熟铁，这种熟铁又坚硬又柔韧，可以包在车轮、车轴、车辕表面，比木车轮、木车轴、木车辕耐用十倍，所以我们叫它铁车。"就这样，蒙古历史上著名的铁车诞生了。

大喜过望的铁木真又看到炼铁炉前的地上都是一堆一堆的黑色石头，问道："老额赤格，这又是什么？"

札儿赤兀歹老人说："这是从克烈部运回来的火石，点着能够烧出极猛的烈火，其温之高无铁不化。"

铁木真大感兴趣："老额赤格，你是怎么知道克烈部有这种火石的？"

札儿赤兀歹老人说："镇海运来的山西炭晶太少，早已用完，但他说自从我蒙古一统草原后，金人对商队便检查严密，无法再偷运炭晶和铁精。我们原来在三河源头炼铁，只能砍不儿罕山脚下的巨木烧炭，才能烧到足够的温度炼铁，但是我们这里树木很少，一是大量炼铁不够用，二是舍不得砍伐，毕竟几百上千年辛辛苦苦长起来的大树就这样砍了烧炭真叫人心痛，也对不起长生天的恩赐。后来，我们收服了克烈部，发现克烈部所制刀剑极利，但又看到他们的大营所在黑林树木参天、遮天蔽日、郁郁葱葱，就知道他们肯定不是靠伐木烧炭炼铁。于是，我询问克烈部的工匠，克烈部的工匠这才透露了他们炼铁的秘密，原来他们都是到一个名叫塔班陶勒盖的地方挖火焰石头炼铁。后来，我专门去了这个地方，原来此处遍地黑亮亮的火焰石头且越挖越多，根本就取之不尽用之不竭。同时，此地的火石比其他地方的火石更好烧，热度更高。于是，我专门安排了大车从这个地方往回拖火焰石头，一车可拖七八百斤。那地方有无数的火焰石头，捡不完更挖不完，尽够我们炼铁用的。"[①]

铁木真一听顿时大感兴趣，直接走到了大炼铁炉前，只见炉膛里火焰熊熊，隔得很远就已经感到热气逼人，不禁赞叹道："真是好火啊！"

札儿赤兀歹老人又说："大汗，还有更奇的事呢。克烈部的工匠还告诉我，在他们南边的畏兀儿地方有座黑油山（今新疆克拉玛依油田的黑油山），地下往外涌一种黑乎乎的石头油——他们叫火油。这种油能燃烧，火势极猛，铁都能烧化。"

"哦！"这下蒙古将帅们更感兴趣了，相互之间议论纷纷，都觉得此物用作打仗特别是攻城可作大用。

铁木真用力地点点头道："老额赤格，地下石头冒的火油，我记住了。"

镇海笑着说："我的商队到南宋都城临安（今浙江杭州）购买绸缎时，直接跟南宋官家（宋朝对皇帝的称呼）要个铁匠教我们炼铁，说北面的蒙古要锻造刀剑打金人，而南宋官家二话没说就同意了。原来，南宋跟金国仇深似海，他们刚刚北伐又大败而归。听说我们要打刀剑对付金人，真是求之不得，于是就派了一个好铁匠跟我的商队回来了。大汗看看，就是这位叫张荣的铁匠。"

铁木真循声看去，只见一个胸宽背阔、满脸络腮胡的大汉向自己深深一揖。铁木真一见铁匠张荣便十分欢喜，道："我任你为工匠营副主管，赏你两个白骨头（贵族）女子做帐里人替你持家，同时牛羊随你挑拣。你可要好生做事。"

张荣感动不已，说道："大汗放心！我祖父和我父亲乃是岳家军的随军铁匠，所以赵官家一说此事，我就志愿来北方打造刀枪。只要能打金狗，大

　　[①] 札儿赤兀歹老人说的火石就是煤炭，他们采煤的地方就是今天世界闻名的塔班陶勒盖煤矿。直到今天，塔班陶勒盖煤矿都是世界上最大的尚未完全开发的露天焦煤矿，其出产的主焦煤是优质的冶金焦煤。

汗让我做什么都行。"

当时，南宋大元帅岳飞北伐大胜金军却反被昏君赵构、奸臣秦桧杀害之事已传遍天下，铁木真亦早有耳闻。铁木真听闻张荣竟是岳家军的随军铁匠之后，心知张荣一家必是世代的卫国忠良，心中更加增添了几分敬重。

其实，镇海的商队现在就是铁木真最重要的情报队，做生意反而是次等的事了。镇海本人早已不再亲自行商，而是留在铁木真中军襄赞军务、整理情报。

这时，铁木真又看到斡难河水边有一个木制大车轮一样的东西在不停转动，惊奇地问道："这又是什么？"

张荣说道："大汗，这个东西叫水排。这么大的炼铁炉，人力是拉不动风箱的，用牲畜都得百头以上且极为笨拙，所以我们南边的汉人工匠便制作了水排，用河水的流动水力带动木轮扯动大皮鼓，给大铁炉鼓风升温炼铁。"

铁木真又见这大铁炉底座有两个毡帐那么大，高却有三丈。札儿赤兀歹老人道："大汗，原来我们的蒙古小平炉出一炉铁最多只可打十把铁刀，而这汉人的大竖炉容量可就太大了，出一炉铁可打五百把钢刀。"

听到这一炉铁竟可打五百把钢刀，铁木真和众将都感到震惊，因为他们自小在草原见到的都是小小的铁匠炉炼出几个块铁，一个块铁打一把刀剑。至于一炉铁打五百把钢刀，这种冲击对于铁木真和蒙古众将来说无异于一种文明的升级。

铁木真又问道："这炼铁炉又是什么做的？"

一旁的镇海笑起来，说道："大汗，这是用南宋烧制的耐火砖，加特制的黏土烧制砌成的，而这个耐火砖是我夹在商队的大车上一点点带过来的——一辆车上两三块。这东西是真不起眼，就放在货物最上面，但金人根本不注意，还以为是压货所用的普通土砖。黏合耐火砖的黏土，是张荣师傅用汉人的秘法配制的。"

张荣说道："大汗，熟铁很软，柔性强，容易变形，所以可以包在车轮、车辕、车轴上制作铁车，而生铁坚硬，没有柔性，不容易变形，适于制作刀剑。炼铁炉先把铁矿石炼成生铁，再由生铁炼成熟铁，然后以生铁之刚、熟铁之柔刚柔相济地合炼成钢，打造出百炼宝刀。造熟铁是这样的，生铁水流出时相连数尺，在其内低数寸筑一方塘，短墙抵之，让铁水流入塘内；数人执持柳棍排立墙上，先以污潮泥晒干，舂筛细罗如面，一人急手撒土；当铁水流到了挖好的方塘里，数名工匠每人拿一个柳棍伸到里面迅速搅拌。这样就制造出了熟铁。"[①]张荣说完扬扬手，几个工匠端上一把百炼钢刀和几把老式旧刀、旧矛。

铁木真和众将细细观之，只见百炼钢刀刀身纹如流水古松，刃口雪白极利。铁木真看着者别点点头，者别抽起百炼钢刀斩下去，只听"锵"的一声几把旧刀旧矛应声而断，而百炼钢刀刃口却毫发无损。

铁木真看着被新锻钢刀轻易砍断的旧刀旧矛和一辆辆结结实实的铁车，久久不语。然后，铁木真说道："传令，今后征战，凡是俘获的各类工匠，一律不得伤害，全部挑出来集中送到工匠营，为我蒙古军制作各类器物。来我蒙古的匠人都要好生款待，不使其有怨言，要让他们好生地安心做事。"

从此，蒙古军征战各国不杀工匠，一律优待。这件事在东西方历史上都很著名，并且有详细的记载。

辽阔的原野上，两个蒙古军的万人队正向西进发。此时是晚冬，一片片白色的碎雪还覆盖着草原，篾儿乞部、乃蛮部等许多被蒙古军打败的部落残部又在阿尔泰山以西、天山以北的也儿的石河（今额尔齐斯河）、叶尼塞河一带集结作乱，并啸聚为匪。这次，蒙古军就是过去剿匪的，所以只出动了两个万人队，分别由"蒙古四狗"中的忽必来和速不台率领。

出征的每个蒙古军战士都带了五匹马，其中两匹战马、两匹走马、一匹母马。战马行军时是不骑的，只驮一些兵器和杂物，打仗时才上场冲锋陷阵；走马行军用；母马提供马奶，而这些蒙古马是蒙古军最忠实的战友。

[①] 这就是汉人发明的炒钢工艺，曾领先西方一千多年。直到明代，汉族的炼铁技术都一直领先于世界。炼铁时，加土末用柳棍搅拌是为脱碳，使其变成熟铁。然后，再用熟铁和生铁互相混合反复锻打，打造出无坚不破的百炼钢刀。这就是著名的灌钢法。

蒙古马大脑门，智商高；小短腿，跑得快；大肚皮，能吃能喝；小矮个，架子稳。蒙古马肩高只有一百三十厘米左右，长得不算漂亮，但脾气还比较暴躁，自尊心特别强，谁敢打它们的头便立马和谁翻脸。据说，铁木真的《大札撒》里头有条规矩，即打马头是死罪。

这些蒙古马很好管理，非常听话，每匹马都有自己的马笼头。蒙古士兵骑乘的时候，把一号马的笼头拴到二号马的脖子上，二号马的笼头拴到三号马的脖子上，然后以此类推，而骑兵骑在边上的那匹马上控制速度就可以了，一队马都会很自觉地跟着走，队形不散不乱。蒙古马最优秀的地方是吃苦耐劳，不闹毛病，特别抗糙，如冬天放出去能用灵敏的嗅觉在半米厚的积雪下面找到过冬的干草，因此蒙古军不会担心最忠实的战友找不到吃的。

蒙古母马的繁殖力也非常强，基本上一年产一头小驹，小马生下来以后，只用在地上爬几个小时，就可以站起来找奶吃了，只要小马站起来，就只愁生，不愁养，以后就基本不用管了，母马会很能干地带着它，直到小马长到三岁多，春天就可以骟割，之后驯马，除了很少的专门用作育种的儿马，骑乘马和战马都是必须要骟的，不骟性子太野，只需很少的公马留作种马就行。

两万蒙古军走完一天一百里的行程后，就把马放开让它们自己寻食，这些蒙古马便拱开厚厚的积雪找到过冬的干草啃起来。此外，蒙古军只要每十天左右给马喂两斤精料粮食、二两盐、饮饱一次水即可。

蒙古军就这样边行军边放牧，从晚冬走到暮春，终于赶到了阿尔泰山以西的战场。没想到，那些残余各部的骑兵早就被蒙古军打怕了，根本不敢结阵应战，见蒙古军战旗即四散逃命。于是，蒙古军便盯死与铁木真仇深似海、威胁最大的篾儿乞部首领脱黑脱阿的儿子忽图、赤刺温、篾儿干三人所部不放，穷追两千里。一路上，蒙古军一追近了，篾儿乞公认的第一神箭手——篾儿干就立刻一箭射倒最前面的追骑。——篾儿干是正史上有明确记载的，当时草原上最厉害的几个射手之一。这最后一小撮篾儿乞人余部仰仗着篾儿干的神射之技逃出了两千里，但是蒙古军依然咬死不放，一直追到今吉尔吉斯斯坦和哈萨克斯坦的楚河，终于在楚河岸边截住了忽图、赤刺温、篾儿干兄弟三人和他们带领的最后百余篾儿乞部残余。

　　看着身后楚河的滔滔波浪和前面越逼越近的蒙古大军，忽图嘴角咧了咧，然后对两个弟弟赤刺温和篾儿干说道："看来，今天就要在这里到底了。赤刺温，我们拼了这条命把篾儿干送出去，给咱们父汗留个种。我们把所有的箭都交给篾儿干，我们拿刀拼。"说完后"锵"的一声抽出了满是缺口的战刀。

　　赤刺温和剩下的篾儿乞将士闻言，默默地将箭筒里所剩不多的羽箭都倒进了篾儿干所剩无几的箭筒。然后，忽图高喊一声"为了篾儿乞"策马带头向北冲了过去，身边的一百余骑将篾儿干裹在中间也跟着狂驰。这时，赶到楚河边的蒙古军将士还不多，见状一面引弓发箭，一面策骑紧紧跟着这一小股逃敌。

　　蒙古军的追击仿佛狼群不断撕咬着羊群，一阵阵密集的箭矢不断将篾儿乞将士射下马来。忽图和赤刺温以及剩下的几十个篾儿乞将士狂舞马刀，终于将北面的蒙古军包围圈砍出了一个缺口，然后大叫着让篾儿干快走，而他们自己则呐喊着冲向蒙古军做最后的搏杀，以此为篾儿干再争取一点时间好逃远一些。

　　篾儿干满面泪水地策马冲进了北方的大森林，回头看时只见两个哥哥忽图和赤刺温以及最后几十个篾儿乞将士都倒在了蒙古军闪闪的刀光下。

　　蒙古军覆亡乃蛮部，又荡平了篾儿乞部等叛乱残余的节节胜利，极大地震撼了中亚的一些部落和小国。这些中亚部落和小国的生存之道就是依附最强者，所以他们的政治军事嗅觉是最灵敏的，因为如果站错队就会飞快地消亡。很快，中亚一些国家的君主和部落酋长就主动找到蒙古军要求归顺，其中最重要的两个部落和小国就是合儿鲁兀惕和畏兀儿。

　　合儿鲁兀惕是生活在中亚的古老部落，曾在唐代依附过中原汉族王朝，是唐帝国西北藩镇之一（唐代称回鹘），当时称"葛逻禄人"。实际上，葛逻禄人参加过改变世界历史的一件大事。在铁木真出世前四百多年的唐天宝十年（751），唐西北军事统帅高仙芝与向东扩张的阿拉伯帝国迎头对撞展开了怛逻斯大战，但葛逻禄人在战局僵持的最关键时刻叛变投敌致使唐军大败。此后不久，唐王朝内部发生"安史之乱"并由盛转衰，从此彻底失去了在中亚扩张的能力。当时，被阿拉伯俘虏的大批唐朝士兵和工匠，将汉族发明的造纸术传给了阿拉伯人，继而阿拉伯人又传给了欧洲人，从而引发了人类记录手段的革命，极大地推动了东西方文明的发展。

对合儿鲁兀惕这样一个古老的部落前来投靠，铁木真自然是感到非常高兴，当即将一个女儿嫁给了合儿鲁兀惕人首领阿尔斯兰汗。后来，蒙古人和合儿鲁兀惕人世代联姻，其中仅正史中正式记载的就有三代蒙古公主嫁给了合儿鲁兀惕部的各代首领。

因此，这个部落自然成了蒙古帝国的铁杆盟友。

不过，比合儿鲁兀惕人投诚影响更大的却是畏兀儿人的投靠。

畏兀儿是一个生活在天山南北、地域相当广大的部落国家。

畏兀儿以族为名，首府设在合剌火州（今新疆吐鲁番市东四十里的高昌古城），其疆域北到准噶尔盆地，南到罗布泊，东到新疆哈密，西到曲先（今新疆库车），与今新疆所在的位置近似，领土面积有上百万平方公里。

畏兀儿据有以合剌火州和别失八里（今新疆吉木萨尔境内）为中心的地区，其君主称"亦都护"，即"神圣陛下"之意。当时，畏兀儿的亦都护名字叫巴尔术，属于中亚最强大的帝国西辽。西辽是辽国被金国灭亡时辽国一代英雄耶律大石西进建立的国家，前几代英主励精图治由小到大，统御了中亚大部分地区。不过，西辽这时已经主庸臣昏，日渐没落。当年，西辽称雄中亚，畏兀儿被迫臣服，并派出少监①驻合剌火州对畏兀儿进行监治。据史载，西辽总督畏兀儿的这位少监"骄恣用权，奢淫自奉"，不仅把持朝政、武断弄权，而且强抢民女、骄奢淫逸，总之就是无恶不作。畏兀儿亦都护巴尔术和军民群情激愤，但惮于西辽威势，只得隐忍不发。这时，蒙古部快速崛起并横扫乃蛮部，这让饱受西辽欺压的畏兀儿君臣看到了希望。当时，畏兀儿世代的"国相之家"中有一人名为岳璘帖木儿，博学多才、机警果敢。当巴

---

① 少监，官名，相当于后世欧洲国家派驻殖民地的最高官员——总督。

尔术对与西辽翻脸犹豫不决时，岳璘帖木儿出主意："陛下，我们杀了西辽少监，然后马上投靠蒙古，利用蒙古之力对抗西辽。我闻蒙古成吉思汗绝世英雄、雄才大略，对盟友宽厚仁慈，必对我等投靠求之不得，更会以我为屏障藩篱以诚待我，而西辽早已朽烂、日暮途穷，必不敢对敌蒙古。如此，我畏兀儿则可保无虞。"

对于岳璘帖木儿的一番话，巴尔术与群臣皆以为然，于是定计杀少监、反西辽。一月夜，巴尔术与岳璘帖木儿带领数百勇士，团团围住了西辽少监所住官衙并将其堵于室内。当时，中亚房屋多为土坯堆砌而成，众勇士团团围住官衙发声一喊，大家一起用力推倒土墙将作恶多端的少监活活压死了。然后，岳璘帖木儿带着巴尔术的亲笔国书往北找到了忽必来和速不台，要求"归降蒙古成吉思汗"。忽必来和速不台二将当然大喜过望，立刻派人护送岳璘帖木儿一行至蒙古。

岳璘帖木儿一行觐见铁木真并上呈畏兀儿国书。国书极是谦卑，巴尔术盛赞铁木真的伟大英明，称"愿为成吉思汗第五子，愿将领土和百姓全部献给成吉思汗，平时为成吉思汗开启帐帘，战时为成吉思汗做先锋"。

铁木真看到巴尔术的国书后当然大喜，原来当时蒙古习俗称人为"儿子"是亲热信任的表示，而巴尔术以一国之君自称为子，这就是彻底向蒙古表明忠心。同时，畏兀儿在中亚的战略地位极其重要，控制着当时的草原财富商道——丝绸之路的中段。于是，铁木真盛情款待岳璘帖木儿一行，让其饱览草原风光，尽情享用美食、美女。在岳璘帖木儿一行回程时，铁木真还回馈了畏兀儿大批珍贵礼物，对此岳璘帖木儿连声称谢。随后，铁木真又笑道："不过，有件礼物只能待我五子巴尔术亲自前来领取。"

岳璘帖木儿一惊，抬头看时，只见铁木真身旁走来一位盛装的美丽少女。

铁木真说道："这是我女阿勒屯别吉公主。我愿把公主嫁与你主君为妻，让你主君不但做我子还做我婿，亲上加亲。"

岳璘帖木儿不禁大喜过望，心想"主君既做了成吉思汗的第五子，又做了成吉思汗的驸马，这可是超额完成任务了"，于是跪下连连磕头谢恩，并保证主君巴尔术一定会速来迎娶公主。

铁木真又叮嘱道:"五子巴尔术前来时,过黑油山时带一百车可以燃烧的黑色火油过来。"岳璘帖木儿自是连声答应。

岳璘帖木儿欣喜万分,带着铁木真厚重的回礼日夜兼程地赶回了畏兀儿首府哈剌火州,并将喜讯带给了巴尔术。巴尔术听说铁木真不但愿收他为五子,还要将女儿嫁给他,顿时喜出望外。巴尔术知道,这就表示蒙古不但愿意做畏兀儿的保护国,而且铁木真还愿意让他加入自己的家族,如此两国之间就成了亲族关系。当时,联姻是各国各族之间最有效、最真诚的结盟方式。

于是,巴尔术立刻着手准备向铁木真求亲的聘礼。岳璘帖木儿又告诉巴尔术"成吉思汗专门提出要一百车黑油山的火油",而巴尔术连声称好办,只是忧虑火油用什么装。为此,岳璘帖木儿提醒道:"用我们装葡萄酒的木桶就可以了呀。"巴尔术恍然大悟,连声称是。

待一切准备妥当,岳璘帖木儿就陪同巴尔术前往蒙古娶亲,不但带的聘礼极是丰厚,还带上了一百车火油。当时,黑油山满地都是从地底冒出来的火油潭,尽管拿勺舀就是了,一车可装六桶,总计装了六百桶火油。

巴尔术一行一路跋山涉水来到铁木真的大营后,草原顿时成了欢乐的海洋。这时,铁木真已把大营设在了原来克烈部大营黑林不远的哈剌和林(今哈拉和林),而这个地方正当蒙古高原的中部枢纽位置,四通八达。——蒙元帝国前期也定都于哈剌和林,它将成为十三世纪全世界的中心。

巴尔术浓眉大眼、满面虬髯,铁木真见了他就十分欢喜,便立即下令在草原上为巴尔术和阿勒屯别吉公主举行了盛大的婚礼。

铁木真的大小皇后和皇妃有五百多个,儿子和女儿自然更多,于是娶儿媳妇、嫁女儿就成了他下半辈子非常重要的一件事——这些子女的婚姻注定是蒙古与各国、各邦、各部落的政治联姻,他们的婚姻则都要让蒙古帝国的基础更加稳固。然而,天下如此之大,因此铁木真时时感到自己儿子女儿还是太少。

巴尔术的忠诚深得铁木真的欢心,因此铁木真给了这个女婿极特殊的优待。铁木真不断承诺蒙古帝国将保护畏兀儿,而且会保留亦都护世袭统治畏兀儿的权力,还答应在别失八里、合剌火州等地派驻札鲁忽赤——大断事官

（司法行政官员），以帮助巴尔术巩固统治。这样，畏兀儿便成为蒙古帝国永久的藩属国，结下了长期的友好关系。

十多天后，巴尔术因国务缠身便带着妻子阿勒屯别吉公主向铁木真辞行。铁木真向这个五子兼女婿回赠了极其丰厚的礼物，但向巴尔术提了一个要求，请他留下岳璘帖木儿。原来，在短短的相处中，铁木真发现岳璘帖木儿是个难得的人才，不仅擅长兵法韬略、通晓军事，而且文采出众，更精通畏兀儿文字，甚至通晓汉文字。巴尔术心中虽是万般不舍，却立即毫不犹豫地答应让岳璘帖木儿留下。

巴尔术做了铁木真的女婿的消息震动了中亚的许多小邦小国，并对中亚的局势影响极大。于是，中亚这些小邦国都纷纷派人前来向铁木真俯首称臣。

当然，巴尔术的忠诚也让铁木真极为感动。因此，终蒙元一代，列位皇帝对畏兀儿及其历代国王亦都护都极为优待。据史书记载，"使与诸皇子约为兄弟，宠异冠于诸国"。与其他被蒙古征服国家相比，畏兀儿具有完全不同的独特地位。虽然畏兀儿国王亦都护也是蒙元皇帝的藩臣，必须履行纳人质、纳贡赋、从征出兵等藩属国的义务，但在自己的领地和所属百姓方面则具有一定的自主权。

巴尔术走后，留下的岳璘帖木儿又有一番奇遇。世人皆知铁木真视财货如敝屣，生平只爱两样东西——一是人才，二是美人，甚至爱才犹在爱美之上。铁木真知道岳璘帖木儿是个真正的人才，不但金虎符、银钮印、雕龙座椅、金银华服赏赐极厚，还封他做了秃鲁花——怯薛军首领。同时，铁木真还让岳璘帖木儿和另一个畏兀儿人——前乃蛮部掌印国师塔塔统阿一起常伴左右，随时讨教，并尊称其为"巴格西"（意为"老师""尊者"）。

那么，铁木真为什么这么注重从畏兀儿人中选拔人才呢？其实，这是有深刻历史原因的。畏兀儿是"丝绸之路"上有自己族源传说的古老民族，甚至是突厥语一系中最具古老文明的民族。从西汉张骞凿通西域起，汉族文化在中亚地区已经具有传播近千年的历史，而畏兀儿人所在的吐鲁番等天山南北区域处于"丝绸之路"东段，与历代中原王朝是最接近的，自然受到了汉文化很深的影响，有些畏兀儿的学者能够通晓汉文经史和文学著作。在与

"丝绸之路"沿线各种文化的接触和融合中，再加上佛教、儒教、道教、基督教、拜火教（源于摩尼教，又称"祆教"）等东西宗教在此地交融，畏兀儿人自然见多识广、融汇东西，逐渐通晓了各民族的多种语言，因此他们能够胜任周边其他民族的文化老师，将文化辐射到周边的落后民族。同时，畏兀儿人善于经商，是"丝绸之路"上最会做生意的民族之一。十三世纪，畏兀儿的文明和开化程度远远高于蒙古，但畏兀儿人是说突厥语的，有很多人还在从事游牧，与蒙古人的语言、习俗比较接近，非常容易沟通。但是，汉人在文化、语言、习俗等许多方面与蒙古人差距较大，而且汉民族政权南宋与蒙古之间还有金国和西夏两大强国阻隔，因此十三世纪前期蒙古人还不能且也没办法大量吸收先进的汉文化。与此同时，蒙古与金国和西夏又是仇敌，无法从他们那里深入学习、借鉴，因此只好汲取能接触到的最先进的畏兀儿文化，甚至利用畏兀儿字母创制了蒙古文（就是至今还在使用的老蒙古文）。当时，有许多畏兀儿人担任铁木真的书记官（文书）协助大汗处理国事，甚至连十三世纪初叶编写成的最早的蒙古历史文学经典著作《蒙古秘史》也是由畏兀儿人根据蒙古人的口头传说故事编成的——可以说，《蒙古秘史》是蒙古、畏兀儿两族合作的文化结晶。蒙元时代，畏兀儿人对蒙古社会的进步、蒙古经济文化的发展和蒙古的政治统治都是有力的辅佐，同时畏兀儿位居东西方交往的要道对东西方交流起到了重要作用，甚至在后来的元朝中央朝廷的军事、政治、经济、生活中都发挥了重要的作用。

一日，岳璘帖木儿正整理文档，忽然被大汗传召，只好急忙赶到中军大帐。铁木真对岳璘帖木儿笑道："巴格西，这次你可真的要做巴格西了。"

原来，岳璘帖木儿的才华、人品很快被蒙古王公大臣们发现，铁木真的幼弟铁木格直接向大哥要岳璘帖木儿到他的家中给几十个儿孙当老师。铁木真从小就最疼爱这个"守灶"的幼弟，当然不会拒绝他的要求，于是召来了岳璘帖木儿。

岳璘帖木儿得知要去铁木格那里教孩子，一时无语。

铁木真安慰道："巴格西，我知道你想留在我的身边征战沙场、建功立业，而这样的机会很多的。现在，我的子侄们正是受教育的时候，如果他们荒废岁月只会骑马射箭，那就不过是一介武夫而已，长大后就没本事管理我们这么大的国家了。我希望你能将汉人说的'仁义孝悌'之学教给我的子侄们，让他们都能成为我大蒙古国的文武全才。"

铁木真这番话不像是对臣下所说，更像是一个长者嘱托后辈，他的真诚最后深深地打动了岳璘帖木儿。于是，岳璘帖木儿不再犹豫，当即躬身行礼去铁木格家教授孩子们了。

过了一段时间，铁木格兴冲冲地来找大哥铁木真，见面就告诉他说："大哥，这巴格西简直神了！我那几十个没上笼头、整天在草原上乱窜的小野马，现在都规规矩矩地见面问好、恭敬有礼，而且行事规规矩矩。问他们原因，他们说这是巴格西教的汉人儒家礼仪之学。"

铁木真闻讯大喜，便将自己的儿孙也都送到岳璘帖木儿那里去学习。岳璘帖木儿一时间名震草原，后来在窝阔台大汗时期终获重用，其子孙数代皆为蒙元名臣。

这时，忽必来和速不台荡平中亚北部的部落残余，又震慑畏兀儿和数十个邦国归顺，可称"超额完成任务"。不过，忽必来和速不台两将还意犹未尽，他们又向铁木真请求向北收服西伯利亚泰加森林中的"林中百姓"，但铁木真这次没有同意他们的请战，因为他必须考虑在军中培养儿子们的威信了。

此时，蒙古帝国已具雏形且正如旭日初升，同时蒙古军中名将如云，不但开国老将们灿如星河，后起少壮军事天才更是大批大批地涌现。作为家族首领和帝国君主，铁木真不能不开始考虑要在军中树立儿子们的威信。其时，铁木真虽正当盛年，更是深知老臣、老将们对自己家族忠勇无比，但是他知道儿子们在军中真正的威望只能靠他们自己到战场上打拼出来，而他能给儿子们权力却无法给他们威望。

在铁木真决定南下攻打宿敌金国和西夏之前，他很快决定要先去讨伐在蒙古背后——北方的林中百姓，也就是西起叶尼塞河、东至贝加尔湖的西伯利亚森林中的森林狩猎者。这些森林民族就生活在蒙古背后，只要他们一日不归顺，铁木真就如芒在背地不敢放手向南进攻。

说起来，这些住在北方的森林民族，也是纯种的蒙古民族。但是，"一方水土养一方人"，这些森林民族生活在森林里，他们的生活方式与生活在草原上的蒙古人自然不同。

这些森林民族，不住在蒙古包里，也不放牧，而是居住在森林中用树枝搭成的棚屋里——屋顶覆盖着白桦树皮，能遮风挡雨。在酷寒的冬季，他们照样在林海雪原中狩猎，脚上穿着雪靴，手里握着木棍，行走时将木棍插入雪中作为支撑，仿佛划桨行舟。他们狩猎驼鹿、驯鹿、红狼和一些皮毛动物，如熊、紫貂、白釉、灰鼠等，并一边以这些动物的肉为主食，一边买卖这些世界上最好的毛皮且获利丰厚。其实，他们实际上是雪杖、雪板、雪橇的发明者，也是世界上最优秀的滑雪手。

这些森林民族生活在最美的大自然里，他们居住在广袤无垠的大森林里，遮天蔽日的落叶松、冷杉、雪松、杨树、桦树郁郁葱葱，地面上长满了厚厚的地衣苔藓和各种各样美丽的花朵。正因为大自然对这些森林民族的馈赠如此丰厚，以至于他们瞧不起南边那些在草原上辛苦放牧的游牧民族。

为了大后方的安定，也为了树立儿子们在军中的威望，铁木真决定这次不派老将出征，而让长子术赤单独领军去收服那些林中百姓。

没想到的是，铁木真刚宣布了这个决定，次子察合台马上站出来反对并要求派自己前去，于是长子术赤不禁怒目相对。博尔术赶紧出来打圆场："大汗点到谁出征，就该谁出征。天下这么大，打不完的仗，二皇子（察合台）以后领兵出征的机会多的是。"

博尔术在铁木真家族的地位超然，这些王子公主都是以叔伯辈称呼他长大的。现在，博尔术开了口，察合台不好再争。同时，窝阔台也赶紧将察合台拉到一边，而拖雷则站到大哥术赤身边将其和察合台隔开了——拖雷和大哥术赤向来亲近。

铁木真不禁感到一阵悲凉，心想："儿子们大了，都开始有自己的想法了。杀伐决断的大汗好当，一碗水端平的这个额赤格不好当啊。"

铁木真叹口气，说："传令，调一个万人队给术赤，由木华黎幼弟、小将不花任先锋，前去收服林中百姓。""不花"在蒙古语里的意思是公牛，铁木真这是很明显地在培养后起年轻将领。

林中百姓也跟草原牧民一样分成许多个部落，其中较大的有不里牙惕部、吉尔吉斯部、图瓦部、秃马惕部等，实力最强大的则是生活在贝加尔湖以西的斡亦剌惕部——当年，斡亦剌惕部受札木合、脱里汗和太阳汗蛊惑，多次参加反铁木真军事联盟。

术赤虽然由于身世问题一直郁郁寡欢、脾气阴郁，但论心地则仁慈宽厚，在四兄弟中数第一。术赤首次领军没有强攻硬打，而是对敌攻心，直接派出使者前往斡亦剌惕部，找到其首领忽都合别乞晓以利害以劝其归降。当然，忽都合别乞也不是傻子，心想："札木合、脱里汗、太阳汗这些自己曾经的盟友那么厉害，但都给铁木真一个个地灭了，而自己这点实力万万不是对手。眼见铁木真霸业已成，不如自己也投靠过去，为部落和自己博个前程。"于是，忽都合别乞很痛快地向术赤投降了。同时，忽都合别乞不但自己投降，还主动给术赤大军带路劝降其他森林部落。在忽都合别乞的影响下，不里牙惕部、图瓦部等几十个部落都纷纷归顺术赤，而且这些部落的首领都带着白马、白隼、黑貂前来归顺，最后连贝加尔湖边美丽高傲的女族长塔儿浑也带着自己桀骜不驯的秃马惕部表示听从蒙古号令。

术赤不费一刀一矢竟收得林中百姓数十部归降，这个儿子表现出的卓越军政才能让铁木真大喜过望。

面对忐忑不安、与自己为敌二十多年的老对手忽都合别乞，铁木真做出了一个非同寻常的政治姿态：他将家族的两位公主——自己和孛儿帖所生的二女儿扯扯亦坚公主赐嫁给了忽都合别乞的长子亦纳勒赤，将术赤之女豁雷罕公主赐嫁给了忽都合别乞次子脱列勒赤。

豁雷罕公主这时还不到十岁，很明显这种政治婚姻最重要的是目的和姿态，具体的形式是次要的。举办婚礼后，脱列勒赤留在铁木真身边的怯薛军里做人质，等待豁雷罕公主长到十六岁再正式完婚。

在爱女扯扯亦坚公主出嫁前，铁木真郑重地叮嘱道："你是蒙古和我成吉思汗的女儿，一定要以我们家族的利益为先。你必须强悍精明，要学会控制你的丈夫和儿子，只有我们家族强大，你才能得到幸福。"

忽都合别乞听到铁木真的安排时，不禁号啕大哭起来，从此他便死心塌地认自己的亲家铁木真为"全天下唯一的汗"。此后，斡亦剌惕部成为蒙古统治北方林中百姓最坚强的基石。

术赤收复林中百姓一战让铁木真对这个儿子满意无比，但他没想到的是术赤还带回来一个大麻烦——术赤把篾儿乞人首领脱黑脱阿的小儿子、神箭手篾儿干带回来了。

原来，林中百姓全部归顺铁木真之后，躲在森林中的篾儿干再也没有藏身之处，要么被林中百姓送给术赤请赏，要么他自己出去投降。这时，还不到十八岁的篾儿干做出了唯一可行的选择。

术赤沉默地看着篾儿干，只见这个篾儿乞少年双眼精光闪烁、骨骼粗大、臂长过膝、双手筋骨盘错，而且身背一张超大的长弓——这强弓之大，堪比蒙古第一神射手者别特制的长弓。

术赤沉默良久，然后说道："你还想活吗?"

篾儿干冷静地说："你不杀我，我将为你冲锋陷阵、万死不辞。"

术赤冷冷地看着篾儿干说："你们篾儿乞强盗是我家的死敌。"

篾儿干毫不畏惧地说："是你额不格①也速该抢婚在先。"

术赤对这个无畏少年顿生好感，说："听说你是篾儿乞第一神箭手?"

篾儿干毫不犹豫地挺起胸膛说："我是。"

术赤简短地说："射给我看。"

在篾儿干不断"再远点"的催促声中，箭靶从常规射程两百步处一直移到了五百步。然后，在蒙古军将士惊讶的旁观下，篾儿干换着正射、侧射、卧射、仰射、倒射、跪射的姿势，飞快地射完了身上背着的箭袋里的三十六支箭。

当一群箭手扛着靶子和箭支飞快地跑过来后，蒙古军将士目瞪口呆地看

---

① 额不格，蒙古语音译，《蒙古秘史》中蒙古人对祖父的称呼。

着靶子，只见三十六支利箭在靶子正中心射出一个洞，再看三十六支箭每支的尾部都被后一支箭劈开。原来，篾儿干射出的箭，每一支都命中前一支的箭尾并把前一支顶出了箭靶，所以三十六支箭只留下一个箭孔。

俗话说，"英雄惜英雄"。顿时，蒙古军将士都对这个篾儿乞少年起了惺惺相惜之心，纷纷对术赤言道："大帅，留下他，一定是绝世的猛将。"

术赤沉默良久，然后点点头："让他跟着走，让我父汗决定他的死活。"

胜利班师后，惜才的术赤对铁木真说了篾儿干的神射和相关情况，向其请求饶这少年一命。

不过，术赤没想到的是，铁木真听完他讲的情况后顿时暴怒："敌酋之后不可留！我给你们打下这么大的地盘，我给你们召集了那么多英雄好汉，难道还不够你们用吗？必须杀！"

术赤惊呆了，他从未见过铁木真发这么大的火。但是，术赤更不解的是，父亲铁木真原本最是爱才如命，而且篾儿乞人本也是蒙古的一个分支，虽然蒙古部与篾儿乞部征战多年，但他也没有下过屠族之令，那他现在为什么就容不下一个才十八岁的小勇士呢？

不解的术赤又说了几句篾儿干的情况，铁木真更加暴跳如雷："杀，这个篾儿干必须杀！免贻后患！"

无奈的术赤满怀不解和愤怒，退出了铁木真的中军大帐。

看着术赤远去的背影，铁木真喟然长叹：他知道篾儿干肯定是个难得的勇士，但越是这样就越是非杀不可。他并不是害怕这个少年长大了会成祸害，而是担心术赤的名声。当年，孛儿帖被篾儿乞人抢过去大半年，夺回来后不久就生了术赤，因此从术赤出生开始家族内就一直流传着术赤的身世谣言——说"术赤其实是个篾儿乞野种"。现在，术赤第一次出征获胜，却想留下篾儿乞首领脱黑脱阿之后，如此一来族人会怎么看他呢？恐怕那些无事生非的长舌之人一定会说"到底是篾儿乞野种的骨血，同类相亲"之类的话。

当然，天下父亲的心里话，很多都是无法跟儿子说的。这一刻，铁木真深深地感到作为父亲的无奈，他甚至感觉自己也只是个普通的父亲而已。

术赤回到自己的大营后召来了篾儿干，只说了一句："我救不了你，你必须死。我赐你战马踏身，不流血而死。"

篾儿干点点头："谢谢大帅！我只求大帅一件事，我还没碰过女人，让我为家里留条根吧。"

术赤看着这奇异的少年很久很久，之后淡淡地说："我给你找个白骨头白身子（指贵族处女），看你的运气了。"

天亮的时候，两个武士沉默地抬着一个牛皮筒进了毡房。篾儿干抱了抱与他一夜销魂的美丽白衣女子，只说了一句"大帅之恩永生为报"，然后钻进牛皮筒里走向了自己最后的归宿。

数十年后，在术赤的长子拔都建立的金帐汗国宫廷中出现了一批神秘的勇士，谁也不知道这些勇士的来历，只知道他们得到金帐汗国历代大汗绝对的信任，专门负责保卫大汗的近身安全。这些勇士个个武艺高强、沉默寡言、忠勇无比，人人都有一身惊世骇俗的高超箭术，其箭艺之高超万中无一。于是，金帐汗国敬畏地称这些神秘的勇士为"箭者"。

第二十二章　大汗与萨满

铁木真对术赤初次单独领军出征大获全胜极为满意，其对术赤封赏之厚，令人惊叹。铁木真在众将面前说："在我诸子之中，术赤身为大哥，为我家门长子。术赤这次初出家门，数千里征战，兵不血刃，敌兵皆平。同时，我军所到之处人马无恙，林中百姓上百部全数归降。今天，我要把林中的百姓统统地赐给我儿术赤。"

然后，铁木真对另外三个儿子说道："你们兄弟四人皆为一母所生，你们的母亲孛儿帖含辛茹苦地将你们养大，所以你们彼此之间不要互相嫉妒争斗。如今，我蒙古天下初定，我正欲乘国势昌隆向上之际四处征服，变天下为我蒙古人的牧场。你们兄弟四人，将来都会统治辽阔的疆土，区区一点百姓值得你们嫉妒吗？"

术赤、窝阔台、拖雷三人均向父亲铁木真表示忠诚，一切听从父亲安排，但只有倔强的察合台向父亲表示不会争吵，却仍是满脸不悦之色。

铁木真这次对术赤的封赏的确丰厚，他就是要以军功封赏来刺激蒙古将帅的征战之心。铁木真在称汗封赏家族之时曾说过："艰难收集百姓的，有我的母亲；在朕的诸子之中，长子是术赤；在诸弟之中，幼弟是铁木格。"

当时，铁木真分给了母亲诃额仑夫人和家中"守灶"的幼弟铁木格一万户百姓。据说，当时诃额仑夫人嫌少，但是没有作声。在诸子之中，铁木真分给术赤九千户百姓，分给察合台八千户百姓，分给窝阔台五千户百姓，分给拖雷五千户百姓。在诸弟之中，铁木真分给二弟合撒儿四千户百姓，分给已经去世的三弟合赤温的遗子阿勒赤歹二千五百户百姓，分给四弟别勒古台三千五百户百姓。

可见，在家族之中，长子术赤所得封赏最厚。这次，铁木真又把面积百万平方公里的近百部民族的林中百姓全部封赏给了术赤，可见他此时对这个长子是最为看重和欣赏的，也对其是重点培养的。

林中百姓虽然都封赏给了术赤，但术赤忙于军务，是不可能马上去统治这些百姓的。于是，铁木真深思熟虑之后，决定派四大万户之一的大萨满豁儿赤前去代管。其原因有三，其中第一个原因是林中百姓全都信仰萨满教。当时，其他的佛教、基督教、伊斯兰教都渗透不到那么遥远的北方苦寒之地，那里完全是萨满教的天下。豁儿赤正是蒙古最著名的大萨满之一、宗教领袖，派他去管理那些信仰萨满教的林中百姓，正是得其所哉。

第二个原因是豁儿赤立过大功。铁木真第一次称汗时，就是豁儿赤到处散布"大神牛出世，铁木真要称汗"的言论制造舆论争取民心。

第三个原因是豁儿赤是个酒色之徒，没有政治威胁。铁木真派豁儿赤代管一方，可以绝对放心，不会养痈成患、尾大不掉。

果不其然，当铁木真宣布派豁儿赤前去代管林中百姓时，豁儿赤喜出望外，连连磕头，然后对铁木真说道："大汗，你还记得当年对我的承诺吗？"

铁木真大笑："我当年说过，让你做有三十个妻子的有福之人，而且个个都是任你挑选的最美的美女。"

豁儿赤高叫道："就是这事，谢谢大汗不忘当年之诺！"

铁木真大笑："这还不简单，我说过的话从来都算数。你到林中百姓那里去挑三十个美女吧，就说是我准许的。"

这样，铁木真对豁儿赤更加放心了。

豁儿赤又欢天喜地地跪下连连磕头。

看着喜不自胜的豁儿赤，大帐里却有一双眼睛闪烁着嫉妒、贪婪、阴毒的凶光，这就是蒙古另一个大萨满——通天巫阔阔出。

萨满教，是中国北方阿尔泰语系语族信奉的一种原始宗教，也是蒙古族最早信奉的宗教。在铁木真统一蒙古诸部的过程中，萨满教作为奠定统一基础的"思想武器"，发挥过巨大的影响和作用。铁木真两次称汗，都由于幕后有萨满教巨大的推动，甚至连"成吉思汗"这个名称都是大萨满——通天巫阔阔出提出来的。

当时，蒙古人认为萨满是凡人与天神之间相互沟通的使者，是萨满教教义最权威的诠释者，是专门负责进行宗教活动的巫师和执行者，更是传统习俗的弘扬者。所以，当时萨满具有崇高的威望，对蒙古民族的政治、军事乃至社会生活都有着很大的影响。

其时，蒙古拥有三大萨满。其中，地位最高且公认排第一的是兀孙老萨满——在铁木真出生时，兀孙老人就参加了仪式；在铁木真少年时，兀孙老人就帮助过他家重新繁育牛羊种群；后来，铁木真为救孛儿帖重竖苏鲁锭大军旗时，又是兀孙老人送给他神木杆做军旗旗杆。在铁木真建立蒙古帝国时，兀孙老人已年过百岁，但铁木真感念旧恩仍然强行封赏了千户百姓给他，老人推辞不掉只好挂了个千户的空衔，却不再过问世事并隐居到了不儿罕山山中。

排第二的是豁儿赤大萨满。豁儿赤本是铁木真的安答札木合的手下，他开始甚至对铁木真很不屑，后来发现铁木真才是真正的王者，于是毫不犹豫地率部投奔了铁木真，并又编造了"大神牛出世，铁木真要称汗"的神话，对铁木真首次称汗可谓是厥功至伟。豁儿赤此人是个道地的酒色之徒，一味贪图享受，毫无政治野心，所以铁木真对其十分放心。建立蒙古帝国后，铁木真不忘豁儿赤当年拥戴之功和多年的苦劳，于是封他做了四万户之一。现在，铁木真又让豁儿赤代管林中百姓，并不忘旧诺许他娶三十个美女做妻子。

排第三的大萨满是通天巫阔阔出。通天巫阔阔出曾是铁木真儿时的玩伴，他是铁木真家族第一功臣蒙力克的儿子。蒙力克曾是铁木真的父亲也速该手下第一大将，晃豁坛氏族长，他在也速该被塔塔尔人毒死后，冒险只身穿越草原接回了铁木真；在铁木真成年后，蒙力克又第一个率部回到铁木真家族身边，辅佐铁木真立旗建军，并帮他夺回了妻子孛儿帖；后来，蒙力克又阻止铁木真踏进脱里汗、桑昆父子的圈套，第三次救了铁木真全家的性命。所以，铁木真分封功臣时将蒙力克封为"蒙古开国八十八功臣"的第一位、第一千户。由于蒙力克有七个儿子，铁木真又封其长子脱栾——就是攻打西夏那个扯儿必，三子速客秃和五子速秃三人做了千户，这样蒙力克一门就出了四个千户，其属民之多与铁木真的二弟合撒儿不相上下，其恩眷之隆可称"草原无二"。然而，排蒙力克七子中第四的通天巫阔阔出，他自恃有献"成吉思汗"称号之功，本以为会有高官厚赏，不料铁木真竟未有封赏给他。因此，通天巫阔阔出本就对铁木真怒火万丈，这次又看到豁儿赤不但封了万户还去代管林中百姓，并任选三十个美女为妻，于是他对铁木真更是又恨又气，怒其赏罚不公。

其实，铁木真也是不得已，蒙力克一门已封了四千户，家族属下自由民加奴隶已过万户，而通天巫阔阔出本身还是宗教领袖、草原三大萨满之一，如果再加封赏，那这个家族的势力之大就难以控制了。于是，铁木真只能希望通天巫阔阔出能理解，对蒙力克家族的封赏就是对他的封赏了。

但是，通天巫阔阔出不理解，他认为他的功劳太大了，既然铁木真不给，就只能自己去拿、亲手去抢。

阴云低垂，北风怒吼，草原上一片萎黄。此时，云层越来越低，风刮过蒙古包带起一阵阵啸叫，圈里的牛羊都冻得往一处挤，而牧民们都知道大雪就要来了。

果然，晚饭时，先是下了一阵急促的盐粒般的雪粒，打得蒙古包哗啦啦响，接着就下起了大雪，一片片阔如鹅毛，然后拉棉扯絮一般往下倾倒着雪花，有的甚至比手掌还宽，天地间仿佛只剩下纷纷扬扬、四处飘舞的雪花。第二天天亮的时候，积雪有一尺多深，天地间一片银白。这时，铁木真的大古列延里已有一万多户百姓聚群而居，绵延数十里。在呼啸的寒风中，突然传来一阵鼓声、铃声和叫喊声，百姓们纷纷从毡房里伸出脑袋张望，他们目瞪口呆地看到了一幅奇景，只见一个男人赤身裸体地行进在冰天雪地上，丝毫不惧冰雪严寒，仅仅挎了一个神鼓、提着一个神铃，而雪花落在这个赤身裸体的男人惨白的身上还冒出了丝丝的白气。这个男人一边敲着神鼓、摇着神铃，一边蹦蹦跳跳地大喊："通天巫！阔阔出！能通天！阔阔出！"

百姓们仔细看时，原来这个赤身裸体的男人就是蒙古三大萨满之一的通天巫阔阔出。

就这样，通天巫阔阔出赤身裸体地连续在暴风雪中跳了三天大神。其实，这样的极寒天气，就算穿皮衣暴露在毡房外，时间稍长都会冻死。于是，通天巫阔阔出赤身裸体不畏严寒的"神迹"迅速传遍了大古列延，百姓们都在传说——"这阔阔出不得了啊，这是真正的神人啊，这本事真是通了天了，这才叫通天巫啊"。

实际上，通天巫阔阔出的"神迹"第一天就传到了铁木真那里，起先他还不信，但阔阔出第三天在冰雪里跳大神时他去看了。当时，铁木真看到了一幅梦魇般的景象，只见极度严寒下通天巫阔阔出不着片缕地摇铃打鼓，在漫天的雪花中狂舞狂叫不停，头顶冒着白气，口鼻也呼着白气，全身上下都被白气笼罩着，真的就像传说中的神仙一样。——通天巫阔阔出在严冬中赤身裸体跳大神这件事是历史的真实记录，后来被中亚史学家写进了正史。

铁木真远远地看着冰雪中赤身裸体、狂舞狂叫的通天巫阔阔出，被这无法解释的"神迹"震慑住了。于是，铁木真不禁想到自己的称号"成吉思汗"都是通天巫阔阔出起的，而一向杀伐决断、从不犹豫的他从灵魂深处升起了一丝恐惧。就这样，通天巫阔阔出让铁木真第一次觉得世上也有他控制不了的神秘力量，虽然铁木真一向自认是"长生天的骄子"，但通天巫阔阔出却表现得像他才是得到了"长生天的宠爱"。当时，蒙古人已信仰萨满教几千年，但通天巫阔阔出击中了铁木真信仰长生天的要害，让铁木真认为"通天巫就是长生天的代表和使者"。

通天巫阔阔出的表演，让铁木真钢铁般的自信第一次炸开了一丝危险的裂缝。铁木真知道通天巫阔阔出是在示威，抗议对他的赏赐不公，但铁木真也无可奈何，而他不想尾大不掉，不管是军事上还是政治上。因此，铁木真知道通天巫阔阔出要给他找麻烦了，而且肯定还是大麻烦。

果然，这个冬天通天巫阔阔出四处巡游，穿戴着神帽、神衣、神裙、神裤、神靴、神袜、神手套等萨满装备，提着神鼓、神锤、铜镜、神铃、神杖、神鞭、神刀、神袋等萨满法具在草原上到处跳大神，并到贵族和百姓家里帮忙祭天、祭雷神、祭火神等各种保护神，还兼以巫术治病的巫师，而每逢大雪酷寒时就表演赤身裸体跳大神的"神迹"。当时，蒙古三大萨满中的兀孙老人隐山不出、豁儿赤去代管林中百姓，两位萨满空出的神权位置刚好被通天巫阔阔出钻了空子。等到了春天，已经有九个姓氏的百姓打破了铁木真千户分封制的界限，被蛊惑得跑到通天巫阔阔出的家中投靠。据史载，当时聚在蒙力克家族的百姓比铁木真家门口的拴马桩都多，草原到处都在传说"阔阔出是真正的通天巫，常坐彩云去不儿罕山顶跟神仙对话，而且连'成吉思汗'这个名字都是阔阔出赐封的"之类，再加上阔阔出家里原来就有很庞大的军事势力，使得铁木真的新政权遭到了阔阔出神权的严重挑战。对此，铁木真却一筹莫展、不知所措，他被通天巫阔阔出寒冬赤身裸体跳大神的噩梦魇住了。

但是，迎头对撞的日子终于还是来了。

晚春四月，草长莺飞，铁木真二弟合撒儿正在草原上纵马行猎，结果迎面碰上了通天巫阔阔出七兄弟。这时候，草原上谁都知道合撒儿心气不顺，因为铁木真只分给了他四千户百姓，而诃额仑夫人和"守灶"的幼子铁木格分了一万户百姓却还嫌少，只分了四千户百姓的合撒儿的心情可想而知。要知道，合撒儿在大哥铁木真称霸草原的历程中功勋无数，更立过两次无人可替的大功：一次是在与克烈部的决战中，诈降脱里汗得手；另一次是在与乃蛮部的决战中，统领中军奠定胜局。可以说，合撒儿在大哥铁木真事业最关键的时刻，起了最关键的作用。

所以，合撒儿心情不畅，独自出猎解闷。

看到合撒儿匹马单骑，通天巫阔阔出眼珠一转："这不是合撒儿吗？怎么一个人呢？是不是分的百姓太少了，家里没人呀？看来你大哥没把你放在心上啊！"

合撒儿被戳到痛处，顿时勃然大怒："你这个胡言乱语的骗子！别人会受你的骗，但你可骗不了我，什么天神通话、神的使者，放屁！你就是想多骗点钱财和百姓罢了！你再胡说，我一箭射死你这个骗子！"

通天巫阔阔出一见合撒儿上了套，马上大喊一声："合撒儿不敬神，把他拖下来！"

合撒儿赶紧从身上摘弓，但弓刚摘下来时阔阔出的六个兄弟已经围住了他，把刀架在他脖子上抵住他了。这六人俱是蒙古的猛将，特别是打西夏的大哥脱栾冷冷地说："合撒儿，别人怕你，我可不怕你。把弓扔了！"在草原上，谁都知道合撒儿是著名的神箭手。

无奈，合撒儿只好扔了弓。阔阔出上去就是"啪啪"两个大嘴巴，然后高叫道："把他吊起来打！"

原来，蒙力克被封为"蒙古八十八开国功臣"中第一功臣后位高权重，一门出了四千户更是实力雄厚，再加四子通天巫阔阔出依靠神权惑众扩充实力已非一日，实际上这个家族当时已是草原上除铁木真家族外实力最强大的家族了。因此，通天巫阔阔出就是希望找个机会跟铁木真家族"掰掰腕子"，杀杀铁木真家族的威风，最好能离间铁木真家族并把自己家族的影响扩得更大才好。

于是，阔阔出兄弟七人七手八脚地将合撒儿拉下马来，又把他吊到树上用马鞭、树枝狠狠地抽了一顿。打完之后，他们又狠狠地讥讽挖苦了一番后才把他放下来，然后扬长而去。

合撒儿骑上马，拿着被阔阔出兄弟撅断的爱弓，飞驰到大哥铁木真那里告状。不料，铁木真这时正为一份又一份千户们交上来的百姓抛弃旧主、投奔阔阔出家的报告头痛，加之术赤与察合台兄弟之间矛盾愈演愈烈，心情烦躁至极。这会儿，铁木真忽然听到二弟合撒儿挨打的报告更是又气又怒，心想："这阔阔出兄弟连合撒儿这种亲王都敢打，这还了得！"

于是，铁木真手足无措、恼羞成怒，对合撒儿说了一句："你平时不是常常自夸英雄无敌，怎么被他们兄弟打了？"

听铁木真这样一说，合撒儿的眼泪唰地下来了，他怎么也没想到至亲的大哥会这样无情，于是哽咽着转身出了大帐。其后，合撒儿一连三天都没有去拜见大哥铁木真，相当于三天没有上朝。

就这样，"阔阔出兄弟痛打合撒儿，铁木真毫无反应"的事飞快地传遍了草原。这样，蒙力克家族威名更甚，前来投奔的百姓更多了，但阔阔出还不满足，他又跑到铁木真那里添油加醋地挑拨离间他们兄弟。

阔阔出坐在大帐里铁木真专门为他父亲蒙力克准备的那张雕花大椅上，神秘兮兮地对铁木真小声说："大汗，我收到了天神说的一些言语，这不能对任何人说，只能对你大汗说。"

"哦，长生天说什么？"铁木真来了兴趣。这时，铁木真对阔阔出是又敬又畏，他在亲眼看到了阔阔出在极寒严冬里赤身裸体跳大神之后，是真的相信了阔阔出就是天神的使者。

阔阔出凑近铁木真："大汗，我听到天神说，长生天的意旨是让铁木真管一次草原的百姓，然后让合撒儿再管一次草原的百姓。"

"啊，有这么回事！"铁木真大吃一惊。

"是啊，大汗。草原上，谁不知道合撒儿不满大汗只给他分了四千户百姓啊！"阔阔出这句话立刻抓住了铁木真的痛点，而他分封给儿子的百姓要比兄弟多就是为了强干弱枝。

阔阔出又开始火上浇油："大汗，这草原上除了您，就得数合撒儿，您是大拇指，合撒儿就是二拇哥。大汗，您可千万小心啦，这合撒儿可是祸害啊！"阔阔出准确地抓住了铁木真的弱点。

铁木真目露凶光，叫道："备马！去抓合撒儿！"一队队怯薛军立刻忙碌起来。

阔阔出见目的达到，得意地告辞而去。

这时，站在一旁的铁木真义弟、"四养子"之一的失吉忽秃忽见势不妙，赶紧让另一个养子曲出飞马通知母亲诃额仑夫人。

铁木真率大队怯薛军赶到合撒儿大帐，不待合撒儿反应过来，几个怯薛大汉就摘下了合撒儿的帽子，解下了他的腰带，将他双手反绑起来——这是已经把合撒儿当犯人了。

接着，铁木真走进大帐，坐在大椅上开始审讯合撒儿。就在这时，外面一阵喧哗，白发苍苍的诃额仑夫人乘坐两匹白骆驼拉的毡车赶到了合撒儿的中军大帐。

铁木真脸色大变，赶紧走上前迎向母亲诃额仑夫人。诃额仑夫人却对铁木真不理不睬，直接走到合撒儿面前解开了他的捆绑，给合撒儿重新戴上帽子、系好腰带，令合撒儿不禁抽泣着叫了一声"额客"。

诃额仑夫人转过身来怒视着铁木真，昏花的眼睛忽然精光四射，然后解开衣襟露出两只干瘪的乳房："看，这就是你们兄弟小时候吃的奶。"

对此，《蒙古秘史》一书栩栩如生地记录了当时诃额仑夫人怒斥铁木真说的话：

"你看见没有？这就是你们小时候吃的奶，你这个呲牙吼叫追逐着、自噬胞衣、自断脐带的狗崽子，合撒儿有什么罪？

"小时候你能吃尽我的一只奶，合赤温、铁木格两人不能吃尽我的一只奶，只有合撒儿能吃尽我的两只奶使我胸怀宽敞。

"我的有能力的铁木真，他的能力在于心胸，而我的合撒儿有力气能射，射得敌人陆续来投降。

"如今，已经讨平了敌人，你眼里就容不得合撒儿了。

"你忘了我在你小时候说了无数遍的阿兰老祖折箭教子的故事了吗？

"你是不是还想再杀个弟弟！"

铁木真扑通一声跪下了。

等诃额仑夫人怒气稍息，铁木真磕了个头并掩好母亲的衣襟，说道："受到母亲怒责，儿子很害怕、很惭愧。儿子先回去了。"

于是，铁木真退出合撒儿的中军大帐回营了。

但是，这件事并没有就此结束。铁木真对合撒儿的猜疑不减，他背着母亲诃额仑夫人偷偷把分封给合撒儿的四千户百姓削减成了一千四百户，即拿走了合撒儿的大部分百姓。诃额仑夫人知道这件事后心中忧闷，身体每况愈下，不久就去世了。

通天巫阔阔出见自己挑动铁木真兄弟自相残杀的计谋被诃额仑夫人破坏，心中很是沮丧。不过，阔阔出的兄弟们安慰他道："不要紧，你是神的使者，草原上没有不信神的。我们慢慢安抚百姓，用神的名义和各种神迹让他们老实顺从，让他们都信我们家。等信众一多，成吉思汗也就无可奈何，自然我们家就可以和他平起平坐了。"

听了兄弟们的话后，阔阔出更加活跃了。于是，阔阔出大开神坛，到处讲道施法。草原上，本就人人都是萨满教信徒信仰天神，而且自从铁木真统一草原后两三年未有大战征伐，草原上一派和平景象，百姓们便更加认为这就是天神的恩赐了。所以，阔阔出的信徒大增，引诱得不知多少百姓都跑到了阔阔出那里，甚至后来去他们家的人比去铁木真家的人还多。

为此，铁木真一筹莫展，不知怎么办好。

不过，草原上皇权与神权、大汗与萨满，最后摊牌的日子终于还是到了。

跑到阔阔出那里的百姓中有好些是铁木真幼弟铁木格家的属民。铁木真分封功臣时，恪守草原幼子守产的原则，给了铁木格相当大一份财产——一万户百姓，比给四个儿子和三个弟弟都多，所以铁木格家的百姓跑得也最多。铁木真分封九十五千户之前，草原上的百姓爱往哪里放羊都是自己的事，但千户分封之后百姓只能在千户指定的固定牧场放牧，自由度减少极大，这也是百姓往阔阔出那里跑得多的一个重大原因——谁不喜欢自由自在啊，何况是"天当被子地当床"从小野惯了的游牧民族。

愤怒的铁木格派自己的一名部将沙豁儿前往阔阔出那里讨要百姓，结果可想而知。要知道，阔阔出兄弟连亲王合撒儿都敢打，何况一个小小的部将，结果沙豁儿不但挨了顿痛打，还被没收了马匹，在背上捆了副破马鞍后跌跌撞撞地走回去给铁木格报信。

铁木格勃然大怒——他是铁木真从小最疼爱的幼弟，向来有恃无恐——便单人独马冲到阔阔出那里去讨要百姓。

铁木格怒道："阔阔出，你为何抢我的百姓，你想造反吗？"

铁木格说着就把手伸到了刀柄上，可还没等他抽出弯刀，几把弯刀就已经架到他脖子上面了。待铁木格扭头看时，原来是阔阔出几个兄弟已经拔刀出手。

铁木格见势不妙，"好汉不吃眼前亏"，只好松开了刀柄。这时，阔阔出得意地冲上来又是两个大耳光，直扇得铁木格眼冒金星。

但是，事情还没完，阔阔出怒吼道："铁木格，你竟敢对神的使者不敬！你这是要对长生天造反！你反了天了！只要是蒙古人，统统都是长生天的百姓！这些百姓自愿跟随天神，你敢反对！跪下，向长生天请罪！"

铁木格惊呆了，完全不敢相信自己听到的话，而一个巫师竟然要逼一个亲王下跪。不过，还没等铁木格反应过来，架在他脖子上面的几把弯刀同时狠狠地往下压着他的身体，于是他不由自主地跪下了且这一跪就是一个多时辰，甚至阔阔出兄弟还叫来许多百姓观看和羞辱。

终于，被放走的铁木格快马飞奔到了大哥铁木真的营帐。这时，铁木真和孛儿帖还没起床，但铁木格不管那么多，直接冲到大哥大嫂的床前便号啕大哭，并泣诉了早前的遭遇。孛儿帖听着最疼爱的幼弟铁木格的哭诉，也难过地哭了起来。

铁木真听后，更是惊呆了。

这时，孛儿帖哭着说："阔阔出家这些人到底想干什么？前一段打了二弟合撒儿，今天又逼着我们小弟当众下跪。你现在还活着，他们就敢殴打、侮辱你松树一样正直的好兄弟，而将来你若不在了，我们的儿孙们靠谁呢？能管住这些人吗？你怎么对这事不管不问呢！"

就在这一瞬间，铁木真下定了决心，径直对铁木格说："你先去找几个大力士。我去一趟不儿罕山，等我回来。"

铁木真带着几十个怯薛侍卫一路飞驰到了不儿罕山，然后下马沿着儿时跟着母亲诃额仑夫人走过的那条小路找到了大萨满兀孙老人隐居的山洞。铁木真看到，兀孙老人正闭目盘坐在洞口，仿佛正等着他前来。

当铁木真前行到近处，兀孙老人睁开双眼慈祥地说道："大汗，我知道你要问什么。"

铁木真躬身向前，深施一礼。

兀孙老人淡淡地说："大汗是神在人间的意旨，只有一个，而萨满只是神的使者，有很多。大汗比萨满大，所以蒙古人中你最大，没有别的蒙古人比你更大，包括我。"

铁木真闻言，跪下给这神秘可敬的老人磕了个头："为什么他（阔阔出）能在极寒的严冬赤身裸体四处奔走？"

兀孙老人沉默了许久许久，他知道一开口阔阔出的一条命就算没了，但他还是开了口："他吃了药。"

"吃了药，什么药？"铁木真吃惊了。

兀孙老人缓缓道："他吃的是几百年前魏晋时期汉人传到草原上的一种药。那时，汉人中有少数一些身份很高贵的人称为名士，这些名士为了追求刺激就研制了这种药。这种药吃了之后就浑身燥热，如同火烧，只能赤身裸体地拼命狂走，头脑和身体都陷入极度的兴奋狂躁之中。所以，这种药传到草原之后深受萨满喜爱，成为萨满的珍藏。"

铁木真听后，眼睛瞪得更大了。

兀孙老人轻轻地叹了一口气："这种药的名字，汉人叫作五石散。"然后，兀孙老人伸出右手，一颗火红的药丸在手掌滴溜溜地转了几转。

看着这颗红色的药丸，铁木真被阔阔出在严冬赤身裸体炸开的自信裂隙又复合成了一个钢铁整体，然后他又给兀孙老人磕了一个头。

兀孙老人点点头："大汗，你去吧，我会给你善后的。"

铁木真回到中军大帐，叫来铁木格道："明天我会把蒙力克父子八人都叫过来，你想干什么就干什么吧。"

铁木格顿时喜笑颜开："谢谢大哥。"

第二天，蒙力克带着七个儿子一起来到铁木真的中军大帐。铁木格突然冲了出来，一把抓住阔阔出的领口："你抢我百姓、逼我下跪是何道理？"阔阔出不肯示弱，与铁木格扭打在一起。

铁木真怒道："要打出去打，这里是中军大帐。"

蒙力克和另外六个儿子还没反应过来，铁木格已经和阔阔出推搡着出了帐门。待铁木格、阔阔出两人一出大帐，立刻冲上来三个力士横拖竖拽地一下就把阔阔出撅成了四截，而阔阔出只来得及闷哼一声就死得直挺挺的了。

铁木格回到帐中，说道："真是个没用的东西，刚刚拖出帐门就赖在地上不动了。"

跟着铁木格进帐的，还有一大群全副武装的怯薛卫士。

蒙力克立刻知道发生了什么，他想起了阿勒坛那批敢背叛铁木真的老贵族们的下场，知道阔阔出的命已经丢了，而且六个儿子和自己也命悬一线。顿时，蒙力克老泪纵横道："大汗，在大地还是一块土坷垃时，在江河还是一条小溪的时候，我就和你在一起了。大汗，饶了其余这些人吧！"

铁木真压抑多时的怒火终于爆发了："你教的好儿子骗抢百姓、毒打合撒儿、逼跪铁木格，你们家要造反吗？他们打亲王的耳光，你知道吗？你在幼年时救过我，但你后来也抛弃过我们家；你把我从王汗、桑昆父子的圈套下救了回来，可我也封了你做蒙古第一千户，而且一门封了你们四千户，封赏不低！"

蒙力克父子心知，在铁木真盛怒之下如果答错一句，全家的命就统统都得丢在这里了，于是个个冷汗遍身、心战胆栗。

这时，铁木真发完怒火，又放缓语气说道："你对我的大恩大德，我永远不会忘记。如果你们父子能够规规矩矩、遵守法度，那有什么是你蒙力克额赤格不能得到的呢？"

铁木真非常清楚，他不能对蒙力克一家搞株连，毕竟蒙力克确实是功高盖世，所以他只能惩罚通天巫阔阔出一人。

当铁木真此话一出，蒙力克立即对六个儿子喝道："孽畜，还不给大汗跪下，感谢大汗不杀之恩。"

蒙力克边说边带头跪下，然后脱栾等六子也赶紧跪下了。

此后，铁木真对蒙力克一家仍信任如旧。后来，铁木真临终时发布了最后一道命令，就是让蒙力克的长子脱栾亲手杀掉西夏王室。不过，通天巫阔阔出一死，晃豁坛氏失去了主心骨，此后也就不敢再有非分之想了。

阔阔出死后，如何处理他的尸体成了一大难题，而他毕竟是蒙古草原上的一位宗教领袖，许多百姓都虔诚地信仰他，认为他是一位通天神使，因此不能草率埋葬。于是，铁木真命令搭了一座毡房，把阔阔出的尸体置放其中，但到第三天时只见毡房的天窗打开，阔阔出的尸体不见了。这时，兀孙老人下山了，他穿着白衣、骑着白马在草原到处宣扬说："阔阔出违背了长生天的旨意，离间大汗兄弟，殴打亲王，图谋不轨，骗集百姓，企图谋逆造反，妄想夺取大汗之位。长生天震怒，把阔阔出收回去了。"

要知道，兀孙老人在草原上何等地位，阔阔出当年还是他的弟子，而经他这样一说后草原上纷纷扬扬的谣言便很快平息了。

通天巫阔阔出谋逆的事态刚平息，另一个大萨满豁儿赤又闹出了大乱子。

原来，铁木真派豁儿赤代管林中百姓，并允许他自己挑选三十个美女做妻子。豁儿赤虽是个酒色之徒，但也是个聪明人，于是他带着几个随从跟着铁木真的亲家忽都合别乞跑到斡亦剌惕部大营设官立衙。不过，豁儿赤哪有什么治理百姓之才，虽然名义上是个万户长，但他知道自己有几斤几两，所以他百事不管，还是干着萨满的老本行——天天走东串西，跳大神祭祀、看病驱鬼，过得倒也充实。忽都合别乞一见豁儿赤如此，对豁儿赤更是彻底放心，天天好酒好肉招待他，晚上自然还从部落选来美女陪侍。

这一晚，忽都合别乞又与豁儿赤夜宴，两人坐在篝火旁，侍女不断送上果酒和烤肉，不觉都有了几分醉意。

忽都合别乞说道："万户长打算怎么治理百姓？"

豁儿赤答得爽快极了："我哪懂那么多，那是你的事。你只管好好准时给大汗上缴贡赋就行了。这里天气寒冷，出产的动物毛皮真是好，还有河里的金子到处都是。你尽量多收集多淘一些毛皮、金子，反正林子里的野物多、河里的金子多。"

忽都合别乞自然满口答应，又问道："万户长还想要什么？"

豁儿赤摇头晃脑地说："老兄，我要挑三十个绝色美女。"

忽都合别乞一惊，清醒了几分："怎么，是给大汗选妃吗？"

豁儿赤"咯咯"地笑起来："不是，是给兄弟我娶妻。"

豁儿赤看着目瞪口呆、含着一口肉不动的忽都合别乞，讲了当年他预言"铁木真要称汗当国主"，以及铁木真慨然应允"如果预言实现会封他当万户长，并准许他娶三十个绝色美女做妻子"的往事。

豁儿赤得意地说："大汗英明神武，一诺千金。这次我来的时候，大汗再次确认准我在封地挑三十个丽姝娇娃做夫人。"

忽都合别乞一听，原来是这么回事，于是苦笑一声道："万户长，我部落的女子随你挑。"

豁儿赤把头摇得像拨浪鼓："老兄，你部落的女子我不要，因为我可以随便要，要谁你都会给，那还不就跟我的妻子一样。"

忽都合别乞这下糊涂了，问道："万户长，那你要到哪里去找这三十个绝色美女呢？"

豁儿赤两眼放光道："我要去秃马惕部找出三十个绝色美女做妻子。我问过这里的百姓，大家都说秃马惕部的美女是最出色的，个个肤白水嫩、身材高挑，尤其是那个叫塔儿浑的寡妇族长更是旷世难见的美人。"

忽都合别乞顿时放声大笑，直笑得气都喘不过来："万户长，你的鼻子可太灵了，才来几天竟然连塔儿浑身上的香气都闻得到。实话说吧，塔儿浑是我们这些部落和林中百姓公认的第一美女，爱她的人实在是太多了，连我都一直偷偷喜欢她。塔儿浑的男人前几年打猎遇到老熊，没跑及送了命，所以她二十一岁就成了寡妇，而她的男人死了不知有多少男人乐晕了。今年，塔儿浑才二十五岁，美得就跟天上的仙女下凡一样，不，比仙女还美，向她求婚的各部落首领也不知道有多少，连我都去过他们部落求婚。"

豁儿赤这下更感兴趣了："结果呢？"

忽都合别乞叹口气："塔儿浑好吃好喝好招待，就是不理我的求婚：看不上咱呗，嫌我老了。老弟，你是成吉思汗亲自任命的大官，又有准挑三十个绝色美女做妻子的谕旨，可能你的面子够大，或许她会答应你的求婚吧。"

第二天大清早，豁儿赤就带着几个护卫跟着忽都合别乞派的向导，兴冲冲地直奔秃马惕部而去。

豁儿赤第一眼就被塔儿浑的美貌迷昏了，只见这位美女玉肤胜雪、深目碧睛、身材窈窕，更有一头红火的长发披散在肩头，万般的民族风情真是动人至极。于是，豁儿赤不禁心花怒放、垂涎欲滴，心想："可找到大夫人了。"

但是，塔儿浑第一眼就不喜欢豁儿赤，因为从见面起这个什么万户长那双色眼就滴溜溜地在她脸蛋、胸前、腰身、腿上上上下下、来来回回地打转，简直让她有一种浑身赤裸的感觉。

塔儿浑强忍着三分羞恼设宴招待了豁儿赤，她知道自己惹不起铁木真这位"成吉思汗"。

酒过三巡，豁儿赤已有醉意，手脚就开始不老实了。在大庭广众之下，豁儿赤对着坐在身边的塔儿浑挨挨擦擦、磨磨蹭蹭，惹得塔儿浑已有了七分恼怒。

待再喝了几碗果酒后，豁儿赤彻底醉了，说起话来已经语无伦次。塔儿浑强作欢颜道："我们是个小部落，只有树多，万户长此行是来做什么的啊？"

豁儿赤一下就搂住了塔儿浑的纤腰，然后色眯眯地说："谁不知道你们秃马惕部除了树多，还有美女多啊。大美人，我这次来就是来娶你的。"

塔儿浑大怒，使劲地挣开豁儿赤的拥抱道："万户长，你醉了，自重些。"

豁儿赤一边淫笑，一边又向塔儿浑搂去，说："我这次来，是成吉思汗让我在你们部落里找三十个美女做妻子，当然要让你当大夫人了。我们这就入洞房去。"

塔儿浑这下终于怒不可遏了，狠狠地一脚将豁儿赤踢倒在地，说："把这条淫邪老狗扔到狗圈里去，再给他找三十条母狗做伴。"结果，豁儿赤万户长一下从天堂的美梦掉进狗牢里去了。

不过，塔儿浑也讲规矩，她放了与豁儿赤同来的向导和随从，让他们回去向忽都合别乞报信。

忽都合别乞闻讯大惊，心想："豁儿赤出事，我是要对大汗负责的啊！"

于是，忽都合别乞只好亲自跑到秃马惕部去向塔儿浑说明"成吉思汗的厉害"，结果话不投机。塔儿浑怒道："我本以为成吉思汗是个英雄，没想到也是个无耻之徒，竟然让这个什么万户长在我们部落里挑三十个美女做妻子。他把我们部落当什么了？把我们女子当什么了？你说他好，你也不是个好东西，我把你也关起来。"

最后，忽都合别乞只好一起和豁儿赤到狗牢里做伴去了。

塔儿浑一不做二不休，她放走了忽都合别乞的随从，并要他带话给铁木真："成吉思汗用这种人当万户长，肯定也不是什么好东西。秃马惕人反了，不侍候成吉思汗，也不再听从蒙古的命令，我们要重新在大森林里过自由自在的生活！"

铁木真听到消息，深知问题的严重性：林中百姓上百部，斡亦剌惕部最强大，族长兼自己的亲家忽都合别乞却被秃马惕部抓起来了，同时自己派去的万户长豁儿赤也被抓了。秃马惕部本身就是一个很强的部落，他们居然公然造反，如果不尽快镇压下去，别的林中部落都可能效仿，然后一连串地倒下去，如此就很难再像第一次那样容易收拾了。

于是，铁木真问大将们："谁愿去征讨秃马惕部？"

不过，出乎意料的是竟然无人作声，原来大家都知道此事的根源——错在忽都合别乞和豁儿赤，而现在铁木真竟然为了抢女人要去跟一个女子开战，铁血男儿甚觉不齿而不愿前往。于是，铁木真只好点将问中军万户长纳牙阿。纳牙阿最是深情，当然鄙视豁儿赤的行为，他竟然直接地说："身体有病，无法出征。"

中军大帐里一片沉静，于是铁木真只好让大家散会。

会后，铁木真派了一名使者去博尔忽那里。

博尔忽既是"蒙古四杰"之一，还是铁木真的义弟——"蒙古四养子"之一，不仅智勇双全、忠义兼备，而且所向无敌。

当使者到博尔忽大帐的时候他正在喝酒，使者说："大汗问你愿不愿意出征。"

博尔忽仰脖喝下一盏酒："是大汗要我去的，还是别人推荐的？"

使者说："是大汗自己的决定。"

博尔忽沉默良久，然后说道："既是大汗之令，刀山火海定当前往。只是我是顶替别人去的，请大汗照顾好我的妻儿。"

使者顿觉不祥，又不好再说什么，只好退出复命。

于是，博尔忽点齐五千兵将，直奔泰加大森林而去。在向导带领下，博尔忽率队直扑秃马惕部的大营，大军到处只见山高水急、古树参天，而且林中光照幽暗，并时时传来野兽的嚎叫。待蒙古军到达秃马惕部营地时，只见四处空空如也，原来塔儿浑已经带领秃马惕部避开蒙古军锋芒，不知退往何处去了。

博尔忽勇毅绝伦，只好寻找秃马惕部留下的一点残迹并穷追不舍。

这一日，博尔忽不顾部将劝阻，亲自带了十余名勇士在最前面探路。忽然听到一棵树上传来一声尖哨，博尔忽刚循声抬头，数百支羽箭已从四面的树上射过来。原来，博尔忽不小心闯进了秃马惕人的埋伏圈，还未等反应过来便已身中数十箭，与十多名尖兵一起当场战死。

博尔忽战死的噩耗传回蒙古大营，铁木真顿时放声大哭："博尔忽、博尔忽，是我害了你，全是我的错，我太疏忽了。你救了我两个儿子的命，我却害死了你。我这就来为你报仇！"

原来，铁木真四子拖雷在五岁的时候曾被一个塔塔尔流寇绑架，是博尔忽的夫人冲过去打掉了这个流寇手上的刀才保住了拖雷的性命，而博尔忽则趁机一刀砍死了这个流寇才救下了拖雷。后来，在合兰真沙陀之战中，铁木真三子窝阔台冲进了敌方阵营并被团团包围，又是博尔忽杀进包围圈把窝阔台救了出来。后来，窝阔台成为铁木真之后蒙古的第二位大汗，而拖雷的后裔代代为汗，从严格意义上说他这一支才是真正的"黄金家族"。由此可见，博尔忽对铁木真家族的功劳有多大。

铁木真哭完，便命令立即备马欲亲征秃马惕部为博尔忽报仇。

众将不愿意铁木真亲征涉险，一起苦苦相劝道："一个小小的林中部落，怎能让大汗亲征？再派精兵强将，扫平它就是了。"

铁木真哀痛稍息，也觉众将说得有理。这时，博尔术和木华黎一起推荐了一个青年将领——百夫长朵儿伯，而这位小将朵儿伯骁勇绝伦，更兼足智多谋、用兵谨慎。当时，蒙古军可谓是将星灿烂。

铁木真考查问话一番后，立即令朵儿伯再率五千人进剿秃马惕部。朵儿伯吸取博尔忽轻敌冒进、大意涉险的教训，取得了其他几十个林中部落的信任和配合，与他们联合起来一起封锁、围困秃马惕部，将其锁在了一个大包围圈内。然后，朵儿伯派几十个勇士扛着一面大红旗爬上了包围圈内的高山之巅，仔细搜索地面上的炊烟，因为秃马惕人的主食都是森林中打到的野物，吃饭不生火是肯定不行的。果然，秃马惕部埋锅造饭的炊烟袅袅升起时立刻被高山之巅的勇士们发现了，于是他们按约好的规定马上将红旗对准冒烟的方向上下挥动。然后，朵尔伯则命令善于攀爬的勇士爬到大树树顶观察山巅红旗所指方向，就这样顺利地找到了秃马惕部的营地。

随后，蒙古军立刻呐喊着杀了上去。秃马惕人只打过猎没打过仗，真刀真枪的肉搏格斗哪里是蒙古军的对手，立刻就被打得稀里哗啦而纷纷投降了。

族长塔儿浑和另外几个秃马惕部大首领皆被活捉，而忽都合别乞和豁儿赤的牢狱之灾终于算是结束了，他们二人被蒙古军顺利救出来了。

铁木真冷冷地看着塔儿浑，心中也不禁暗自惊叹这位女酋长的美丽。

看着这个高傲的美女，铁木真下令把那几个很强硬的、死不投降的秃马惕部大首领脑袋砍下来，然后扔到了塔儿浑的面前。

铁木真怒道："你们为什么要造反？这就是违背诺言的下场！"

塔儿浑虽然被铁木真的气场压得不停发抖，却仍是毫不示弱道："因为我们不愿意像牲口一样被你们蒙古人挑来拣去。我们从小生长在大森林，我们酷爱自由！"

然后，塔儿浑豁出去道："成吉思汗，草原、森林到处都流传你的故事，而我们秃马惕人敬你是个英雄才归顺你，没想到你任命的万户长竟把我们秃马惕女人当牲口一样挑。我不会服你的，你杀了我吧！"

铁木真沉默良久，说了四个字——"我不杀你"。

塔儿浑顿时脸色煞白、全身冰凉，她以为铁木真要把她扔到军营里当营妓，给那些蒙古兵没日没夜地糟蹋到死。——这是当时的惯例，那样可就生不如死了。

铁木真当然知道塔儿浑在想什么，冷哼了一声道："我要你给我亲家忽都合别乞做妻子，你们夫妻二人一起协助豁儿赤万户长管好林中百姓。"

塔儿浑闻声瘫倒在地，她知道这已是她最好的结局了：忽都合别乞是真心喜欢她，年龄虽是大了一点，但这个年龄的中年男人最懂得疼人；况且忽都合别乞还是林中百姓最大一个部落的族长，而且是做他的正妻，这也真算是两人相当了；而且她杀了成吉思汗的大将，还能够从成吉思汗手下捡回一条命，这算是幸运了。

就这样，秃马惕部几个大首领被砍了头，族长塔儿浑被迫嫁给了忽都合别乞。不过，这件事还不算完，铁木真强硬地命令惹祸的万户长豁儿赤在秃马惕部的俘虏里挑三十个美女、美妇做妻子，然后又挑了一百丁壮给博尔忽家做百姓。此时，秃马惕部全都被朵儿伯押过来了，自是容易挑选，而这也是昭告林中百姓——"成吉思汗说话算话，令出如山"。如此，秃马惕部算是怕了软硬兼施的铁木真，全部落都被治得服服帖帖的，从此再也不敢有丝毫反叛之心了。

忽都合别乞娶到心仪已久的大美女塔儿浑自是喜不自禁，对亲家铁木真更是感恩万分。

等事情办完了，铁木真叫来了豁儿赤。

豁儿赤看着铁木真铁青的脸和愤怒的眼睛，不禁有些发抖。

铁木真重重地呼了口气，痛骂道："我让你到林中百姓那里当万户长，是为了让你管好林中百姓，让他们安居乐业，以巩固我们的后方。你倒好，倒行逆施，逼得已经归顺了的秃马惕部重新反叛，还害死了博尔忽。你要再敢欺压百姓，再犯一次这种错，我就把你脑袋拧下来扔出去喂野狗！"

豁儿赤不禁汗出如豆、连连称是，从此不敢再恃宠而骄了。

这样，蒙古三大萨满中的兀孙老人不再问世事，桀骜不驯的通天巫阔阔出也被除掉了，万户长豁儿赤从此再也不敢胡作非为了。

于是，蒙古的神权实际上也落入了铁木真之手，草原上所有的萨满也归入铁木真家族牢牢的管辖之下。从此，蒙古帝国的皇权稳稳地控制住了神权。

第二十三章　净州贡风云

草原上又吹起春风时，蒙古人号啕着送走了诃额仑夫人。这时，诃额仑夫人已年过七旬，她大半生都生活在艰难困苦和忧患之中，直到铁木真荡平克烈部和乃蛮部称汗后才算是真正过上了安稳日子。可惜，诃额仑夫人没享几天福，又因为通天巫的挑拨导致铁木真和合撒儿兄弟失和而忧虑故去。

铁木真将母亲诃额仑夫人安放在掏空了内芯、用金箍对合的千年古木里，埋在了葬着父亲也速该的那片草原里。四十多年过去，铁木真的父亲也速该具体埋葬在哪里已经不可能知道了，他只能将母亲诃额仑夫人下葬在那片草原的最高处，并虔诚地相信母亲和父亲的灵魂一定能在长生天的怀抱里相聚。

回到中军大帐，孛儿帖说道："额客走以前，嘱咐我把一样东西交给你。"孛儿帖将一个细长的包袱交给了脸上泪痕未干的铁木真。

铁木真一边拭泪，一边打开了包袱——是一捆箭。

铁木真顿时号啕大哭，"支箭易折，捆箭不断"，他知道这是母亲诃额仑夫人最后一次给他讲阿兰老祖训子的故事了。

于是，铁木真抱着这捆箭叫来了二弟合撒儿和幼弟铁木格，再次宣布把斡难河（今鄂嫩河）下游、额尔古涅河（今额尔古纳河）流域和呼伦湖，以及捕鱼儿海（今贝尔湖）以东的草原全部封给合撒儿和铁木格。

这是漠北最肥美的草原，而这就是蒙古东部诸王的肇始。

当然，铁木真把通天巫阔阔出挑拨后没收的百姓又还给了合撒儿，加上新的加封，合撒儿和铁木格的百姓均有万户之多。于是，合撒儿、铁木格两人对大哥铁木真自是感激不已，兄弟间的前嫌尽去，感情也更深了一层。后来，合撒儿的后代就在大草原的劲风中繁衍生息。今天，内蒙古的科尔沁旗、阿鲁科尔沁旗、扎赉特旗、杜尔伯特旗、郭尔罗斯旗等十旗，和原乌兰察布盟四子部、茂明安、乌拉特等部族，以及青海的和硕特部，均是合撒儿的后裔，其人口约占中国蒙古族的三分之二。

铁木真兄弟看着母亲诃额仑夫人留下的那捆箭，不禁再次泣下。

诃额仑夫人的丧事刚办完，金国又派来了一位使者。这时，铁木真还没有和金国撕破脸，名义上还是金国的官员——四品招讨使。

铁木真摆开阵势迎接金国使者，只见这位使臣身材高大、浓眉大眼、态度从容，于是铁木真便有三分欢喜。这位使者开口便让铁木真大喜："大汗，微臣石抹明安，以前来出使过您这里的耶律楚材是我的表兄，他让我代问大汗好。"

铁木真一愣，然后大笑："大胡子可好，我可想死大胡子了！"

据史书记载："石抹明安，桓州人，性格宽厚，不拘小节。孩提时，骑杖为马，令众小儿前导，行列整肃，无敢喧哗者。父老见而异之，曰：'是儿体貌不凡，进退有度，他日必贵。'既长，叹曰：'士生于世，当立功名、书竹帛，以传无穷，宁肯碌碌无闻，与草木同腐邪！'"

总之，石抹明安也是前代辽国的契丹贵族，从小就不是安分守己的庸人。石抹明安与别的契丹贵族一样，一门心思规复旧国，而蒙古的崛起和铁木真的横空出世让他们第一次看到了复国的可能和希望。

当年，金国兴起于白山黑水之间，以闪电般的速度攻灭了辽国，但辽国毕竟统治北中国逾百年且基业雄厚。金国女真为原始的渔猎民族，统御文化远比自己先进的北中国地区便不得不利用前代辽国遗留的契丹贵族官员帮助巩固统治，这样就给了这些辽国遗民可乘之机。后来，在蒙古灭金过程中，这些契丹贵族帮了蒙古大忙，可谓是出了大力。

石抹明安见铁木真豪气冲天、英姿勃勃，不禁心中暗道："此真吾主也！"于是，石抹明安不再犹豫，毫无保留地向铁木真尽吐金国虚实。

石抹明安说："金国君昏臣懦，朝廷之中各个派系明争暗斗，军中女真、契丹、汉族各族矛盾重重，将帅耽于淫逸安乐而武备废弛，百姓不堪重负四处反抗，汉人起事载载都有。金国外表是棵枝繁叶茂的大树，实际上树干内里已经千疮百孔、蛀虫无数。现在，金国已是一株外强中干的枯树朽木，狠劈一斧就会倒下。大汗征讨多国的米饭已经快熟了，现在只差最后一把火。"

"哦，"铁木真大喜，"这与我对金之所闻完全一致。至于所说的最后一把火，那是什么意思呢？"

这时，石抹明安便说了事关金国朝廷命脉的一件大事。原来，当时的金国皇帝金章宗完颜璟由于贪酒好色已百病丛生、身体极差，自知时日无多，但他身体早已掏空无法生育而没有子嗣可以立为太子，如果他驾崩则肯定会由其叔叔完颜永济即位。

完颜永济是金世宗完颜雍第七子，金显宗完颜允恭的异母弟，金章宗完颜璟的叔叔，虽出身贵胄，但是娇生惯养、能力极差，既没有知人、识人、用人的能力，也没有治理朝政的方法和见解，可谓暗弱无能。完颜永济唯一的优点就是为人节俭，但是他节俭到什么都舍不得，连对部下的赏赐都省了又省，甚至干脆克扣不给。同时，完颜永济特别会伪装，不知道他底细的人都认为他忠厚可靠。在平日里，完颜永济经常表现得与世无争，从而赢得了金章宗完颜璟的格外器重和放心。因此，完颜永济一路被封为卫王，世袭猛安。金章宗完颜璟对完颜永济很亲近，因为他知道这个叔叔无能，所以才会放心地将很多事情交给他去办。金章宗完颜璟本是一个非常多疑的人，但是对叔叔完颜永济绝对信任，甚至让其做了武定军节度使，连军权都放在了他手里。

铁木真和蒙古诸将聚精会神地听着。

石抹明安又道："现在，金国皇帝（完颜璟）已病入膏肓，卫王完颜永济即位已成定局。只要卫王一即位，大汗伐金的时机就成熟了。"

铁木真把虎皮大椅的扶手猛拍一下，叫一声："好！"

接着，石抹明安说了他此行的目的，原来金国让他前来是通知铁木真到净州（今内蒙古四子王旗境内）上贡。

铁木真是接受过金国赐封的四品招讨使，名义上是金国的一个官员。这个四品招讨使的官职曾帮过铁木真很大的忙，当他在草原上征伐别的部落时，经常拉出这个四品招讨使职位做虎皮。当然，铁木真既然接受了金国这个四品招讨使的官职，表面上的事情便不得不做，所以他每年都要备些礼品——主要是草原上的毛皮等特产给金国上贡。一般情况，铁木真都是派贡使送到净州由金国官员接受——他们不许蒙古贡使送得更远，不许越过净州靠近大青山，更不用说长城了，原因是防备蒙古趁机刺探金国的军事、政治、经济情况，勘测金国沿路山川形势、地理位置和边关布防。可以说，金国对蒙古从骨子里是极度提防的。

这时，铁木真问道："为什么金国一定要我亲自去上贡？"

石抹明安笑了："大汗，因为这次要到净州来见你的金国官员正是卫王完颜永济。"

铁木真看着石抹明安道："为什么完颜永济要亲自来？"

石抹明安说道："大汗威震草原，一统朔漠，建立了大蒙古国。对此，金国早已耳闻，心中惊惧，故欲一见大汗探探底细。金章宗完颜璟命若悬丝，一旦绝命，卫王完颜永济即位几无悬念。这次，完颜永济会见大汗，也是为继承皇位做准备，同时顺便知晓边疆形势。如今，金国北方边墙之外已被大汗一统，金国四边——西夏偏居西北一隅，不足为患；南边南宋暗弱无能、屡战屡败，金国从未将其放在眼里；只有大汗的蒙古国势蒸蒸日上，军队骁勇善战，国土幅员之大甚至已经超过金国甚多，因此金国已将大汗列为第一威胁。所以，完颜永济此来就是来摸清大汗和蒙古的底细。"

待石抹明安说完，铁木真笑起来："如此说来，这次净州之行我定要亲自前去看看这个完颜永济到底是何等人物了。"

于是，石抹明安约好上贡时间，辞别铁木真后快马加鞭先行回金国朝廷复命。

果然，当铁木真宣布他要亲自去净州会见金朝卫王完颜永济时，蒙古众将和诸亲王没有一人反对，全都表示支持。大家都知道，这是一次试探金国虚实的绝佳机会，而且他们知道大汗的安全不会有任何问题，因为漠南替金人守边的汪古部早已秘密投靠了蒙古，甚至铁木真和孛儿帖最疼爱的一个女儿——公认最厉害的蒙古公主阿剌海别吉就嫁给了汪古部的大王子不颜昔班，而此去上贡所在的净州正在汪古部境内。所以，铁木真此行实际上是走亲家。尽管如此，铁木真吸取了当年到克烈部提亲险些被害的教训，将大营交给二弟合撒儿统管，自己亲自点起两万精骑和博尔术、木华黎等"蒙古四杰""蒙古四狗""蒙古四子""蒙古四养子"等大批猛将前往汪古部的净州。其实，铁木真的意图是让这些精兵猛将尽可能多地熟悉漠南山川地形，以备后面必然到来的伐金之战。

这时，铁木真已把大营立在漠北草原正中部的哈剌和林。哈剌和林四通八达，南面是西夏，东南是金国，向西是乃蛮部故地和新归附的畏兀儿，向北是不儿罕山和林中百姓，向东是呼伦贝尔大草原和大兴安岭，真正的交通枢纽。所以，在蒙元前期，几代大汗都定都于此。

于是，铁木真率军从漠北草原向南进入戈壁大漠。漠北，古称岭北，是中国北方沙漠戈壁以北的广大地区，位于瀚海沙漠群的北部，即今蒙古高原，海拔在一千五百米左右，而漠北的政治、军事文化中心就是哈剌和林。漠南，指戈壁沙漠以南、阴山以北的地区，大致位于今内蒙古自治区。这片大戈壁沙漠面积有一百三十万平方公里，位于今中国和今蒙古国之间，是世界上最北面的沙漠。戈壁沙漠的两边边缘地带即分别称为漠南、漠北，西边即漠西，位于今中国的西北地区。这片地区是全世界最大的荒漠与半荒漠地区之一，连亘在东亚北部浩瀚的大地。在中国古代，不管是蒙古高原上北方的游牧民族南下牧马、抢劫，还是南方农耕的汉族北伐寻战，这片戈壁沙漠地带都是巨大的自然地理障碍。

铁木真身经千百战，进入大沙漠后也觉不安，便传令"白日人马歇息，夜里加速前进"。这片宽千余里的大沙漠酷热无水，是片死地，非常可怕，但蒙古军仅用十天不到就成功穿越了大漠。当蒙古将士看到路边稀疏的牧草越来越多、天边越来越绿时，大家都忍不住欢呼起来，他们知道可怕的大沙漠已甩在身后，肥美的大草原到了。果然，铁木真一行行不多久，只见一大队人马从草原上迎了上来，仔细看时原来是铁木真的亲家汪古部阿剌兀思汗和自己的女婿不颜昔班，以及最疼爱的女儿阿剌海别吉公主率部在此迎候。

众人相见，自是一番欢喜。

夜幕降临，草原上远远近近星星点点，到处都是篝火。这是汪古部的牧民在招待远来的铁木真一行，空气中充满了烤羊肉的味道、马奶酒的味道和燃烧篝火的木香。

阿剌兀思汗和阿剌海别吉公主一左一右坐在铁木真身边，相谈甚欢。

铁木真问阿剌兀思汗金国最近情形如何，阿剌兀思汗摇摇头道："金国情形已是一年不如一年，特别是金军武备废弛已久。以前女真精锐每年都要到长城外巡边半年，可这么些年来因为北边无战事，金军日益懈怠，已经好些年没出长城以外了，边境的防备全交给了有二心的乣军。"

铁木真敏感地问道："你讲讲乣军怎么回事？"

阿剌兀思汗抚抚胡须说道："乣军历史很长，甚至比金国都长得多，前代辽朝开国就有。当时，辽国把长城外俘获的异族战俘和边民，统一编成乣军放在长城外守边，此即乣军起始。金国继承了辽人的乣军，继续命令他们守边。我们汪古部守在乣军更前面，是金国北边的第一条防线；在我们之后的乣军是第二条防线；再往后才是金国女真军的第三条防线。"

铁木真又问道："乣军有多少人，很能打吗？"

阿剌兀思汗答道："金国的乣军分为三路十四乣，在我们背后有五乣十万人，每乣两万。乣军与金军离心离德，因为金军对乣军是当看门狗使唤，粮草、军饷极是微薄，还要层层克扣。金军将领更不愿任职乣军，因为乣军生活条件差，环境又恶劣，提拔无指望，到乣军即意味着断了仕途。于是，金国只有派前代辽国后代契丹将领统率乣军。"

铁木真听后，轻轻一击掌道："这可太好了！"

接着，铁木真看着阿剌兀思汗说道："伐金之时，乣军就交给亲家收服了。"

阿剌兀思汗端起酒碗道："没问题，我们汪古部和乣军都是在长城外百年守边，都受金人压迫歧视，互相之间早已情同手足。乣军将领皆与我通好，大汗南征时我必能让其归顺大汗，敞开前往长城的通道。"

话毕，铁木真、阿剌兀思汗两人举碗痛饮。

夜深了，铁木真的亲家阿剌兀思汗、女婿不颜昔班早已在篝火旁大醉酣眠——游牧民族都是这样，篝火就是蒙古包。这时，铁木真和爱女阿剌海别吉还在草原上缓缓地散步，一大群怯薛勇士远远地将他们围在中间并跟着慢慢移动。

铁木真问道："乖女儿，你在这里过得好吗？"

阿剌海别吉道："父汗，除了想念父汗、母亲和亲人们外，我过得很好。我的公婆和夫君，还有侄儿镇国，他们都对我非常好。"

铁木真又说道："你公公、你夫君对蒙古非常忠诚，这一点我早就知道。我跟你公公有三十年的交情了，虽然三十年来草原风云莫测、血雨腥风，但我们的兄弟友情却从未变过，一直互相扶持。你是我最疼爱的女儿，如果我不是知根知底，是不会把你嫁到这儿来的。你公公也是一代英雄，外敌是不可怕的，而且他的背后有我们蒙古做支撑；重要的是内部，最怕内部出问题，你觉得汪古部内部团结吗？"

阿剌海别吉想了想，然后说："父汗，你说得对。汪古部给金国守边已逾百年，金国的势力根深蒂固，而且金人自然也会收买人心。汪古部内部确实有些人亲近金国、心向金国，瞧不起蒙古，认为我们原始落后。"

铁木真看着女儿阿剌海别吉道："你要随时备几匹最好的快马在身边以防万一，一旦有事就立刻带上家人飞骑来找我。"

阿剌海别吉重重地点点头："父汗，我记住了。明天一早，我就备马。"

此时，月光如水般照在阿剌海别吉美丽而坚强的脸庞上，泛起了淡淡的银色光芒。

不日，铁木真率两万骑按约定的时日到了金人指定的净州上贡地点。

铁木真和众将吃惊地看到，上贡地点集结了大批的金军铁骑。不过，蒙古众将不知道的是，前来收取贡品的金国卫王完颜永济和随身的金军将领更吃惊，原来他们也带了五万铁骑前来并准备趁蒙古上贡之机以迅雷不及掩耳之势擒下铁木真以绝草原后患，但万没想到的是铁木真竟是全副武装地率大队人马前来。

铁木真见到金军列阵后挥挥手，两万蒙古铁骑的旗帜摇动，顿时列成横阵与金军对阵。

金军人马虽多过蒙古军一倍有余，但蒙古军却毫不紧张，浓烈威严的杀气远远超过了金军。其时，宋人有评论道，"蒙古军当时的单兵战斗力，一骑可压金军五骑，中亚军十骑"。

这些蒙古铁骑是大草原上百年血战杀出来的精锐，远非演兵场上练出来的骑兵可比。

大草原上，蒙古军与金军隔着一箭之地沉静地对垒，只听得到呼呼的风声吹过。良久，金军中驰出一骑，原来是猛将定薛。定薛策马到两军中点，高呼道："大金卫王宣召四品招讨使铁木真上贡！"

铁木真挥挥手，带上者勒蔑、速不台、者别、忽必来等"蒙古四狗"向金军驰去。五骑驰到两百步处停下，这里正是背后蒙古箭手杀伤力最大的地方，若金人敢有妄动，便会立刻被射成刺猬。

者勒蔑对定薛道："我们大汗来了！"

定薛回头招招手，金军旗门下哗啦啦驰出两百骑，簇拥着一个身材高大、白面长须、眼中无光的中年男子来到铁木真面前。铁木真看这男子神色黯淡、目光茫然，便知这人肯定是酒色过度所致，于是便有三分轻视。铁木真再看时又见这男子虽身材高大，却在马背上浮躁得很，座下战马还不停地拿蹄，更知这人根底浅薄连战马都压不住，于是便有了七分瞧不上。

这男子驰到铁木真面前，喝道："我是金卫王完颜永济，还不下马跪拜！"

铁木真更不待言，直接冲这男子大喝道："我成吉思汗乃一国之主，你不过是个亲王，该向我跪拜的是你！"

"下马！"铁木真怒喝一声。

这时，只听"吧唧"一声，原来完颜永济的战马受大喝之惊后半立而起，竟把完颜永济摔下了马背。

然后，只听得一片"当啷啷"的拔刀声，原来是两百骑金军和"蒙古四狗"都抽出了佩刀，两边后面的大队人马也都在缓缓向前。

在气氛极度紧张时，只听得铁木真开怀大笑起来，然后对趴在地上的完颜永济道："从今日起，蒙古永不再向金国上贡！"说完直接掉转马头，"蒙古四狗"横刀持矛跟着撤回。

金国卫王完颜永济气得浑身哆嗦却不敢多言一句，更不敢下令交战，只能上马缓缓退去。

铁木真摸到了金军和卫王完颜永济虚实，目的已经达到，此时也不愿多生事端，于是向北退走，而带来的贡品则全送给了汪古部的亲家阿剌兀思汗。

踏上返回漠北行程时，铁木真对众将道："一个马都骑不稳的酒色之徒，他能打得过我们吗？长生天保佑，他快快做金国的皇帝吧！"

蒙古众将大笑，他们实际上未将任何敌人放在眼里。

第二十四章　鸦燕摧坚城

在黄金斡儿朵的中心，铁木真可以容纳几百人的中军大帐此时挤得满满当当。刚从净州回来后，铁木真便大会众将、众谋士商讨下一步向哪里发展，而蒙古军所有的王子亲贵、猛将谋臣都参加了这次大会。

待人员到齐后，铁木真站起身来，热闹吵嚷的大帐立刻安静得掉下一根针的声音都能听到。

铁木真环顾四周，兴奋地说："众位爱将，我们大蒙古国今天已经一统漠北，还有畏兀儿、合儿鲁兀惕等一些小国归附，北面的林中百姓也已投靠。现在，我们大蒙古国，东起大小兴安岭，南到漠南，西至天山以西，北至林中百姓，版图之大——据塔塔统阿巴格西说，我们的版图已大过金国。南家思（南宋）、西夏、西辽这几个大国，能和我们比面积大小的只有西辽以西的花剌子模一个国家。"

众将聚精会神地听着。

铁木真继续说道："我们这次去漠南，第一次见到了漠南草原的辽阔和富饶。由于漠南气候比我们漠北温和、雨水也多，那里的牧草比漠北的牧草更多、更密、更高，好地方啊！但是，我们漠北加上漠南，还仅仅只是古华夏地域的北疆；再往东是富庶的辽东，那里有最好的毛皮、最纯的金子；再往南是盘踞在桃花石（蒙古人对中原的称呼）的我们的死敌金国，而金国统治我们百年之久，大家都知道他们连长城都不许我们过，怕我们过去抢东西！"

众将哈哈大笑起来。

笑声停后，铁木真又继续说道："金国再往南，就是无比富饶美丽的南家思（南宋），那里终年气候温和，物产极其丰富，既有丝绸、刺绣、茶叶、瓷器、铁器，还有无数说话像唱歌一样动听、腰和蛇一样细、长相就和画里一样美丽的美女，而这一切都在等着我们去征服！"最后一句，铁木真说得特别重。

大帐里鸦雀无声，只听得到众将兴奋的呼吸声。

铁木真狠狠地挥挥手道："我们蒙古人不能躺在现在的版图上过天天喝马奶酒、帐篷里有女人侍候的平常生活，我们蒙古人也不能过牧牧马、放放羊且有肉吃、有奶喝、有女人就万事足的享乐生活。我们不能醉生梦死，我们要冲出草原，打出去征服世界！金国有黄河，我们就要饮马黄河；南家思（南宋）有长江，我们就要立马长江。我们蒙古人生在华夏的北疆，那我们也是全华夏的主人。我们要打出一片世界最大的天地，让天下成为我们蒙古人的牧场，直到天地的尽头。"

听铁木真这样一说，帐篷里顿时成了欢乐的海洋。

等众将平静下来后，铁木真挥着手继续说道："现在，我们西南是西夏，南边是金国，金国的更南边是南家思（南宋），但我们兵力有限只有十余万骑，所以我们只能在西夏与金国之间选一而攻。今天，我们就是商讨先打哪个？"

不出所料，因为这趟净州之行探到了金国虚实，大批将领都要求马上伐金。

者勒蔑大喊道："大汗带着我们，这就去伐金狗！金狗用木驴钉死我们蒙古的俺巴孩汗，到我们蒙古草原三年一减丁，剁下了我们无数蒙古男儿的大拇指，杀掉我们无数高过车轴的蒙古男丁，掠走我们无数的蒙古妇女，而这数不清的血仇我们所有的蒙古人都时刻记在心中。如今，天降大汗，我们蒙古人报仇的时候到了！"

忽必来接着喊道："大汗下令吧，只要大汗马鞭所指，哪怕金国是座高山，我们也要把它推平；哪怕金国是条大江，我们也要把它填干！"

这时，木华黎站起身道："我认为我们应该先打西夏，后打金国。"

大家都静了下来，听木华黎这位蒙古军师讲话。

木华黎接着说："金国现在已经开始衰弱，但毕竟立国百年，再瘦的羊也有几斤肉。金国还有相当强大的实力，而且金军这么些年没打过什么大的败仗，跟南家思（南宋）军交战一直胜多败少，我们对他还不够摸底。至于西夏，脱栾千户已经对其进行了大半年的攻击试探，拿下了两座边城，已经试探出西夏军远不是我们的对手，所以我们不如先打西夏，可稳操胜券。打下西夏后，我们的实力会更强大，然后再来攻击金国，就可稳操胜券。"

这时，铁木真也站起来说道："我们必须先打西夏还有个原因，西夏是金国的盟国，相当于金国的一只犄角。如果我们要打金国，就得首先掰下金国西边西夏这只犄角。如此一来，金国南面是仇深似海的南家思（南宋），东面是大海，北边和西面是我们，立刻就变得四面楚歌、孤立无援，只能任我取之。"

众将帅心服口服，连连点头。

铁木真接着说："我们必须先打西夏还有另一个重要原因，那就是西夏的地理位置对我们蒙古威胁实在太大。我们蒙古现在东起兴安岭，西到天山以西，连亘万里，而西夏的位置正好在我们蒙古东西中点的南方，简直就是用一把快刀抵住了我们的肚子。如果西夏向北进军，可以随时把我们蒙古轻易切为东西两半，而我们只有十多万骑兵，这么大的疆土根本不可能分兵把口、据点防守，只能机动作战。因此。西夏对我们的威胁实在太大，这个国家我们非灭不可。大家要谨记心中，西夏不能饶，迟早我们要灭它的国；只有西夏亡了，我们蒙古人才能睡个安稳觉。"

铁木真环顾大帐，严峻地说："现在，我们这就先准备攻打西夏，打完西夏后我们就回头找金国算旧账。"

听见有仗打，大帐里顿时一阵欢呼声。

铁木真扬扬手，压下大家的欢呼道："西夏原来与乃蛮部关系极好，塔塔统阿巴格西原是乃蛮部的国师，对西夏情况了然于心，所以我们这就请塔塔统阿巴格西讲讲西夏的情况。"

白髯飘飘的塔塔统阿站起来说道："西夏立国之久、时间之长，不但超过了金国，甚至比北宋还长。西夏是由华夏党项族建立的政权，原居四川松潘高原，由许多部落共同组成，其中较大的有八个部落，史称'党项八部'。党项人与蒙古人颇为相似，也是全民皆骑，许多部落各自独立、互不统属；也崇尚复仇，仇人未杀之前连肉都不许吃、澡也不许洗，蓬头垢面只吃素菜，而且一人之仇一族人都必须拼力相报。正是因为党项人如此强悍的民风，周边的大族、大部也不敢轻易惹它。后来，唐朝时党项人迁到陕西以北，因为平乱有功被封为夏州节度使，先后臣服于唐朝、五代诸朝和北宋。夏州政权被北宋并吞后，一位名叫李继迁的党项汉子不愿投降，这时以北宋为敌的辽国给了他册封，他很聪明地采取了联合辽国抵抗北宋的方式，陆续占领了兰州和河西走廊地区。从此，北宋失去了西北最后一块养马地，再也无力发展大规模的骑兵，只能以步兵为主，而这也是宋朝军事上一直被动且打不过辽、金、西夏的主要原因之一。北宋宝元元年，党项人的一代英雄李元昊称帝，西夏正式建国。辽宋大怒，与西夏爆发了一连串的战争，但是在李元昊的指挥下，关键性的战役如好水川之战、三川口之战等西夏基本都打赢了，最后终于形成了三国鼎立的局面。"

这时，忽必来问道："西夏有多大？多少人口？"

于是，塔塔统阿决定给众人普及一下西夏的历史，说道："西夏疆域范围东至黄河，西至玉门，南接萧关（今宁夏同心南），北控大漠，占地两万余里。到西夏仁宗李仁孝时期大约有二十二个州，这是西夏版图最后稳固的状态，其疆域大致为北宋的四分之一，但大多为戈壁沙漠。西夏人口不多，最多时是李元昊建国时，有近三百万人，但由于多年的战争，现在最多只有二百万人。当年，北宋名相王安石曾说：'今陕西一路（当时陕西之下有四路），即户口可敌一夏国，以四夏国之众当一夏国，又以天下财力助之，其势欲扫除亦宜甚易，然终不能使夏国畏服。'当时，陕西路的总户数约为一百三十万户，四分之一则是三十余万户，以一户五人计，西夏大约有一百六十万人口。那时，宋夏已大战三十余年，西夏损失了大量人力，若是三十年前宋夏开战之时其人口还要更多些，但也只有二百余万人。西夏军兵力最盛时也是李元昊时期，全民皆兵，老人、孩童皆编行伍，有军五十万人，而现在只有常备军十余万人、地方军十余万人。在李元昊时代，西夏以黄河为界，将国内的军队划分为左右两部厢军①，设十二监军司，各自命名，规定驻扎之地。西夏十余万地方军平时为民劳作，大战之时方集结训练守备地方、维持秩序，这十余万人是不能野战机动的。西夏的常备军中，有五千侍卫军全部由贵族子弟担任，这是西夏皇帝的亲卫军，负责守卫皇宫大内、保卫皇室。西夏军的主力是在战争中捕捉敌方百姓为奴而命名的擒生军，人数最多，有十万人。此外，西夏还特意挑选被俘的各族俘虏组成了一支名为撞令郎的敢死军，每战必以刀箭相逼令此军率先冲锋爬城，以减少西夏军的伤亡，此军人数在万余左右。"

铁木真和蒙古众将听到这里不禁拍手叫绝："这是个好办法，以后我们也要这样学。"

待大家笑过之后，塔塔统阿重重地说道："西夏军最厉害的是三支锐旅：冲锋陷阵步跋子、飞砲（炮）如雨泼喜军、无敌三千铁鹞子。西夏能在北宋、辽、回鹘、吐蕃、金国、西辽等诸多强邻夹缝之间顽强生存，靠的就是彪悍的民风和这三大精军——步跋子、泼喜军和铁鹞子。这三支精军各有所长、互相补充，联起手来定能战无不胜。西夏，就是因此三军而在诸大强国环伺中经久不衰、屹立不倒的。其中，泼喜军是一支骆驼砲（炮）兵，人数并不多，只有五百余人和一千匹骆驼，是一支骆驼砲（炮）兵团。"

"砲（炮）兵是什么兵？"铁木真和蒙古众将疑惑，他们虽身经百战，却是第一次听到这种兵。

塔塔统阿解释道："砲（炮）兵，是用投石机扔石头砸人的兵。由于投石机移动不便，此兵主要用作攻城时往城墙上抛石头砸死守城兵将。"

"啊，那可是好东西啊！"蒙古众将纷纷说道，他们对武器敏感极了。

塔塔统阿笑起来："西夏人跟宋人打仗时，宋人使用了大量投石机和床子弩等远程攻击武器，特别是在攻城和冲锋的时候给西夏军队造成很大伤亡。宋军在与辽军交战时，甚至用床子弩射死过一里外的一个辽国大王。西夏从中受到了很大启发，由于西夏军长于野战，于是他们将投石机的杀伤力

---

① 宋朝也设置了类似的厢军，相当于军区。

和骆驼的机动力进行了完美的结合。投石机破坏力大，但庞大笨重，于是西夏人将人力牵引的大型投石机做成利用动物皮筋带动的小型扭力投石机来射击敌人，而骆驼刚好是一个负重很好的移动机器，其两个天然的驼峰刚好可以用来固定小小的扭力投石机。就这样，西夏人就想到了用骆驼和投石机来打造一支移动的远程攻击部队，而这就是泼喜军。当然，由于成本昂贵，泼喜军人数并不多，只有五百人和一千匹骆驼，每人骑乘一匹骆驼，再牵一匹装了投石机的骆驼，但在战场上却威力十足。从骆驼身上装配的扭力投石机发射出的石头如拳头般大小，一次可发射十块，整个泼喜军可以同时发射五千块石头，而这些石块又急又快且可射到三百步远，就算是身穿重甲的敌人挨到后都会身负重伤。对此，宋人说：'感觉就像"纵石如拳"，虽然不像利箭那样射穿身体，但如一记重拳那样将你震伤捶垮。'因此，宋人将这种武器称为'旋风砲（炮）'。"

脱栾惊道："这么厉害的军兵，上次我们怎么没有遇到？"脱栾曾率军劫掠西夏边境大半年做战略侦察。

塔塔统阿道："这是西夏镇国重器，怎会轻易出动？只要不攻到西夏腹心要害，泼喜军是不会出动的。有句话说，'不打克夷门①，不见泼喜军'。"

蒙古众将帅听得聚精会神。

塔塔统阿又说道："西夏军有三大重器，除了泼喜军，还有步跋子和铁鹞子。步跋子，是西夏最精锐的一支步兵部队，但它不是一支普通的步兵。宋人与西夏交战，吃了步跋子很多苦头。"

据《宋史·兵志》记载："步跋子者，上下山坡，出入溪涧，最能逾高超远，轻足善走。""山谷深险之处遇敌，则多用步跋子以为击刺掩袭之用。"意思是，步跋子是一种特殊步兵，专门用于山地、溪谷等特殊地形作战。西夏的国土四周有很多山地地形，如西夏和吐蕃、宋、辽的交界之处到处都是山地、丘陵和河谷。西夏在和这些国家的战斗中，作为西夏骑兵主力的铁鹞子由于是重甲骑兵、机动力差，在许多地形中都不能很好地施展，所以西夏

---

① 克夷门，位于今内蒙古与宁夏交界处。

人才组建了步跋子这种特种兵，目的是配合铁鹞子作战。步跋子的兵源要能翻山越岭、疾走如飞，所以其兵源主要从这些山区选拔，选得最多的是陕西横山一带——此地兵员骁勇善战、忠诚无畏，故又称"横山步跋子"。

铁木真问道："步跋子有多少人？"

塔塔统阿说道："启禀大汗，步跋子有一万五千人。"

铁木真点点头。

塔塔统阿接着说道："西夏军中骑兵是主力，泼喜军用于远程攻击，步跋子是精锐步兵适合山地作战，而真正支撑西夏军战力的是他们的骑兵——铁鹞子，就是西夏骑兵中的精锐、钢刀的刃锋。宋军在好水川等役中，多次吃过铁鹞子大亏。"

据《宋史·兵志》记载："有平夏骑兵，谓之'铁鹞子'者，百里而走，千里而期，最能倏往忽来，若电击云飞。每于平原驰骋之处遇敌，则多用铁鹞子以为冲冒奔突之兵。"意思是，铁鹞子突击，如电击云飞，疾如猛禽鹞子，所戴精铁头盔也酷似鹞子形状，故宋人将这支突击部队称为"铁鹞子"。这是西夏军排名第一的一支重骑兵，史称"铁骑"，主要用于大战中的正面突击，其冲锋陷阵猛锐无比。又据《宋史·夏国传》记载："（西夏）以铁骑（铁鹞子）为前军，乘善马，重甲，刺斫不入；用钩索绞联，虽死马上不坠。遇战则先出铁骑突阵，阵乱则冲击之；步兵挟骑以进。"按宋人记载，铁鹞子是一支敢死突击队，专门用于正面突击敌方军阵，身披特制重甲刀枪不入；为有进无退，铁鹞子将人和马用钩索绞接在一起，即使战死也不坠马，而是尸体和战马继续冲锋。

铁木真点点头："这是死士。"

塔塔统阿继续道："铁鹞子是西夏开国皇帝李元昊亲手创立的，起先是他的近身侍卫部队，全部由血亲贵族子弟组成。后来，在战争中越打越大，成为一支专门用作突击的敢死队，扩充为三千人，马则三倍之，分十个敢死队，每队三百人，各设一个队长。当年，宋人连每队队长的名字都当机密重金购买，可见畏惧之甚。铁鹞子花费巨帑，用的都是最好的战马和最精的盔甲兵器。西夏尽了全力，也只供养得起三千铁鹞子。铁鹞子属于世兵制，军兵全是贵族世家子弟，父亡子继，兄死弟及，直到全家战死才会补进他人。世兵制的好处是以血缘为纽带知根知底，长期配合，战斗力特别强。正如汉人所说，'打虎亲兄弟，上阵父子兵'。正是靠着铁鹞子的强悍战力，西夏在三川口之战、好水川之战、定川寨之战、永乐城之战这四场关键性大战中均大破宋军，取得了西夏对宋军的区域优势。在后来和辽国契丹骑兵及金国女真骑兵的战斗中，铁鹞子也照样胜仗居多。据说，金国大元帅金兀术的重装骑兵——铁浮屠拐子马，就是学的西夏铁鹞子。西夏军作战，核心主力就是铁鹞子、泼喜军、步跋子，常用骆驼兵和步骑，三军远近配合，先以泼喜军的旋风砲（炮）大掷飞石——石头都是精心挑选的尖棱拳石——进行远程攻击，再用铁鹞子进行正面冲锋，等这些重甲敢死队突破敌军阵形后步跋子再尾随在铁鹞子后面趁势杀入敌阵肉搏，最后擒生军等普通大部队再冲进战场扫荡，而西夏人的这种战术让他们的敌人可吃了不少的苦头。西夏军这三大制胜法宝在战场上取长补短，互相配合，无往而不胜。宋人最精锐的静塞军，契丹人的突击选锋铁林军、皮室军，女真人的重甲铁浮屠、拐子马都和西夏三大精锐交过手，他们都吃过不少苦头，没占到什么便宜。正是靠了这三支精锐部队，西夏才能立于诸强夹缝中而不倒。另外，西夏战器虽然精良，但也好不过我蒙古。不过，只有一样东西为我蒙古军器所不及，这就是瘊子甲，即西夏冷锻钢甲。宋人沈括于《梦溪笔谈》记载：'青堂人善于锻造铁甲，铁甲颜色青黑，光洁透亮可以照见毛发，用麝皮为带子串扎起来，柔薄而且坚韧。镇戎军官府有一副铁甲，用柜子珍藏着，把它作为宝物相传。韩魏公作泾原路统帅时，曾经取出来试验过。在距离铁甲五十步远的地方，用强弩来射它，不能射进去。曾有一支箭射穿了铠甲的甲片，原来是射中了它穿带子的小孔，箭头被钻孔刮削，铁都反卷起来了。铁甲的坚硬竟达到了这种程度。大凡锻甲的方法，开始时铁片很厚，不用火加热，用冷铁锻打，比原来的厚度减少三分之二就成了。在它的末端留下筷子头大小一块不锻，隐约如皮肤上长的疣子，用它来验证没有锻打时铁片的厚度，如同疏浚河道时留下的测量地面原来高度的土柱一样。这种甲叫作"瘊子甲"。'

　　铁木真和蒙古众将听得两眼放光，个个皆赞道："这可是好东西啊，打西夏都给它抢了来。"

塔塔统阿笑道："这盔甲好是好，就是数量极少。锻甲的配方工艺极其复杂，废品极高，不是拿块铁就能冷锻出甲片的。一个最好的西夏铁匠，一生也才能锻出一副瘊子甲的甲片。西夏几百年，也只造出了不到四千副瘊子甲，其中三千副给了铁鹞子，另外几百副分给了西夏的皇室亲贵和重要将领。"

者别笑道："这么好的东西，西夏剩一副也得抢来献给我们大汗！"

大家一起笑起来。

铁木真在笑声中站起来道："塔塔统阿巴格西一番话，道尽了西夏军虚实，敌军底细我军尽在掌握。目前，正当盛夏，我军正在歇暑，我意先遣一军出发攻下西夏边境的斡罗孩城，为大军攻击西夏做好准备。秋风起时，天气凉爽，我军马肥人壮，我亲率主力大军南下斡罗孩城，以此出发在克夷门决战铁鹞子、步跋子和泼喜军，覆灭西夏！"

顿时，帐内众将请战呼喊声响成一片："大汗，派我去，派我去！"

铁木真扬扬手，压下呼喊声："脱栾与西夏作战大半年已熟悉西夏情况，我意还是让脱栾率一万军先行夺下斡罗孩城，然后静待主力到来。"

只听帐中"扑通"几声，原来是脱栾兄弟六人一起跪下了。脱栾泣声道："多谢大汗信任。大汗恩德深重，臣等兄弟必拼死决战，以报大汗深恩！"他们的父亲老将蒙力克亦是泣不成声。

原来，通天巫阔阔出谋逆死后，蒙力克与脱栾等六子时刻生活在恐惧中，唯恐成吉思汗斩草除根，但今见铁木真依旧交付自家兵权，显然是仍然信任，不禁又是愧疚又是感恩又是放心，激动之余不禁涕泪横流。

帐中众将也被铁木真的胸襟气度深深折服，当晚众人饮酒大欢到深夜。

当酒宴散去，夜已深了。铁木真走出大帐，抬头只见一轮明月高挂、繁星满天。铁木真来到二皇后忽兰的宫帐中，只见忽兰正陪着两岁的儿子阔列基睡觉，而这时的忽兰已少了几分少女的羞涩，却多了几分少妇的成熟，在牛油烛亮光的照耀下更显得十分迷人和美丽。

看到铁木真走进来，忽兰不禁又惊又喜："大汗来了！"

铁木真看着美丽绝伦的忽兰和睡得正香的儿子阔列基，忽然有一丝感伤：

"忽兰，我已经四十多就快五十岁了，人已渐老，要做的事却还有那么多。"

忽兰莞尔一笑："大汗永远都是年轻的。事儿多，大汗就慢慢做，不管大汗做什么，忽兰都一定陪着大汗去做。"

铁木真握住忽兰的手："塔塔统阿巴格西他们都说世界很大很大，我们蒙古只是占了华夏北疆的一个角落，而华夏往南还有金国、西夏、南家思（南宋）、大理、西藏等很多地方，那里幅员辽阔、民众众多且物产极丰。在华夏之外，还有中亚、西亚、欧洲、非洲等很多大地方和大洲，而在大洲之外还有很多巨大的海岛。忽兰，我们先把华夏所在的金国、西夏、桃花石（中原）、南家思（南宋）征服，再去征服华夏以外的地方。我们要把世界变成蒙古人的牧场，把那些贵族女子都捉来给我们蒙古人挤奶，把那些士兵都抓来草原给我们蒙古人牧马，把那些宫殿里的奇珍异宝都搬到草原来给我们蒙古人的孩子当玩物！"

此时，铁木真眼里闪着孩童一样憧憬的光芒。

忽兰的眼角湿润了，她知道眼前这个神一样的男人永远不会停止征服的步伐："大汗做这些事时，一定要带上忽兰。"

铁木真搂住忽兰，重重地点了点头。

脱栾点齐了一万精锐出发了。从蒙古帝国的心脏土兀剌河（今土拉河）上游到西夏的都城兴庆府（今宁夏银川），有一条穿越戈壁南北走向的通道，而这条通道直到今天都还在保留使用。这条通道是铁木真必灭西夏的根源之一，他最怕的事情之一就是西夏突然沿这条路直插蒙古的心脏——蒙古帝国的都城哈剌和林，把蒙古分为两段。

脱栾就是沿着这条路向西夏进军的。

大军很快进入戈壁，只见戈壁滩上沙砾、碎石和黏土混合成了极度坚硬平坦的地面。战马踏在上面，一个蹄印也留不下，大军所到之处偶尔可以看到浅灰色的蒿草和低矮的鸢尾花，方圆几百公里一棵树都没有，只在干瘠的土壤上生长着一些低矮的黄草绵延成一片片黄色的浅草地。整个戈壁大半灰白惨淡，大军过处空气中弥漫着细小的沙尘。

这片方圆七百公里的戈壁中心地带流水比较匮乏，但是地下水却很丰富。因此，蒙古军只要往地下发掘，挖得很浅就能找到地下水。

过了这片戈壁就进了西夏所在的甘肃，这是中国北方游牧民族都非常熟悉的一条路。据史载，每年秋天，马儿肥壮之时，大批或小股的北方游牧民族的骑兵便会穿过荒凉的戈壁到甘肃境内抢劫，从粮食、牲畜到姑娘什么都抢。这就是北方民族和史书上所说的"胡人南下牧马"。

经过十来天行军，正驮着骑兵奔驰的马儿们突然竖起耳朵兴奋得打起了响鼻，开始向前提速奔跑，因为它们嗅到了空气中的水分。细看时，路上开始出现一片片翠绿的牧草，远方朦朦胧胧地出现了一片片小湖泊，而那一片片小湖泊旁边就是一个个小绿洲。蒙古军兴奋得大叫起来，可怕荒凉的戈壁终于算是熬过去了。

蒙古军冲进被郁郁葱葱的柳树和杨树环绕着的大小绿洲，里面有许多硕果累累的果园、青青的草地和正待丰收的粮食，但一个人也没见到。原来，西夏的边民一看到戈壁上蒙古军马群扬起的烟尘，马上轻车熟路地逃走了。

蒙古军在绿洲里休整了一天，解了鞍，饮了马，喂了食，自己也饱饱地吃了一顿水果和牛羊肉。然后，脱栾马鞭一挥，蒙古军便直逼斡罗孩城下。

斡罗孩城是西夏北疆第一要地，在阴山以北，正当蒙古军南下的要冲。如果斡罗孩城失守，西夏军就只能退守贺兰山口的克夷门，而克夷门之后无险可守，直通西夏都城兴庆府。

脱栾团团围住了斡罗孩城，只见这城墙高大坚固，城墙上站满了西夏士兵，还引来黄河水造了一条护城河，不愧是"西夏北疆第一城"。脱栾命部下在绿洲里砍伐树木，用木板在护城河上架设渡桥，然后冲到城下架设木梯，再令士兵爬梯攻城。

不过，上次蒙古军在西夏边境骚扰侦察了大半年后已引起了西夏极大的警惕，斡罗孩城的防卫大大加强了，城墙上早已堆满了滚木礌石和无数的箭矢。当蒙古军一开始攻城，西夏军兵便拼命地往下拉弓放箭、扔礌石、砸滚木，使得蒙古军的一架架木梯都被打折了，梯上的蒙古军兵士也纷纷坠地，一会儿就伤亡了好几百。脱栾见状，只好暂时收兵。

脱栾知道自己只有一万军兵，像这样强攻是肯定不行的，而这点人马也消耗不了几天。于是，脱栾便想把斡罗孩城内的守军引出来野战。但是，斡罗孩城的守军十分机智，不管蒙古军如何引诱都绝不出城。为此，脱栾也只能望城兴叹。这样一拖，一个月时间就过去了。

不过，五内如焚的脱栾知道不能再拖了：秋季就要到了，大汗马上要率大军南下，而攻不下斡罗孩城就会打乱大汗的全盘计划。

这天，脱栾正望着斡罗孩城发呆，只见城内上空一群群燕子和乌鸦正在来回盘旋，忽然心生一计。

脱栾派出一名使者，告诉斡罗孩城守军只要把城里的燕子和乌鸦交出来，蒙古军就马上退兵回草原。

斡罗孩城守军不明所以。

使者按照脱栾教的话说："今年草原上蝗灾大起、铺天盖地，他们就是南下来抢燕子、乌鸦等这些禽鸟回草原灭蝗的。"

使者这样一说，西夏人就信了。原来，古代草原上蝗灾极其频繁可怕，便用燕子、乌鸦等来啄灭蝗虫。实际上，蝗灾在现代也常常发作，而今天也还在使用古老的消灭蝗虫的方法。

西夏守将立刻就答应了，同意用燕子换蒙古军撤退。三天之后，西夏军把城内的燕子、乌鸦、麻雀搜罗一空，向蒙古军交出了两万多只禽鸟，并等待蒙古军第二天撤军。

不过，西夏守将没有想到的是，当蒙古军收到这些禽鸟后，他们便立刻在这些禽鸟的尾巴上拴上了一条条用火油浸过的晒干的麻布。

当天夜里，蒙古军在城下点燃了这些麻布，放飞了两万多只尾巴上拖着火焰的燕子、乌鸦、麻雀。一时间，满天都是飞舞的火鸟，这些禽鸟情急之下都往自己在斡罗孩城的家中飞去。斡罗孩城气候干燥、少雨，城内是多少年的干木搭的屋架，屋顶铺的也都是干草，一点就着。片刻工夫，整个斡罗孩城就成了熊熊燃烧的巨大火场，到处是西夏士兵和百姓的哭号声、惨叫声。脱栾见状立刻下令攻城，而蒙古军士兵更是勇气倍增，冲过护城河上的木板桥，在城墙上架起梯子开始拼命爬城。这时，西夏军哪里还能守城，他们的父老亲朋都在火海里挣扎，哭天号地得令人心碎，所以一个个都无心恋战，偶有敢抵抗的身影暴露在火光背景之下也目标明显，最后都被蒙古军的神箭手射倒了。然后，蒙古军将士纷纷爬上城墙，还活着的西夏士兵丢下武器不再抵抗，"西夏北疆第一城"——斡罗孩城就这样被攻破了。

第二十五章　水火破西夏

脱栾火攻斡罗孩城并成功破城的捷报传回，铁木真大喜过望：有了斡罗孩城，蒙古大军攻击西夏横过戈壁就有了一个支撑点和后勤基地，对继续南进打击西夏腹地作用极大。这时，秋风已起，铁木真开始忙着调兵遣将，尤其是让女婿巴尔术从黑油山多多调运大批火油过来。巴尔术调了几百辆大车来回装运，每车可装六桶火油，很快就装运了几千桶火油并运到了和林的铁木真大营。

这一日，铁木真和众将正商议择日出征的军机，突然一个传令怯薛进帐禀报："大汗，有金国使者求见。"

铁木真一愣，说道："不刚在净州见过金人吗，有什么急事又要见面？唤他进来。"

过了一会儿，一个金国使者走进帐中，他对铁木真说道："金国使臣完颜康宣旨，铁木真跪下接旨。"说完便拿出一卷金黄色的圣旨欲宣读。

铁木真一听这使者姓完颜，立刻知道其是金国贵族，因为完颜乃金国国姓。于是，铁木真自然就没什么好颜色，坐那里直接问道："别念那些没用的东西，直说吧。你到我这里有什么事？"

完颜康脸色煞白，尴尬地说道："我皇金章宗（完颜璟）日前驾崩，请大汗前往我中都拜见新皇。"

铁木真和蒙古众将一听都微微地冷笑起来，心想："金人这是又想重演俺巴孩汗的故事啊。"

铁木真问道："那谁接着当了皇帝？"

完颜康答道："是卫王完颜永济。"

铁木真笑着站起身："我还以为桃花石（中原）的皇帝都是天上人做的，完颜永济这等庸碌无能、连马都骑不稳的人拜什么拜？"说罢扬长而去。

众将喝走金国使者完颜康，跟上大汗铁木真走了。

铁木真看着远方道："真是天助我也！这等庸人（完颜永济）当皇帝，必举止失措，内斗酷烈，以保皇位。如此，金国一两年必衰。我们赶紧征服西夏断金左臂，做好准备，然后伐金！"

果不出铁木真所料，原来金章宗完颜璟活着时为保皇位稳固多次血洗族亲，而完颜永济是因为庸碌无能才逃过清洗。金章宗完颜璟病重需要选择皇位的继承人时，他自己的皇子还未出世，只好密召叔叔完颜永济："皇叔，我把皇位传于您。不过，将来那两个未出世的皇儿出生，如其中有男，当立为储；如皆是男，必择可立者立之，以保证我子孙永掌皇权。"完颜永济信誓旦旦地答应了。正因为如此，完颜永济才侥幸地接替了皇位。

当时，金章宗完颜璟无子，其宠妃贾妃、范妃还在怀孕中。完颜永济即位后，真面目暴露，虽然治国理政很蠢，但宫斗弄权却是高手。为了保住皇位，完颜永济立即毒杀了贾妃，又令范妃堕胎并削发为尼，完全消除了金章宗完颜璟的后代未来即位的可能。与此同时，完颜永济又马上立了自己的儿子胙王完颜恪做太子。正如铁木真所料，金国内部顿时一片混乱，宫斗残酷无比，国力更是江河日下。

铁木真轰走了金国使者后，留二弟合撒儿、三弟别勒古台率三万大军留守漠北后方，又点起六万大军以者别为先锋、速不台为第二梯队，他自己则亲率博尔术、木华黎和诸子众将为中军，小弟铁木格压阵后卫，浩浩荡荡地南下戈壁直扑西夏而来。

十多天后，蒙古大军进至斡罗孩城与脱栾军会合，只见满城都是烟火过后的废墟，到处是焦臭味和烧焦的尸体。对此，铁木真满意地对脱栾说道："干得好！"

脱栾说道："大汗，这座城的位置太重要了，是我们出戈壁的立脚点、攻击西夏的前哨，以后我们回了草原也不能放弃这里，必须派军驻守。我意先令俘虏清理全城，掩埋尸体，为长久驻军做准备。"

铁木真连连点头："你说得很好，照着去做。我们先在城外驻扎，在戈壁上行军十多天正好在此歇养人马，准备攻击克夷门。"

不过，铁木真不知道的是，就在他布置攻击西夏腹地的时候，西夏皇帝夏襄宗李安全已经遣使赴金国中都（今北京）求救。原来，脱栾攻打斡罗孩城时，西夏守军就已遣使回都城兴庆府（今宁夏银川）告警。西夏君臣首先想到的是派使者向盟友金国求救，但是万万没想到的是，刚刚即位的金国皇帝完颜永济竟说："蒙古和西夏都是我们的敌人，现在两个敌人互相打起来，这是老天爷赐给我们的福气！就让他们两家去打个你死我活好了，打得越厉害越好！我们怎能出兵帮西夏呢？"

西夏的使者飞马奔回兴庆府，带回了金国拒不援助、袖手旁观的消息。西夏皇帝夏襄宗李安全听到这个消息不禁两眼发直，实际上这夏襄宗李安全也是刚篡位不久。原来，西夏国小人寡，百年来在诸强环伺中就靠不断结盟、背盟在夹缝中生存，时而联宋抗金，时而联金抗宋，内部一直矛盾重重。当时西夏遭到一个忽然冒出来的强大的蒙古攻打时，朝中各派顿时和战纷纭，各执一词，内部矛盾迅速激化，于是李安全和罗太后发动政变，一夜之间废了夏桓宗李纯祐并自立为皇帝。夏襄宗李安全为保皇位稳固，便向金国遣使进贡，虽然这时金章宗已病重，但还是封了李安全为国王，这样金夏实际上就已经结盟。不过，西夏君臣万万没想到的是，当金章宗一死，即位的卫王完颜永济竟然把盟友西夏也列为敌人。

正当西夏君臣慌乱之时，夏襄宗李安全之子、世子李承祯"初生牛犊不畏虎"，站出来道："父皇，那蒙古野人欺我朝中无人，三番两次入我境纵兵劫掠，孩儿愿率大军前往讨贼。待大破蒙古贼兵后，孩儿擒了那铁木真贼首回来给父皇请功！"

李承祯话音刚落，又有一将站上朝堂说："若世子领兵出征，末将甘当前锋，以效犬马之劳。"众人再看，原来是右丞相大都督高逸请战。

原来，西夏官制，左丞相为文官之首，右丞相统领武官，这高逸相当于西夏军第一元帅，总管西夏全军。西夏君臣见右丞相大都督高逸愿意出战，不禁大喜。

夏襄宗李安全喜道："我的爱子爱卿均愿出战，足可见军心士气可用。此次出征，令我世子李承祯为主帅，右丞相大都督高逸为副将，统领泼喜军、步跋子、铁鹞子三军，再加五万擒生军，带七万人马出战蒙古野人，定要活擒那蒙古贼首什么成吉思汗！"

于是，李承祯和高逸便点起七万大军往克夷门而来。克夷门乃是一座关城，正当贺兰山口，而西夏都城兴庆府与克夷门约有十日行程。十日之后，西夏七万大军便来到克夷门，与守将嵬名[①]令公和太傅讹答会师。这嵬名令公乃西夏第一名将，也是一员老将，时已年过六旬，白发苍苍，在西夏军内极受尊重。这次，嵬名令公奉命率军一万人把守克夷门，西夏守关将士更是信心十足。太傅讹答乃西夏朝中第一名臣，特派前来督战。

李承祯、高逸、嵬名令公三帅会师后，便商讨这仗怎么打。

嵬名令公力主守关不出、倚关坚守，利用坚城之利大量杀伤攻城蒙古军，等蒙古军伤亡到一定程度再大举出击，一举击败蒙古军。

但是，嵬名令公的作战计划被李承祯和高逸双双否决，这二人对能统率如此大军均是踌躇满志、信心百倍，坚决要求出关布阵与蒙古军野战。

李承祯说道："我铁鹞子、泼喜军、步跋子三军均长于野战，五万擒生军中骑兵亦有两万人，出关野战才能扬我之长。"

高逸说道："今我西夏大军主力云集于此，不敢出关与蒙古军决一雌雄，只敢困守克夷门，会丧尽我军心士气的。我们要主动出战！"

嵬名令公急道："今我国中大军尽集于此，铁鹞子、泼喜军、步跋子是我国中两百年方才聚此的三军精锐，还有五万擒生军亦为我常备主力之大半皆列阵于此，而我闻蒙古军一人数骑来去如风，灭王罕，并乃蛮，最喜野战。如果我军出城野战，一旦有失，那我西夏军便会被打断脊梁，我西夏国更无可战之兵，只能任蒙古军予取予夺了。"

---

①嵬名，西夏皇族姓氏。

李承祯听得一笑："老帅休要只长他人志气、灭自家威风！我西夏军百战立军，战北宋，斗辽国，战战皆胜，皆是野战，又怕过谁？"

嵬名令公叹息："那皆是数十年甚至百年前的事了。如今，我国中承平日久，已三四十年未有战事，军中战力不能与那时相比了。"

高逸说道："老帅多虑了！我闻蒙古其地极广，东西万里，人口却不过一百五十万人，能战之丁不过十万人，而那铁木真还要提防金国，留兵保护后方。依我算来，铁木真最多能带兵六七万人攻我西夏，且远来疲惫，所以我集国中精锐，拼力与其决战一场，必杀伤其大半人马。这样，铁木真就不得不退回漠北草原，以保根本。"李承祯听了连声叫好。

嵬名令公摇头叹息，只好说道："世子和右丞相定要出城野战，那老夫只好带这一万兵死守关城了。"

于是，李承祯和高逸便带着五百泼喜军、三千铁鹞子、一万五千步跋子和五万擒生军出城列阵，准备野战蒙古军。

西夏军出城列阵不久，蒙古军前锋的探马侦骑就到达战场——这探马侦骑就相当于现在的侦察兵，专门在大部队之前侦察报告敌情。蒙古军的探马侦骑是全军选出的最优秀、最勇敢的勇士，一般都要前出大队百里左右侦察。在看到西夏军列阵后，这些探马侦骑在离西夏军四五里的地方骑行侦察，看清了西夏军的阵势后立即飞马回程，将看到的西夏军布阵情况报告给了先锋大将者别："大将军，西夏军在离城二十里左右的野外列阵。前军中间是上千匹骆驼组成的骆驼军；骆驼军左右两翼是重骑兵，各有一两千人；再往后的中军一半是骑兵，一半是步兵。人数有七八万人！"

者别听完报告，立刻命令所率前锋军做好作战准备，然后令探马侦骑向第二梯队速不台和中军大汗铁木真报告。

铁木真听到报告不禁大喜，再次追问前来报告的探马侦骑道："西夏军真的是在城外列阵吗？"探马侦骑立刻给了最肯定的答复。

铁木真得到肯定的答复后精神大振，心想："西夏军要一门心思守城，还真难对付！他们敢野战，那可就好办了！此战若胜，当是塔塔统阿巴格西的头功！"于是，铁木真传令先锋大将者别："前进至离西夏军十里处安营，养精蓄锐。"又令："速不台在者别之后十里处扎寨，一千车火油今晚全部运到速不台营中做好准备；中军大队跟上，离速不台十里处歇息；后军跟上中军，明日全军按计划破敌！"

铁木真不停地下着一道又一道命令，传令的怯薛不断飞骑四方。

当太阳出来时，蒙古军和西夏军均已布好阵势。西夏军前锋是五百泼喜军和一千匹骆驼，其中五百匹骆驼驮着旋风砲（炮），每门砲（炮）都装了靠动物皮筋扭力发射的十块拳头大的尖棱石块，而且皮筋都拧得紧紧的，一松开机关就立刻能把十块尖石扔到三百步外。另外，五百匹骆驼供旋风砲（炮）手乘用，他们负责装填石弹，调整骆驼旋风砲（炮）的左右高低和射程。

在泼喜军骆驼阵两侧，各有一千五百铁鹞子重甲骑兵，只见他们每人都佩了一口腰刀，手上各持一把长兵器，个个身着闪着青黑寒光的瘊子甲，头盔和面甲都戴得严严的且只露出两只眼睛，甚至连战马都披上马甲覆盖了马面和马身，并直接盖住了大半截马腿。

在泼喜军和铁鹞子前军阵后，是一万五千横山步跋子方阵，只见这些精锐步兵人人皆着一身金银色的轻甲，持刀弄枪，斗志昂扬。

步跋子方阵背后，是西夏军主力五万擒生军，一半是骑兵，一半是步兵。相对来说，这些擒生军的装备就差多了，除了将领外，其他士兵都只备有漆成白色且防护力一般的皮甲。在古代冷兵器时代，甲胄对作战极为重要。因此，古代藏甲是死罪，所谓"一甲抵三弩，三甲下地府"。意思是说，老百姓藏一副甲的罪行，抵得过私藏三副弓弩之罪，而敢藏甲三副根本不用问罪，直接死刑。

西夏军这个军阵的意图很明显，先让泼喜军的旋风砲（炮）抛石头砸开蒙古军正面阵势，然后铁鹞子从两侧突击，步跋子从中心进攻打乱蒙古军阵营，最后投入主力擒生军一举击垮蒙古军。

在西夏军军阵对面一千步，稀稀拉拉的蒙古军勉强排成一个长方形的军阵，而且全是轻骑兵且只披了轻甲，但是每人都备了三匹马。

西夏军看着蒙古军松松垮垮的架势，心中就有了三分蔑视。世子李承祯和右丞相高逸互相对视了一下，高逸点点头，然后命令道："擂鼓，催战！"

西夏军的战鼓声"咚咚"地震撼着大地，他们的意图就是将蒙古军引诱进泼喜军的旋风砲（炮）射程予以大量杀伤，再用铁鹞子冲击大破之。不过，西夏军不知道蒙古军里有塔塔统阿这个曾经的乃蛮部国师，他们的战略战术已经被蒙古军知道得一清二楚了。

西夏军连续三通战鼓擂过，蒙古军却兵马纹丝不动，将士们甚至谈笑风生起来。

西夏军见状，更是气冲斗牛。李承祯对高逸说道："蒙古鞑子怕了，不敢接战！我们直接冲过去，进了泼喜军射程就大放旋风砲（炮），掩护铁鹞子和步跋子冲锋！"

高逸点头道："世子说得很对，我看鞑子也是怯战了。传令，擂冲锋鼓，冲锋！"

当急促的冲锋鼓声响起，西夏军士气大振，泼喜军催开骆驼大步急奔，想尽快冲进旋风砲（炮）射程之内施砲（炮），而两翼的铁鹞子挥舞着长枪大刀催马急奔，后面的步跋子高声喊杀着滚滚向前；再往后的五万擒生军也是吼声震天向前急冲。

不过，大出西夏军所料，当西夏军一开始冲锋，蒙古军竟然跑了！

当西夏军阵脚一动，蒙古军便立即后撤。这时，者别立即命令将帅旗摇动三下，蒙古军将士便立刻掉转马头往后急奔。

西夏军见蒙古军后退更是士气高涨，狂喊着扑上去要跟蒙古军拼个死活，可是他们怎么也追不上蒙古军，怎么也冲不到泼喜军的旋风砲（炮）射程之内。原来，蒙古军一人备马三匹，一边后退一边不停地在马上换乘劲马。

这就是蒙古军名震世界军事史、娴熟自如的诈败诱敌战术，西方军界将之称为"拉瓦战术"。这是蒙古军长期使用、屡获成功的战术，运用时有利则进、不利则退，趋利避害，灵活多变。蒙古军除了迫不得已，很少打硬碰硬的攻坚战，因为骑兵长于野战、不利攻坚。所以，蒙古军常常佯装战败，引诱敌军脱离严整的阵势和严密设防的城池，最后在野战中歼灭对方。蒙古军小到百人队、千人队，大到万人队甚至数万大军，都能灵活巧妙地运用这个战术。

西夏军越追劲头越大，而蒙古军一边后撤一边不断地扔些破刀烂枪、旗帜皮鼓之类，以鼓励西夏军追击。同时，蒙古军"逃"得很有节奏，一直与西夏军保持着千余步的距离，差不多相当于现在的七八百米。西夏的泼喜军气得咬牙切齿，却就是差那么一点点始终冲不进旋风砲（炮）射程，而身披重甲的铁鹞子就更追不上了。

很快，者别率部撤到了第二梯队速不台处，二军合作一处继续后撤。撤退时，蒙古军纷纷用刀砍开、用矛捅开已经准备好的一千车装满火油的木桶，那黑黑的火油立刻从桶内汩汩流出了一大片。

转眼间，泼喜军的一千匹骆驼和三千铁鹞子重甲骑兵就追进了黑色的火油车阵。这时，一万五千步跋子已经甩在了五里之后——不管步跋子如何善战，步兵的两条腿也不可能追上骑兵的四条腿；至于五万擒生军，就被甩在后面更远的地方了。

看着满地的黑色火油，泼喜军和铁鹞子疑惑不解，因为他们从未见过这东西。就在泼喜军和铁鹞子还在迷惑时，蒙古军停止了撤退，张弓上弦点火绑在利箭箭头，用火油浸过晒干的一条条麻布燃烧了起来，然后放箭出弦，顿时天空中成千上万支火箭射向了黑色火油阵。就这样，八千桶火油立刻燃起熊熊大火，顿时烈焰冲天，而陷在黑色火油阵中的泼喜军和铁鹞子被烧得吱哇乱叫。其时，这油火无法扑灭，沾到哪里烧哪里，只听见骆驼的悲鸣声、战马的悲嘶声和兵士的惨叫声响成一片，有少数烧得焦头烂额的泼喜军和铁鹞子跌跌撞撞地侥幸冲出了火油阵，却立刻被蒙古军用强弓利箭和战斧、大锤解决。其中，战斧和大锤是蒙古军专为铁鹞子重甲骑兵准备的，因为瘊子甲虽不怕刀枪箭射，但经不住斧砍锤打。

小半个时辰过去了，火油渐渐烧尽。此时，西夏军的战斗核心——三千铁鹞子和五百泼喜军皆被烧死、打死在蒙古军的火油阵中。当烈火慢慢熄灭后，战场上响起了一片杀声，原来铁木真已率五万铁骑迂回到西夏军主力擒生军后方，向西夏军发起了总攻。

战斗进行得非常顺利。其实，这时的西夏军，与西夏开国皇帝夏景宗李元昊时的那支百战之军早已经完全是两回事了。

原来，西夏与辽国和北宋对峙近百年，当女真人的金国崛起后闪电般灭辽亡北宋时，西夏做了聪明的选择——与金结盟，双方基本维持了近百年的和平。当然，不打仗对国家和百姓是好事，但对军队将士来说却不是好事。如此，曾经骁勇善战的西夏军已近百年未动兵戈，自然战斗力便极度下降，怎挡得了百年烽火锤锻出的蒙古虎狼之师呢？

蒙古军围住西夏军，根本不与西夏军近战肉搏，只管远远地放箭，便一片片射倒了西夏擒生军。这些西夏擒生军只有轻甲，他们想冲却冲不过蒙古军的箭雨，想退却又入地无门。这时，世子李承祯狂喊大呼，带头突围，但被者别一箭射穿坚甲，栽下马来被踏成烂泥；右丞相高逸眼睛顿时血红，带了几十个西夏勇士直接冲向蒙古军拼命，结果被者勒蔑一记流星锤拍下马来后活擒。

在西夏军主力泼喜军、铁鹞军彻底覆灭后，余者军心已丧，又失了主帅，便在蒙古军狂攻下顿时彻底崩溃。擒生军开始在蒙古军箭雨中跪地投降，只有一万五千步跋子战斗到了最后一刻，甚至剩下的最后一个掌旗兵手擎着军旗被射成了刺猬仍挺立不倒。

铁木真带领众将巡视大战后的战场，他来到了泼喜军和铁鹞子覆灭的火油阵所在，只见地面上还有许多残火余烬在燃烧，地上到处是焦黑的各种尸体，鼻中充斥着的满是焦臭的味道。铁木真下令道：“把铁鹞子身上的瘊子甲统统解下来，那些甲胄皮带和皮内衬烧坏的，就把甲片统统一具具收起来。还有泼喜军的旋风砲（炮），把没烧坏的也收拾好，连同各种缴获和两万俘虏一起送回草原。其中，军器则交随军前进的作坊营大主管札儿赤兀歹老额赤格和张荣副主管修复仿造，俘虏交孛儿帖大皇后安排做黑骨头（奴隶）。”

随后，铁木真又吩咐道：“把刚才逮到的那个什么西夏右丞相押上来。”

一会儿工夫，蒙古军押上了五花大绑的西夏右丞相大都督高逸，只见高逸骂不绝口，不停地扭动。铁木真也不多言，只问了高逸一句：“你降不降？”

高逸朝铁木真啐了一口：“狗鞑子！要杀就杀！何必多言！”

铁木真点点头道:"拖去军旗下砍了祭旗,好汉子!愿来世为我所用!下一个战场,克夷门(今内蒙古乌海市西南)。出发!"

克夷门之战完全出乎蒙古军意料,打得非常轻松,因为城中一万守军看到西夏国中最精锐的泼喜军、步跋子和铁鹞子以及五万擒生军主力瞬间全军覆没,齐齐丧胆全无斗志。当蒙古军抢到城下开始架梯爬城并用攻城锤撞击城门时,西夏守军稍做抵抗便纷纷投降,即使守将嵬名令公连斩数名逃兵也无法阻住溃势,他自己和太傅讹答反被一拥而上的蒙古军活捉送到了铁木真那里。

铁木真静静地看着这位西夏老将嵬名令公,只见他须发皆白、浑身血迹斑斑,却仍是满脸不屈之色、挺而不跪。

铁木真很欣赏地点点头:"你就是嵬名令公?你是西夏皇族吧?"

原来,唐朝末年,党项人的杰出首领拓跋思恭南征北战,带领党项人不断扩充实力,并在镇压黄巢起义中为唐王朝立下大功,被朝廷封为"定难军节度使"、封爵"夏国公",并赐姓"嵬名"。因此,"嵬名"一姓成为西夏皇族的姓氏,连西夏开国皇帝夏景宗李元昊都曾改名"嵬名元昊"。

嵬名令公说道:"我是当今西夏皇叔嵬名令公。"

铁木真笑了笑:"来人,解开老令公身上绑绳,送老令公一匹马,让他回兴庆府报信。"

嵬名令公一愣,还没来得及说什么,只听铁木真摆摆手道:"送老令公出城,希望他日不要再在疆场相见。"

于是,两名怯薛侍卫立刻推走了嵬名令公。

猛将术赤台不解,问铁木真道:"大汗,为什么要放了他(嵬名令公)?"

铁木真深沉地说:"白发老将,杀之不祥。嵬名令公是皇叔,在西夏国中、军中素有威望,若杀此老人必令西夏军民恨我入骨,绝与我死战到底;若放了他,让他带回西夏军主力全军覆没、克夷门失守的消息,西夏军民必魂飞胆丧,正好利于我大军攻取。"众将和谋士们听后,无不对铁木真投去崇拜的眼神。

然后，铁木真又看着擒住的太傅讹答，说道："你就不要走了，你降不降？不降就死！"

讹答面色从容，傲然道："我落到你手上，要杀就杀，要剐就剐，何须多言！"

铁木真目露凶光，刚要开口时塔塔统阿却匆忙站出来道："大汗，息怒，望留下这西夏太傅讹答一命。臣与讹答以前多有交往，这讹答学富五车，为西夏第一博学多闻之士，且为人正派诚实。以后，大汗是用得上此人的。"

铁木真闻言甚是高兴，又细观这西夏太傅讹答，只见他儒雅神定，却面露悲愤不平之色。于是，铁木真挥挥手道："把这讹答带下去好吃好喝好招待，让塔塔统阿巴格西多陪他说说话。"

随后，塔塔统阿和几个怯薛侍卫带着讹答走出了营帐。

不日，蒙古军即穿过克夷门，向贺兰山东面的宁夏黄河平原出发，直插西夏都城兴庆府。这兴庆府在宁夏北部，即今银川市，属河套平原。黄河在河套平原"几"字形大转弯，经中国百姓千百年经营，修建了秦、汉等渠，利用黄河水进行灌溉，建成了当时世界上最大的自流灌区。河套平原灌溉条件优越，灌溉、排水工程体系完善，且光热丰富，是中国日照时数最多的地区之一。河套平原农田设施完善，土地肥沃，灌、排便利，种植业发达，经营水平高，物产丰富，主产小麦、玉米、葵花、河套蜜瓜等。同时，河套平原牧业发达，湖泊众多，湿地连片，禽鸟栖息，白鹤翻飞，风景优美，胜似江南。所以，河套平原在古时候即被称为"塞上江南"，并早有"黄河百害，唯富一套"的名谚。在见到河套平原如此美景膏腴之地后，这些常年生活在漠北苦寒之地的蒙古军将帅——从铁木真到蒙古军全军将士——无不惊叹不已。

其时，蒙古军军锋所向之处西夏军已经丧胆，无不望风披靡，不日即进抵西夏都城兴庆府城下。

这时，西夏老将嵬名令公带回了前线主力主动出战导致全军覆没的噩耗。西夏守军知道与蒙古军野战无异于找死，万万不是对手，均已放弃野战企图，收缩城内准备依城坚守。此时，专门保卫西夏皇室的侍卫军和守卫都城的城防军，再加上剩下的三万擒生军和一些赶来勤王的杂牌军，最后凑了七八万西夏军守卫西夏都城兴庆府，但兵力仍感不足。当时，兴庆府居民有五十余万人，便又动员了近六万青壮民众上城墙协助军兵作战。

铁木真与众将、众谋臣绕城而观，只见兴庆府呈长方形，四周十八里余，护城河引黄河水而来，阔达三丈，南北各有两门，东西各设一门。铁木真引众将登高而望，只见城内道路整整齐齐列成方格，街道甚宽。塔塔统阿在早前曾多次到过兴庆府，便指点道："兴庆府是华夏西陲名城，但历史不长。当年，西夏太祖李继迁从宋朝手中夺取灵州（今宁夏灵武东南），改灵州为西平府，作为党项人的统治中心。李继迁之子李德明（夏太宗）继任后，认为西平府为四塞之地，兵家必争，寝食难安，不利于守卫，于是派遣大臣率领大批役夫北渡黄河，选址营造城墙宫殿筑城，于此地定都并名为兴州。李德明之子李元昊（夏景宗）即位后，大规模扩建兴州，广建宫室，营造殿阁，将兴州升为兴庆府，于此地设立文武班底，建立西夏朝廷。李元昊筑台城南，即皇帝位，是为西夏开国皇帝。以后，西夏历代皇帝皆以兴庆府为都城。"

塔塔统阿边说边指点兴庆府城内道："兴庆府南有崇义等二十余街坊，皇家和手工业作坊集中于城北宫城、宫厅。城内，东边有承天寺、高台寺、戒坛寺、佛祖院等宗教场所，西边有皇家的宫殿园林并占有很大面积，中央还有规模很大的皇家宫廷。一般居民则密集分布于数十个街坊之内，所居均为狭小低矮的土屋或土板屋。"铁木真和众将边听边点头。

蒙古军将帅观城完毕，铁木真便令众军士开始伐木造梯准备攻城。

不过，蒙古铁骑驰骋沙场长于野战，下马攻城却是短处。这时，蒙古军才刚学会攻城不久，而那兴庆府的城墙经西夏百年经营后高有三丈且并非土垒，全是方石砌成，利箭射上去只能迸出一点火星，难损城墙分毫。当时，以蒙古军的装备和技术，要攻下如此坚城谈何容易。

工匠营的汉人副主管张荣教蒙古军将士用云梯横放到护城河上，上面铺上木板，建成了一座座简易的小桥，算是让蒙古军过了护城河。可是，到了城下，西夏军设下了阵阵箭雨，接着不是抛下沉重的滚木礌石砸断了蒙古军的攻城云梯，就是用铁叉顶翻了蒙古军架好的云梯，于是一串串蒙古军士兵都从云梯上翻倒下来摔死了。其时，西夏军将士皆知无路可退，只能与城池共存亡，尽皆死战。如此攻了数日，蒙古军死伤惨重，却无寸进。

这日，铁木真仰望坚城，甚是愁闷。于是，铁木真召集众将商议，但众人皆曰"坚城难攻，应另想法子"。

木华黎说道："我们不如暂时停止攻城，将兴庆府团团围困起来，让城内军民耗尽粮食，并一连让其饿上十来天。这样，我们养精蓄锐，然后再发起猛攻，那时定能破城。"

众将皆曰"这是好计"，铁木真也很是高兴。于是，蒙古军依计而行团团围住兴庆府，只待西夏守城军民耗尽粮食便再度猛攻。

转瞬间，蒙古军围城已近一月。这日，铁木真率诸子、诸将出营踏勘城周地形，但见兴庆府地域水草肥美、地旺五谷，农牧业非常发达，特别是沟渠纵横交错。塔塔统阿指点道："兴庆府周围的'引黄灌溉农业'可以保证城市的军需民食，历代皆不断增修灌渠，除了原有的唐徕、汉源等古渠外，西夏开国皇帝李元昊又修建了贺兰山东麓长达两百余里的'昊王渠'，使兴庆府的农牧业生产有了更大的发展，成为西夏境内的粮食主产地和重要牧场之一。"

铁木真听到此处心头不禁一沉，既然兴庆府就是粮食主产地，城中积粮之多恐出意料。这时，前方望见一座古庙，红墙黄瓦，甚是宏伟壮丽。铁木真不动声色，让身边的怯薛侍卫去看看那是什么地方。几个怯薛侍卫转眼回来报告："大汗，那是西夏开国皇帝李元昊的神庙。"

铁木真一扬马鞭："走，进去看看。"说完便下马带着诸子、诸将进庙查看。

一行人进得庙来，只见主殿供奉的是李元昊的神像，其虬髯环目、身材高大、背弓挎刀，甚是威猛。铁木真赞道："李元昊起于沙漠，英勇善战，仅以两百万人口、五十万战士自立为帝，与实力百倍于己的宋国、辽国争雄西北，鼎足而立，不坠下风，实乃一代英雄。当得一拜。"说完便对元昊神像一拜，诸子、诸将便也跟着弯腰一拜。

拜毕，铁木真转过身对四个儿子说道："西夏开国是何等艰难，党项人无数英雄好汉苦战数百年，迁徙转战华夏西北数万里，最后才由李元昊建国。然立国才两百年，西夏已经主儒臣昏、将士难战，任我宰割。这是何等可怕的教训，你们一定要谨记心头！"四个儿子凛然称是。

铁木真出得庙来，又带众将上马驰到一处高坡，眺望兴庆府城中情景，只见城中秩序井然，城头战士往来穿梭精神抖擞、步履有力，便知城内短期内并无缺粮之虞。相较之下，蒙古军自己的粮草却已渐感紧张，众人不禁皆有忧心。铁木真已知西夏建国两百年根基深厚，这兴庆府又乃西夏"国之根本"所在，委积必丰，肯定兵多粮足，必非短期所能下，不禁起了退兵之意。

这时，一阵阵低沉的轰隆声忽然从东面传来，声极雄壮。

铁木真问塔塔统阿道："巴格西，那是什么声音？"

塔塔统阿说道："报告大汗，那是黄河秋汛涨水之声。"

"哦？"铁木真大感兴趣，"我们去看看！"于是一行人马来到黄河岸边大堤之上。

蒙古众人在大堤之上眺望黄河，时值黄河秋汛，但见天阔云低、大河奔涌，仿佛从天际滚滚浩荡而来，一路浊浪排空、波涛汹涌，河中激流冲撞、漩涡套叠，惊涛拍岸，水声滔天。见此壮观之景，众人目眩神迷，不觉看得呆了。铁木真良久叹道："我们漠北草原也有斡难河（今鄂嫩河）、薛凉格河（今色楞格河）、土兀剌河（今土拉河）那样的大河，却都水势平缓，无此威势。壮哉！"

塔塔统阿捋捋胡须道："大汗，这条河被称为华夏的母亲河。"

铁木真沉默片刻，望着二里许宽的黄河道："当得起母亲河。"

塔塔统阿兴致盎然道："大汗，黄河在中下游还有一个名字——悬河。此河所携泥沙甚多，所谓'一碗水半碗沙'，泥沙堆积在中下游河道之上逐年增高，堤坝便不得不随之加高，久而久之，堤内的河水便比堤外平原还高，仿佛悬在头顶之上，所以此河又被称为'悬河'。每当黄河发水决堤，中下游大片地区便成泽国，所以华夏子民对此河又爱又敬又怕。只有在此河上游的河套地区，河水水势平缓，波平水清，极利灌溉，利于农事，故云'黄河百害，唯利一套'。这兴庆府便属河套平原的西套地区。"

铁木真与众将听得颇感兴趣。他们站在大堤上眺望堤坝内外，果然发现堤内到处遍布黄河引水灌渠，再看远处的兴庆府也显得甚是低矮窄小。原来，为了便于饮水取用方便，这兴庆府地势便不甚高。

铁木真与众将大堤上来回观望良久，忽然同时叫起来："水淹兴庆府！"

塔塔统阿不禁赞叹道："大汗，汉人用兵便极擅水火攻敌。千年前，华夏三国鼎立，就有一位叫孔明的大英雄，一上任就连放三把大火灭敌；又有一位名叫关羽的大英雄决汉江水，淹敌七军。水火之道，战场上杀伤最大。大汗用兵，真有古风也！"

铁木真喜道："空闲之时，还望巴格西给我讲讲孔明和关羽的故事。现在，我们就商量一下怎样决堤放水，水淹兴庆府。"

于是，众人商议掘开兴庆府城东大堤，让黄河水通过灌溉水渠和护城河道水淹兴庆府，那破城便在瞬息之间。

这时，铁木真四子拖雷提醒道："父汗，此处地势开阔，掘开大堤后肯定洪水四溢，而我们首先不能淹到自己。"拖雷军事才华极其杰出，极有乃父铁木真风范，是铁木真四子中公认最会打仗的一个。

铁木真赞道："我儿说得好！"

于是，众人决定由"蒙古四狗"者勒蔑、忽必来、者别、速不台负责破堤，又筑起一道副堤预备将水引向兴庆府。此地黄土甚是松软，兴庆府离黄河又甚近，副堤工程很快完成。然后，一部蒙古军在掘开大堤之前退往高坡，大部蒙古军后退五里，以避开洪水。

隔天准备完毕，"蒙古四狗"者勒蔑、忽必来、者别、速不台带军一千人，来到兴庆府城东河堤之上开始掘土。兴庆府城墙上的守军看见蒙古军上河堤挖掘，立刻知道蒙古军要掘开大堤放水，吓得赶紧准备麻袋、草包以填土应急。

大堤上的蒙古军先将河堤挖去一半，然后往剩下的河堤中间打下一根根木桩，在木桩上拴上粗绳套套在骏马之上，之后随着一队蒙古军敢死队发声一喊便一齐驾马猛拉，只听得轰隆一声巨响——黄河堤溃，凶猛的巨流顿时喷涌而出，瞬间将这几十名蒙古军连人带马冲得无影无踪。其余的蒙古军何曾见过如此场面，只见黄河水雾滔天、声如雷霆、摄人魂魄，连同"蒙古四狗"都个个惊得面无人色。

细看之时，溃决的黄河水像巨龙一般平地漫卷，一部分沿蒙古军筑成的副堤和一条条灌溉干渠流向兴庆府。兴府守军拼命用麻袋、草包装土填塞城门，大部分水流则随地势漫溢开去。这时，蒙古军才发现只退五里远远不够，黄河巨流转瞬漫过，直冲蒙古军大营。蒙古军将士见黄河溃堤的欢呼声还未停息，便吓得向后打马狂奔，饶是如此水流到处仍冲走数百蒙古军和大批粮草辎重，而避到高处的蒙古军发现，这些高地在水流漫卷之下只不过是一个个小小的土丘孤岛，于是又被冲走了一些将士。

等到蒙古军惊魂甫定再看兴庆府时，只见环城水深一丈，离城头还有两丈，却不见再涨。原来，兴庆府地势比黄河只有一丈之低，再高的黄河水头都只会奔更低洼的地方而去。

见此情景，蒙古军将士都颇感沮丧。铁木真见诸子和众将垂头不语，站起身来缓缓道："我们难，西夏人更难。我们尚且有路可退，但西夏人面对一片汪洋却无路可走。我们再等三天，等西夏人在洪水包围下兵疲将沮、士气更低之时派人去劝降，到时候西夏皇帝或可投降；如其不降，我则收兵缓缓北退，而西夏军因洪水阻隔根本无法追击。异日，我们再作他图。"

诸子、众将闻言，士气稍振。

接着，铁木真下令道："将俘虏的西夏太傅讹答叫上来。"

过了一会儿，被随军看押的讹答带上来了，只见他神情镇定、目光清朗，并无恐惧之色。不过，随蒙古军行动数十天，讹答倒是对蒙古军的战斗力和令行禁止惊叹不已，对铁木真和蒙古将帅的宏图远略和指挥能力也惊诧不已，再加上塔塔统阿"识时务者为俊杰"的开导，让他明了哪条路才是自己未来的希望。

铁木真看着讹答道："我要你替我办件事。"

讹答尚未应声，但一边的塔塔统阿忙不迭地对他说了一句汉人的名言——"良禽择木而栖，良臣择主而侍"。

于是，讹答便不再犹豫，对铁木真施礼道："愿为大汗效命！"

铁木真大喜道："如此甚好。三天后，你替我去招降西夏李安全。回来后，封你为扯儿必，和塔塔统阿一起做我的巴格西。"

就这样，铁木真直接将讹答入幕了，而讹答则被铁木真的胸襟和气度所震慑。

三天后，讹答坐着小船驶进了兴庆府城下。

这三天是兴庆府军民惊慌万分、度日如年的三天。兴庆府的石头城墙虽然坚固，能防住刀枪剑戟、斧劈锤击，却防不住无孔不入的黄河水流，其强大的水压使得城墙大多渗漏管涌。为此，西夏军民日夜不停地扛运沙袋堵漏防渗，个个累得筋疲力尽，沮丧万分。再看兴庆府城外一片汪洋，而且黄河水仍从溃口处汹涌而入，毫无停息之象。此时，兴庆府就像一片树叶在汪洋中飘摇，危在旦夕，而满城军民从皇帝李安全到城墙守军和城内升斗小民，皆已失去守城信心。

西夏守城将士将乘小船而来的太傅讹答用绳索吊上城墙，带他去见西夏皇帝李安全。

见到皇帝李安全后，讹答不禁悲从中来，放声大哭了一场，向其诉说了这些天的经历。为此，李安全也不禁落下泪来。

讹答哭罢，对李安全说："皇上，据微臣观察，蒙古人兵精将勇，其战力之强世所罕有、当世无敌，而且粮草充足，定会长围久困兴庆府，不破城池绝不罢休。我们外部无援兵，昔日的盟友金国只盼着我们跟蒙古打起来两败俱伤；内部虽然粮草暂时不缺，但是这几十万人每天消耗巨大，却全无补充，终非长久之计。最坏的是，我刚才入城途中看到城墙已经多处渗水，军兵拼命堵漏。我们的石头城墙虽然坚固，但不能防水，若再浸得数天，城墙四处恐怕都要管涌渗透。城外水头已经高达城墙一丈，一旦堵不住渗漏，我们兴庆府就会泡在一丈水中。到那时，我们储存的粮草就将全部报废，我们就只有死路一条了。"

李安全与众臣听得亦是垂泪不已，皆知讹答所说为实。李安全问道："太傅，那你说怎么办？"

讹答毫不犹豫地说："皇上，跟成吉思汗讲和是唯一的办法。"

李安全又问道："成吉思汗是怎么说的？他要我们答应什么条件才肯撤军？"

讹答说道："皇上，成吉思汗说你可以继续做西夏的国主，但是西夏必须成为蒙古的藩属国。另外，就是每年要进贡一些钱财，以及马匹骆驼、牛羊猎鹰、钢刀利剑、强弓甲胄等西夏特产。"

李安全闻言更是悲泪横流道："想不到，我堂堂西夏竟然要去做北方蒙古野人的属国。"

讹答劝道："皇上，莫要过度悲伤！我西夏国小人稀，虽也立国与当世大国并列，但其实'先事辽，后依宋，再靠金'，实际上一直做着强国的藩属国，而依附强者乃是小国的生存之道。我西夏与金国结盟已有数十年，但金国已经腐朽不堪，内部主昏臣懦，国祚不久；特别是这次我遇国难，金国身为盟友，不但见死不救，还冷嘲热讽讥笑于我。反观蒙古，成吉思汗英明神武，纵横漠北，内部团结，无往不胜，国势蒸蒸日上。微臣之见，与其给金国当枪使，不如给蒙古国做藩属。望皇上三思。"

其实，讹答所言皆为实情，于是李安全与诸臣皆说有理，便答应了铁木真的条件归降，并与蒙古结盟。

为表诚意，李安全亲自出城，与讹答乘船同往铁木真大营，还带上了爱女察合公主。

听到西夏投降的消息，铁木真与蒙古军兵狂喜不已，不禁跪地磕头感恩"长生天显灵"，因为蒙古军中粮草将尽，已经开始收拾行装准备北撤了。

李安全见到铁木真的威势，不禁战栗不止，说道："大汗神武，我西夏定当永为蒙古藩属，我愿永为大汗左右手为大汗牵马坠镫。不过，我西夏百姓都居于城郭，大汗若有调遣，我怕一时赶不到。所以，我愿年年给大汗上贡金银毛缎、马匹骆驼、牛羊猎鹰、钢刀利剑、强弓甲胄作为补偿，还请大汗海涵！"

铁木真一听就明白了，西夏这是不愿意替蒙古打仗，不过暂时也用不上西夏人，于是就爽快地答应了。

然后，李安全又奉上了爱女察合公主。铁木真对这党项第一美女察合公主甚是中意，封她做了皇后，排行第三斡儿朵第六皇后。同时，太傅讹答则带上家人随蒙古军北归，后来成为蒙元名臣。

剩下的事就是蒙古军开始撤军，西夏军则开始派人堵上黄河决口。这些西夏军民费了九牛二虎之力——"破堤容易，修复难"，拖来一条又一条装满石头和黄土的船只往决口处填塞，最后因秋汛已过、黄河水降才算修好了大堤，救住了兴庆府。

凯旋路上，铁木真回望兴庆府，对诸子众将说："下一个，终于轮到金国了。"

第二十六章　决战野狐岭（上）

蒙古成吉思汗六年（南宋嘉定四年、金大安三年，1211）五月，漠南草原草长莺飞、百鸟鸣唱，大地仿佛一幅巨大无边的绿毯延伸向天边，上面点缀着无数五颜六色的野花和缓缓移动的牛马羊群。但是，在这美丽的景色中却蕴含、集聚着越来越浓重的杀气，铁木真已经率领十万蒙古军在此潜伏两个月了，随时准备冲向南面给金国致命一击。

蒙古军是这一年二月在漠北怯绿连河（今克鲁伦河）源头誓师出征的。

这一年是大蒙古国立国第五年，铁木真和蒙古将帅均认为大举南下伐金的时机终于成熟了。此时，蒙古经过五年不间断的征战，西边的畏兀儿、合儿鲁兀惕等小国和上百个部落均已归附，北面的林中百姓也已归顺，再无后顾之忧；而西南边的金国的盟友——西夏也被征服，已经断了金国一条臂膀。其时，蒙古国的幅员辽阔，已经远远超过了金国。

誓师时，铁木真站在九层高台上对蒙古将士们大声说道："我曾经立誓带你们征服世界，将世上最好的财物、百姓、美女、土地夺取到咱们蒙古来，让我们蒙古人过上世界上最好的日子。今天，我要兑现我的誓言，率领我无敌的蒙古将士前去讨伐我们不共戴天的死仇——金国。金国曾欠下我们蒙古人无尽的血债，现在该是他们还回来的时候了。那腐败无能的金国皇帝（完颜永济）竟然占据着富庶无比的桃花石（中原），而我们要灭他的国，夺取他的土地，抢回他的美女，洗劫他的财物。我誓言，带着我们无敌的蒙古铁骑横扫桃花石（中原），不胜不归！"

顿时，草原上的欢呼声响彻云霄。

誓师后，铁木真率领诸亲贵大将来到不儿罕山，在山顶祈祷长生天佑护"伐金必胜"。

按照惯例，铁木真脱下了帽子、解下腰带搭在肩上，伏地祈祷：

"神圣伟大的长生天啊，我已集结十万大军，即将空营出征讨伐金国，为被金帝辱杀的祖先俺巴孩汗和所有被金人残杀的蒙古人报仇。如果长生天允我复仇，请您在上界佑我，并请下界的所有善恶诸神和众人一起辅佐我。"

祈祷完毕，铁木真站起身来在不儿罕山山巅环顾四周，但见群峰耸峙、青山苍翠、清风阵阵，满山都是松涛低沉的呜呜声和鸟鸣雀叫声。这时，铁木真想起儿时曾在不儿罕山躲过九天九夜，青年时不儿罕圣山又救过自己的命——让自己逃过了篾儿乞人的追杀，不禁喃喃地说了一句："四十年了。"

之后沉默良久，铁木真方才对诸子、诸弟和众将说道："不儿罕山是我们蒙古人的第一圣山，我在这座圣山的庇护下长大，我爱这座圣山的苍松翠柏、青草溪流、山鹰黄雀。他年我死以后，不管倒在哪里都一定要把我运回不儿罕山，安葬在这座圣山的怀抱里。你们切莫忘记我之所言！"说完便打马朝山下飞奔而去。

下山之后，铁木真便命令众将开始检查所部每个士兵所携兵器——刀枪剑戟斧矛锤，尤其弓箭是否完好无损，还有头盔、战甲、马具、帐篷、革囊的种种装备是否齐全，以做好一切出征的准备。

安排妥当后，铁木真独自一人进入大宫帐，然后斋戒禁食三天三夜，并不停地念"长生天"之名祈祷。

大宫帐外，十万蒙古铁骑层层环绕，将士们手举刀矛上下挥动，也一起大呼"长生天"为大汗助威。

三天三夜后，铁木真走出了大宫帐，神采奕奕、红光满面的样子，似乎他又得到了信仰的无敌力量——感受到了神圣的长生天将永不枯竭的神力灌输进了他自己的躯体，并获得了战胜一切敌人的信心和力量。

走出大宫帐的铁木真召集诸亲贵、大将道："我意已决，将集中兵力空营出征，讨伐金国。其中，后方只留下右手万户长博尔术率两千精骑驻守乃蛮部故地防卫西边、监视西夏，再由我幼弟铁木格率两千精骑留守和林保卫大斡儿朵并坐镇大营，东边则由我内弟按陈率两千精骑监视金国东边大兴安岭辽东一带。其余诸子、诸弟和众将，统领十一万铁骑，全部随我南征金国！"

铁木真说完后，长子术赤道："父汗，我们的后方东西万里，只留六千人是不是太少？"

铁木真说道："不少。博尔术虽然只率两千人镇守西方，但西边的畏兀儿、合儿鲁兀惕等上百个小国和部落皆已归附我蒙古，特别是畏兀儿国王巴尔术、合儿鲁兀惕国王阿尔斯兰还都是我的女婿。一旦有事，博尔术可以随时就地征兵五万人。"

这时，博尔术眼中含泪："我不去西边，我和大汗从未分开过，我要和大汗一起去征讨金国。"

铁木真看着博尔术深沉地说："你的重任一点也不比我们征讨金国轻。西边虽然有畏兀儿、合儿鲁兀惕等上百个小国和部落归附我蒙古，但畏兀儿的外面就是西辽，西辽再过去是花剌子模，而这两个国家都是当世的大国。特别是花剌子模，据说其幅员之辽阔与我蒙古不相上下，但是人口众多、城池林立，富庶而发达，同时常备军有五十万人。你坐镇西边责任重大，还要监视西夏防其反复——西夏虽因我兵临城下不得不降，而我看其内心却未必是真的降我，只是迫不得已罢了。我大蒙古国猛将如云、谋臣似雨，但论威望、比能力，只有你才可以坐镇西边。将来，如果西边有变，我一定带你去打仗。"

博尔术含泪点头："谨遵大汗所令。"

铁木真又说道："我幼弟铁木格率军两千镇守和林缉捕盗匪、维持秩序，主要是确保我们大营的内部安全。若有外敌来犯，则西有博尔术，东有按陈，前有我伐金大军，可保大营安全无虞。最后，东边是我内弟按陈的两千骑，正对金国之根本——大兴安岭和辽东，看似众寡悬殊，其实不然。我伐金之战只要顺利，金国就不敢从辽东出击我后方，他们也没有那个力量。金国重兵早已抽调入关对南家思（南宋）作战，辽东实力空虚，而且辽东的金人内部之间各族矛盾重重，特别是前朝的契丹人屡屡叛乱，根本无力进犯我东面草原，即使敢来我伐金大军也可随时赶回迎敌。"

众将点头，塔塔统阿不禁低声赞道："大汗真神算也。"

铁木真环顾众将，接着说道："我决定就在近日大军冒雪出征。"

这时，铁木真的次子察合台问道："父汗，为什么要隆冬出征？"

铁木真道："我们隆冬出征，这是出敌不意。现在是二月上旬，我们大举出动半月即可跨越戈壁，于下旬抵达漠南汪古部，开始在漠南草原休养生息。时值严冬，牧人行动不便，无法向金人传递消息，极有利于我们保密大军的行踪。到了四月开春之后，我们即可派遣小部队试探侦察攻击金人的防线以探其虚实，摸清金人底细的同时大军在草原上养肥战马、养精蓄锐，枕戈待旦；待到夏末秋初，那时候我们的战马膘肥体壮、将士迫切求战，然后我们就全军出击向金人发动大规模攻击！"

"好！"中军大帐里顿时一片欢呼声。

北风呼啸，大雪纷飞。

十一万蒙古大军分作三路，顶风冒雪向南开进。其中，左路军有术赤、察合台、窝阔台三子，各率一个万人队组成；右路军有者别、速不台、忽必来，各率一个万人队组成；中路军则由铁木真亲率四子拖雷、二弟合撒儿及木华黎等诸将率两个万人队和怯薛军组成。

风如剑、雪似刀地抽打在蒙古战士的脸上生疼生疼的，但这些身经千百战的无畏战士却兴高采烈：他们知道带领他们南下的是战无不胜的铁木真大汗和木华黎、合撒儿、速不台、者别这些草原英雄，跟着他们一定能取得更大的胜利。同时，他们都知道南下伐金也是一场大抢劫，虽然生养自己的草原也大，但除了马牛羊这些牲畜外，其他物产却非常匮乏，而金人盘踞的中原却富庶无比——那些来自西域、西夏、金国的商人老早就告诉他们中原物产极为丰富且几乎出产一切，不仅有金银珠宝、绫罗绸缎、精良铁器、铁锅铁铲，还有无数纤腰比柳枝还细的美女，而这一切都等着他们的铁木真大汗带他们去抢回到草原来享用。总之，他们相信跟着铁木真大汗，一定能够过上扬眉吐气的好日子。

于是，蒙古将士们个个都兴奋地憧憬着未来的好日子，他们对这样的大抢劫充满了期待，而草原游牧民族只要一强大就这样南下抢劫农耕民族几乎成了古代中国历史上的一个传统——这就是历史上著名的"南下牧马"。

蒙古大军非常神速地穿越了"偶有童山，盐湖散布，草水甚少，林木绝无"的大戈壁，来到了表面上还在为金人守边的汪古部塔勒湖边。塔勒湖是漠南草原最靠北的一个淡水湖，蒙古军便在此扎下大营。

早就等候在此的铁木真最疼爱的三女儿阿剌海别吉公主、亲家汪古部阿剌兀思汗和女婿不颜昔班及其堂弟镇国，已带着大批百姓赶来了成群结队的牛羊迎接蒙古军。众人相见，欢喜不禁，杀牛宰羊，好不热闹。

帐外天寒地冻，帐内却暖意融融。汪古部阿剌兀思汗端起一碗马奶酒敬向铁木真，惊叹道："从戈壁那边过来的勇士，简直比天上的星星还要多。大汗，您这是要打大仗啊！"

铁木真一笑："嗯，兄弟。我这次来就是要跟金人算大账的。谁欠下我们草原的血债，谁就得用自己的血来浇灌草原。"

阿剌兀思汗放下酒碗拱手道："大战起时，愿为大汗前驱，击鼓冲锋，鸣锣开道！"

铁木真非常感动，而他手下的众将更是对铁木真的战略眼光惊叹不已。早在铁木真二十多岁时，他就派人穿越戈壁与汪古部的阿剌兀思汗建立了联系，而当时阿剌兀思汗也还只是个二十多岁的青年。转眼三十年过去，铁木真早年有心播种下的友谊之树竟长成了参天大树，不但阿剌兀思汗成了铁木真最忠实的盟友和亲家，而且本来为金国守边百年的汪古部反而成了蒙古出击金国最有力的前方大营。

铁木真看着阿剌兀思汗道："不要你亲自上去打仗了。大军全线攻击金国之时，汪古部是连接我漠北大营与前方大军的枢纽，你坐镇中军保住大军后方平安、与漠北大营联系畅通就是最大的功劳。"

阿剌兀思汗不禁深深地叹了一口气，以他的战略眼光来看，他也早知铁木真会做如此安排，而这也是最好的战略部署。

阿剌兀思汗从怀中抽出一卷羊皮，展开给铁木真看："大汗，这是漠南的山川地形图，而漠南的山川河流、地理形势以及金人要地都尽在此图。"

然后，阿剌兀思汗指点着羊皮地图给铁木真看："大汗，你看这地图北边的地域就是我汪古部，负责给金人守边，是第一防线部署；我们汪古部的后面东西近两千里，是十万受金人歧视的各边疆小部落乣军防守——乣军是金军的最底层，受尽金人歧视和侮辱，而金人拿他们当奴隶部队看，他们对金人充满了仇恨。这些年来，我谨遵大汗所命，一直都在做瓦解乣军的工作。待大汗大军到达时，这十万乣军必定阵前倒戈投奔大汗。"

铁木真连连点头："干得好！"

蒙古众将也都听得聚精会神。

阿剌兀思汗接着指着羊皮地图上的两个小点道："大汗请看，乣军之后就是金军亲自防守的一些据点。其中，最前面的这两个点——一个叫乌沙堡，另一个叫乌月营，两点互为掎角，保护着后面的昌州（狗泺，今河北沽源西九连城）、桓州（今内蒙古正蓝旗西北）、抚州（今河北张北）。不过，有件事非常重要，这三个州不但是金人塞外防御的要点，更是金人群牧监所在！"

铁木真问道："群牧监是什么？"

阿剌兀思汗说："群牧监就是金人的朝廷养马基地，最大的养马场，也是最大的军马场。金人在这个群牧监养了五百万匹马，每年都从这个马场调取大批青壮马匹以供金国和金军所需，替换老旧马匹。"

铁木真和蒙古军众将不禁惊叹："五百万匹马！"

阿剌兀思汗说："是啊，大汗。金国有五千万人、百万军队，所需马匹几乎尽皆取于此地。金国所属的长城关内，自古即是农耕之地，田连阡陌，早已开垦，无法大规模养马，只能在塞外草原上设群牧监集中大量养马。内地虽然还有云内州①等几个小群牧监，但限于条件都只能养马一二十万匹，不及桓州群牧监养马数之十一。大汗若取了这三州，不但可尽取金国长城以外之地，还可夺取金军骑兵根本——金人亦是靠骑射起家，战力全靠骑兵。金人能把南家思（南宋）汉人压得抬不起头全靠骑兵，而汉人受尽欺辱就因为

①云内州，今内蒙古呼和浩特境内，包含托克托县及土默特左、右旗部分地方。

没有足够的马匹而练不出好骑兵，只能用步兵对战金人的铁骑。因此，夺取了金人的群牧监，金国骑兵就没有了战马来源，就成了那无源之水和无本之木——与南家思（南宋）汉人一样了，只能任由我们草原铁骑宰割。"

铁木真拍手道："好！"

蒙古众将也是齐声叫好。

阿剌兀思汗又说："还有一事，桓州群牧监的守将是个汉人，名叫郭宝玉。此人来历不小，乃汉人唐朝天下兵马大元帅郭子仪郭令公之后，而金人封他为汾阳郡公，食三千户。这个郭家于历代朝廷功勋卓著、忠心为国，在汉人中威望极高，因此不管哪朝哪代都拉拢这个家族为己所用。大汗当留意此人，此人能征善战，也是汉人的一代名将，而破桓州时若能招降此人，他日入汉人之地即能收汉人之心，可堪大用。"

铁木真重重地点头道："我记住了，郭宝玉。"

这时，铁木真指着羊皮地图上缘一条虚线道："这是什么？"

阿剌兀思汗叹口气道："在昌州、桓州、抚州三州之后是一道横列的山岭，我们只知道这道山岭叫野狐岭，山口叫黑风口。山岭这边是吃肉的百姓（游牧民族），山岭之后就是吃草的百姓（农耕民族）；山岭这边是草原，山岭那边是平原，山中建有长城。"

铁木真说了一声："哦，原来是金人的屏障。"

阿剌兀思汗点点头道："是啊。金人规定，我们这些草原上吃肉的百姓统统不许越过这道野狐岭，最多只许到山脚，连我都从来没有进过野狐岭，只知道山内屯有金军重兵，建有长城。"

铁木真想了想，看看坐在一侧的镇海，时年镇海五十岁有余，也是百战老将。铁木真问镇海道："镇海，你早年行商，到过野狐岭吗？"

镇海站起身来说道："大汗，我早年多次经过野狐岭。这野狐岭是华北平原与塞外草原的分界岭，金军守卫极严。每次商队过野狐岭，金军都要在岭口派小队人马押送，商队所有人马只许走岭中唯一的一条大路，不许离开大路一步，甚至不许东张西望地眺望山中地形，只许快速过岭。一直到走出岭口下山后，金军才解除押送。"

铁木真点点头，又看向木华黎道："木华黎，派出最好的探马侦骑乔装成商人、牧民，尽一切可能入山摸清野狐岭的底细。"

木华黎立刻答道："是，大汗。我这就去安排！"然后转身出帐。

铁木真接过阿剌兀思汗手上的羊皮地图："兄弟，有此一图，胜过雄兵十万。"

于是，众人是夜欢宴，皆近酣醉。

过得数天，蒙古大军到齐。于是，铁木真便分派众将各率所部在塔勒湖边划分牧场各自牧马，一时间十万将士又成了十万牧民，只是每隔数日必召集起来操练刀兵。实际上，上马为兵，下马为民，这本来就是中国古代北方牧民的日常生活。

当然，蒙古军十一万铁骑空营南下，这是不可能一点风声都不走漏的，特别是汪古部替金国守边百余年，内部也被金国安排了诸多的眼线、耳目，于是"蒙古军大举南下，汪古部大汗已经投降了蒙古军"的消息渐渐传到了金人的边将那里。由于汪古部与金国之间没有明显的分界线，正在牧马的蒙古军常常一时兴起便南下进入金国边界痛痛快快地劫掠一番，然后又再迅速退回，以此不断试探金国边防虚实。

金军守边士兵起先还不知道是怎么回事，在弄清楚骚扰边境的是蒙古人之后，便立即上报了边将。

当然，金军中也是有明智且警惕的将领的。此时，金军北边的守将名叫纳合买住，不但机警果敢，而且敏锐地察觉到了蒙古的目标是金国，于是立即派人快马加鞭急报朝廷。纳合买住向金卫绍王完颜永济报告了蒙古犯边和敌军的战略意图，"今见其邻部附从，西夏献女，而造箭制盾不休，非图我而何"。——完颜永济虽然做了金国的皇帝，但在位时间仅五年（1208—1213）便被蒙古所灭，史称金卫绍王。

纳合买住向金卫绍王完颜永济紧急递上蒙古犯边的报告后，日夜等待朝廷答复。

二十天后，纳合买住终于等到了金卫绍王完颜永济的回复。

其时，金国宫廷的一个大太监带着上百名禁军直入纳合买住军营，纳合买住迎上前去。然后，太监取出一个黄色绸卷，说道："纳合买住接旨！"

纳合买住赶紧跪下接旨。

太监展开黄绢念道："边将纳合买住懦弱胆怯，谎报军情，著（着）急押回京城打入天牢！"

原来，完颜永济收到纳合买住的紧急报告后，竟认为边将纳合买住是个胆怯无能、谎报军情之人，说道："蒙古边疆野人茹毛饮血，安敢犯我大金？"并立即令人褫夺纳合买住兵权。

金军守边将士见说了真话的纳合买住被押往京城打进天牢，其他边将个个噤若寒蝉不敢再有言语，任由蒙古军将士在边境骚扰。

转眼到了五月，金军的边将想瞒也瞒不住了。原来，开春冰雪融化后，蒙古军的行动更方便了。于是，铁木真立刻派出者别、速不台各率一个万人队，开始大规模攻击金军边境据点。与此同时，铁木真自己则带主力继续在塔勒湖边养精蓄锐以准备过夏度暑，待到秋天秋高气爽时节战马膘肥体壮时便全军大举出击进攻金国。

者别、速不台出击不久，便横扫千军如卷席，先后夺下了金军的边境要塞大水泺、丰利等地。最让金军意想不到的是，继守边的汪古部叛变之后，把守边地各要塞的十多万乣军也在汪古部大汗阿剌兀思汗的策动下一夜之间全部叛变投靠蒙古。要知道，这些乣军的历史比金国开国的时间还长，其在辽国开国时就在边境守边，过着亦兵亦民的生活。铁木真从这十多万乣军中精选了四万人编入大军，这样蒙古军现在就有了十五万人马。

就在铁木真开始紧张部署攻击金军时，金人的一个失措举止让铁木真看透了金军色厉内荏的本质，即金帝完颜永济竟然派西北路招讨使粘合合达（又名完颜合达）前来求和。

原来，这时金人除了与宋人在江淮一线对峙外，已多年未经战事，早已军备废弛、矛戈生锈。实际上，这时的金军早已不再是灭北宋时那支骁勇善战的劲旅，金兀术、完颜襄这些知兵善战的统帅早已去世多年，不但将士也早已刀枪入库、马放南山多年，而且朝廷腐败、文恬武嬉、懦弱无能，更有完颜永济这样懦弱的皇帝做统帅，所以蒙古军大军压境的消息传来时满朝文武竟是一片求和之声。

无奈之下，完颜永济只好派出西北路招讨使粘合合达，出关到蒙古大军军营找铁木真求和。

粘合合达一路见蒙古军衣甲鲜明、刀枪如林、阵容严整，不禁暗暗心惊。

粘合合达见到铁木真后躬身施礼道："大汗，我奉我皇卫绍王之命前来拜见大汗。我们两国之间，当以和为贵，何必刀枪相见？大汗出动大军，陈兵列阵，压我边境，难道是我们金国做得有什么不好吗？"

听到粘合合达代表金国的这番求和的软话，特别是将蒙金并列，铁木真只觉得气抒胸臆，畅快至极。顿时，铁木真哈哈大笑道："金国没什么不好，相反金国做得太好了，牛羊成群，遍地五谷，金银满仓，美人成群，江山如画。金国实在太好了，所以我才要来打你们！"蒙古众将大笑。

粘合合达面如土色。

铁木真敛住神色道："你们金人将我们的俺巴孩大汗钉在木驴上侮辱、折磨至死时，可曾想过金国做得有什么不好？你们的大军到草原上三年一减丁，杀光所有高过车轴的草原男丁时，可曾想过金国做得有什么不好？你们砍掉我们草原无数丁壮的大拇指时，可曾想过金国做得有什么不好？你们在我们草原奸淫掳掠、强奸妇女、抢劫放火时，可曾想过金国做得有什么不好？回去告诉你们皇帝完颜永济，我们就是来替草原报仇来了！完颜永济现在想求和，只有一条路——举国来降！"

粘合合达有些颤抖，说道："大汗，你若同意和解，我们愿意献上一万两黄金、二十万两白银、五十万匹绢帛。"

铁木真和蒙古众将又笑起来，只听木华黎说道："打到中都，金国的国库都是我们的，我们会在乎这点钱吗？"

金国实行五京制，曾先后建有六都，分别为上京会宁府（今黑龙江阿城南）、东京辽阳府（今辽宁辽阳）、北京大定府（今内蒙古宁城县大明镇）、西京大同府（今山西大同）、中都大兴府（今北京）、南京开封府（今河南开封）。

粘合合达脸白如纸，说道："大汗，金国人口五十倍于蒙古，军队十倍于蒙古，金国如海，蒙古如掬沙，还望大汗三思！"

铁木真点点头："你走吧，回去要完颜永济马上备战。我要让你亲眼看看，蒙古这掬沙是怎样填平金国这片大海的。"

粘合合达赶回中都向金卫绍王完颜永济和众臣叙述了出使的经过，最后只说了一句："皇上，立刻备战吧。"

金卫绍王完颜永济既然求和不成，迫不得已拿出了他认为最强的统帅阵容统领金军，准备对蒙古作战。完颜永济以平章政事独吉思忠（又名独吉千家奴）、参知政事完颜承裕（又名完颜胡沙）"行省事于西北路"，率领金国主力向中都以北的昌州、桓州、抚州行进，并授予西京[①]留守胡沙虎（又名纥石烈执中）行枢密院事，打算依托"界壕边堡"在中都西北与蒙古人打防御战。当时，金国的边境是一条绵延一千五百公里的长城，东起布西城（今内蒙古莫力达瓦旗），西南经过庆州北部（今内蒙古林西），穿过化德（今内蒙古化德）后直到河套以北。

独吉思忠率领主力抵达北部边防前线后，第一件事就是加固"界壕边堡"、修筑边塞。其时，独吉思忠看到西北三百公里的界壕虽然有城墙，但没有女墙副壁，于是组织军兵戍卒大修工事，打算用这种办法来阻止蒙古军南下，号称"用工七十五万"。独吉思忠在原有长城外又迅速建起一道三百公里长的女墙，还加深了界壕——挖出的土堆了一道副堤，希望以此阻挡蒙古军。独吉思忠此举由于没有大规模动用民夫且省工省力，他还受到了金国朝廷褒奖。铁木真收到金军重修长城、大挖界壕的消息后，摇头道："金军空有雄兵百万不思进取，只图掘壕固守，兵力虽多，又有何用？"

果然，金国这种消极防御法除了劳卒累兵、降低战斗力和挫伤士气外一无所获，而且重新修缮长达三百公里的"界壕边堡"毕竟费时费力，但蒙古军只要集中兵力突破一点，整条三百公里的防线就会全部失效。后来，铁木真实际上就是这么做的。

---

① 西京，今山西大同，自古就是边塞城防军事要地。

修整完"界壕边堡"长城，独吉思忠便率五万大军前出至乌沙堡和乌月营两个小城堡做支撑点，想以此拒蒙古军于长城之外。

金秋已至，经过一夏养精蓄锐后，蒙古军战马膘肥体壮、将士热烈求战，全军士气高昂。铁木真开始向金国发起大规模进攻，他分兵五万给了三个儿子术赤、察合台和窝阔台去攻打西京，以牵制金将胡沙虎。

分兵之时，铁木真特令三子窝阔台为主帅，长子术赤和次子察合台分别为副帅。铁木真知道，长子术赤和次子察合台积怨甚久、隔阂已深、互不服气，而三子窝阔台心胸开阔、性格温和，在兄弟之间他说话还能管用，只有他才可以调和两位兄长之间的矛盾，故令窝阔台为主帅。

铁木真分兵三子之后，自己集中十万兵力开始寻找金军主力决战。这次决战，十万蒙古军在铁木真指挥下，使用宽正面、大纵深、大鱼鳞开进队形。当蒙古大军向敌开进时，其队形通常是前锋、前卫以及左、中、右路军和后卫组成，探马侦骑通常游弋在本队百里之外侦察敌情，传令游骑则在各部间往来穿梭传达号令。同时，各路军之间保持很大的间隔，从左路至中路的间隔以骑兵一天的行程为准。行军中，各路军前后距离也很大，看似形散，实际上密切相连，而这样的队形便于分进合击，也是为解决庞大的骑兵部队行军中的水源和天然牧场而采取的队形。蒙古军十万人，再加每人有空马二至三匹，这样有三十万至四十万马匹的大军绝不能在一条狭窄的正面上行军，更不能在一条线上行军。蒙古军攻打金国的开进队形为左翼自阴山山脉起，右翼至今内蒙古太仆子旗宝昌、河北省张北县一带，前后相距几十里。其中，左路军由速不台指挥；中路军由木华黎指挥，铁木真本人随中路军行动；右路军由者别指挥，形成了宽正面、大纵深的大鱼鳞攻击队形。

蒙古军的探马侦骑首先在乌月营外发现了金军的军阵，只见两万金军排成密集整齐的方阵，肃静无声，杀气弥漫。同时，军阵的前列正中飘着一面大大的"定"字军旗，这是"金军第一猛将"定薛所部。

原来，独吉思忠率五万金军最强的精锐进驻乌沙堡后，便分出两万骑兵交给猛将定薛防卫三十里外的乌月营，以互为掎角之势。

此时，金军还没吃过蒙古军的苦头，不知蒙古军的底细，故而还敢出城索战，期待与蒙古军主力野战决胜。

金军在乌月营出城列阵求战的消息，立刻被蒙古军的探马侦骑回报给了蒙古军大本营。于是，铁木真一声令下，各路蒙古军纷纷向乌月营飞驰。

这时，蒙古军左翼主帅速不台率兵两万赶到前方战场，而金将定薛见蒙古军铁骑越聚越多，立刻命令击鼓冲锋。定薛身长九尺，使一对红铜擂鼓锤，有万夫不当之勇，但勇大谋少，实乃一介莽夫。

当金军冲到离速不台所部三百里时，忽听得蒙古军阵内一通鼓响，但见千万支利箭破空而来，只听得空中到处都是羽箭破空的"嗖嗖"声，其箭支密集的程度仿佛是一面无形的墙推了过来。随后，冲在前列的金军纷纷中箭惨叫倒地，射到要害的当即死亡，受伤的在地上打滚并瞬间被后面的马匹踩死。于是，后续的金军连忙驻马摘弓与蒙古军对射，但万万没有想到的是百年征战的蒙古军的箭技比金军要强很多，且在当世已无双[1]。所以，蒙古军弦响人倒，而金军根本射不到蒙古军，只见到部下一片片倒在蒙古军的箭雨里，但蒙古军却丝毫无伤。

此时，定薛两眼血红，挥起两柄红铜擂鼓锤，带着一批勇士直冲蒙古军大阵索战。

蒙古军阵内同样也冲出一条大汉，手持一柄丈八点钢矛，原来是蒙古军左军主帅速不台。其时，速不台已是蒙古军中智远谋深、勇冠全军的猛将，只见他使的这柄丈八点钢矛矛头锋长尺半，刃阔六寸，矛身通体乌黑锃亮。于是，速不台、定薛二将顿时冲在一起，杀作一团。不过，定薛刚一接战，心头不禁一沉，便知要糟——速不台矛力之沉，自己要双锤齐出方可全力掀开。原来，速不台是几十年战场上历练出来的矛力枪法，而定薛却是在较场、演兵场上练出的功夫，战场上的实战能力自然远远不如，同时金军亦是如出

---

① 当时，蒙古骑兵的箭技普遍可以射到 300 米——这还只是正常射程，蒙古军将领和一些神箭手可以射到 400~500 米，但金军弓箭手普遍只能射到 200 米。就是说，蒙古军弓箭手的射程比金军至少远 100 米。

一辙。因此，当时即有"一蒙抵五金"之言的说法。就是说，一个蒙古兵可以打五个金兵。直到金军与蒙古军血战快十年之后，金军才杀出了完颜陈和尚等一批能与蒙古军正面对垒的猛将，然而为时已晚。

果然，定薛拼尽全力与速不台打了五个回合后，便被速不台觑了个真切。于是，速不台一枪挑开双锤，枪刃直入定薛中门，刺得其倒栽下马，瞬间气绝身亡。

金军将士见主帅定薛倒地，剩下的金兵已然是魂飞魄散，便直接逃回了乌月营内固守。这时，速不台便要下令攻城，但铁木真赶到战场阻止道："且慢，你把乌月营攻下来了，乌沙堡的金兵就要逃了。所以，你不但不能马上打下乌月营，还要放一批金兵回乌沙堡求救！"

速不台顿时咧嘴笑起来："大汗英明！"

铁木真又说道："临阵亲自上场对战，乃偏裨牙将勇夫所为，非主帅所应该。今后，不许亲自对阵单挑，我铁木真不能少了速不台这个兄弟！"

速不台热泪盈眶："谢过大汗！"

果然，铁木真、速不台两人正说间，只见乌月营里冲出一股三四百名金兵冒死突围，而速不台让蒙古军将这股金兵射死三百余人，却有意放走了四五十名金兵逃回三十里外的乌沙堡求救。

这时，金军与蒙古军才刚开始交战，还不知蒙古军底细，更不知蒙古军的厉害。乌沙堡主帅独吉思忠留下五千金兵守城，自己亲率两万五千铁骑营救乌月营，而其如此自信是因为他带了一万名金军中最精锐的铁甲重骑兵——曾横扫辽军、宋军的铁浮屠。

当年，金军横扫北宋，铁浮屠厥功至伟。此军乃"金国第一猛将"金兀术亲自所练，借鉴西夏铁鹞子重骑兵改良所成。对北宋作战，铁浮屠向来战无不胜、攻无不克，直到遇到南宋名将——武穆王岳飞创出丈八斩马刀砍马腿战术才被制住锋锐。

独吉思忠之所以敢带五万将士出征乌月营、乌沙堡，其中很大原因就是他带了得承金兀术所传战技的一万铁浮屠。不过，这次独吉思忠遇到的却是蒙古军。要知道，蒙古虽然政治、经济、文化什么都落后，但唯有军事在古代历史上是无可争议的世界第一，而且全是打出来的真功夫。

独吉思忠率两万五千精骑驰援乌月营，奔出十余里转过一个小山嘴，只见前面大队的蒙古军旌旗招展，却寂静无声地列队待战。原来，这是蒙古军右冀万户长木华黎在此截杀金军援军。

独吉思忠知道他不能后退，后退必被蒙古军凶狠追杀并一溃千里，只有杀开一条血路救出乌月营守军才是他唯一可行的选择。

于是，独吉思忠满怀期待地挥挥手下令："铁浮屠，上！"

金军前卫两边迅速分开让出一条通道，一万重甲铁浮屠十二人一排鱼贯而出。铁浮屠人马俱披重铠，只见其人戴面甲，浑身只露出双眼，而马披脸甲亦只露出双眼，战马马甲一直披到马腿膝盖以下。同时，铁浮屠人人皆持一把长柄重兵器，或刀或斧或锤，仿佛一面铁墙直接向蒙古军排山倒海般压了过去。

不过，蒙古军却纹丝不动。

当铁浮屠冲到离蒙古军三百步时，木华黎举手下令："乌钢透甲锥，上！"

蒙古军从箭囊里取出一支通体乌黑、尾羽雪白、三棱乌钢箭头长达三寸的穿甲箭，原来这是蒙古军工匠营根据蒙古军在无数实战中的经验特别制造的穿甲利器，专破重骑兵的重铠，无坚不摧。

当铁浮屠冲到两百步时[①]，木华黎将手向前一推，天空中顿时"嗡"的一声仿佛惊起了铺天盖地的蜂群，一批又一批透甲锥"唰唰"地扑向金军铁浮屠。

果然，乌钢打制的箭头毫不费力地穿透了铁浮屠的重铠和重甲，一批批金军重甲骑兵被射下马去，却又被沉重的甲胄压得不能起身，大多被后面拥来的战马踩死。但是，蒙古军毫不放松，只管一批一批地将乌钢透甲锥射向金军。金军在惨重的伤亡下，终于开始动摇，向后退却。蒙古军见状驰前百步，仍是与金军保持二百步的距离继续放箭。其实，蒙古军不到万不得已是绝不肉搏的，毕竟蒙古军就那么点兵力却能纵横世界，如果要靠肉搏，即使

---

① 对于蒙古军来说，两百步的距离已经很近了，他们杀伤轻骑兵和步兵通常在四百步放箭。

一个换十个也要全军覆没。

　　面对如此凶狠的蒙古军，金军终于崩溃了，剩下的士兵们一起往后溃散，而主帅独吉思忠甚至跑在最前面。木华黎纵军放马追杀，金军伏尸十里，仅有独吉思忠率百骑逃走。蒙古军乘胜踏平乌沙堡，又回头与主力军夹击攻下乌月营，并将近万金军消灭。

　　这样，蒙古军在乌沙堡、乌月营首战就消灭了金军五万最凶猛的重装精锐，然后集中突破一点，使得独吉思忠苦心构筑的六百里"界壕边堡"防御体系就这样泡汤了。

第二十七章　决战野狐岭（下）

金军前线统帅独吉思忠在乌月营和乌沙堡两战中，因不知蒙古军底细竟与其野战对决，结果大败亏输。此两战致使五万金军最精锐的铁骑全军覆没，仅独吉思忠率百余残兵逃过了蒙古军追杀，然后一路狂奔逃回了抚州金军前线大营。

桓州、昌州、抚州，史称金人"口外三州"。当时，金军主力四十五万人屯集于此，与刚被蒙古军杀灭的五万金军合称"五十万大军"，意图以此阻挡蒙古军进入野狐岭，以遮蔽关口拒蒙古军于华北平原门户之外。

独吉思忠逃进大营后，未及说话便坠下马来昏死过去，等救醒过来后只知连连高喊"快撤快撤"。此时，独吉思忠已被蒙古军的勇猛善战吓得魂飞魄散。

清醒后，独吉思忠将战场所见所闻告诉了副帅完颜承裕和金军众将。金军将帅初闻与蒙古军交战惨景，听得皆面如土色，要知道独吉思忠率领的五万精骑战力之强冠于全军，特别是一万铁浮屠重甲骑兵更是金国公认的"第一大杀器"，而如今刚与蒙古军交战就全军覆没，真是完全不敢想象。同时，这支包括一万铁浮屠的金军五万精骑都打不过蒙古军，就没有金军再打得过了。

独吉思忠讲完金军全军覆没的经过，颤抖着说："绝不能再与蒙古军打野战，只能据险死守。'口外三州'地广人稀，城墙坚固但不高，必须放弃，然后退守野狐岭，利用险峻山势挡住蒙古军。等耗到冬天，天寒少食，马要过冬，蒙古军就非退兵不可。"

当独吉思忠初战大败的消息传回中都后，金卫绍王完颜永济手足无措，拿不出任何主意，只好召集群臣共议，没想到各大臣一人一个主意，根本不能统一意见。

首先发言的是西京留守胡沙虎，而他当时正准备去西京督战。胡沙虎是一位权臣，平素飞扬跋扈，多次被撤职却又被重新起用。御史中丞孟铸曾经上表弹劾胡沙虎："胡沙虎贪婪残忍、专横放肆，不奉法令。赦免之后，屡次犯错却不改过。已经得到陛下的施恩宽宥，反而转生跋扈骄横之心。"这位御史中丞算是说到胡沙虎骨子里去了。后来，胡沙虎把持朝政，连金卫绍王完颜永济也死于其手。不过，胡沙虎也有一个优点，那就是他胆大敢战，从不把任何人放在眼里，包括蒙古人，所以他主张毫不妥协地利用优势兵力与蒙古人对拼。

胡沙虎说道："蒙古兵总共就那么多，我们就应该集中全部兵力与其决战。我们先把与宋人对峙的二十万江淮精锐调回来，再从辽东等地抽兵二十万，会合野狐岭前线现成的四十五万大军，组成百万大军主动出击，以压倒性的优势击破蒙古人。"

胡沙虎此言一出，群臣摇头道："在野狐岭前线集中了五十万大军，这已到了金军抽兵极限。现在，乌沙堡、乌月营初战丧师五万后还剩四十五万，但连这损失的五万人都无法补齐。"

自从金国第四位皇帝海陵王完颜亮南征失败，不谙水战的南下金军只能和缺乏骑兵的北上宋军在江淮一线陈兵以达成力量平衡，双方多年紧张对峙，经常有小规模的攻防作战，根本无法抽兵。辽东乃金国女真人起家的根本重地，但其地与契丹人矛盾极其尖锐，不得不派兵弹压镇守，也无法抽兵。剩下的一二十万金兵散居在金国各地镇压百姓、维持治安，更是不能动的。因此，胡沙虎的意见自然就被否决了，只见其大袖一挥"哼哼"离去，然后直奔西京督战，而金卫绍王完颜永济和众臣自然也不敢阻拦。

胡沙虎离去后，满朝文武方敢畅所欲言，并直接说出了心里话。其中，上京留守徒单镒以足智多谋著称，他主张放弃"口外三州"，集中兵力据险防守野狐岭。徒单镒说："蒙古兵聚众攻我，兵力虽少，聚则甚多，而我处处防守，兵力分散，总数虽多，一分则寡，是以蒙古以聚攻散，以众击寡，加之蒙古人英勇善战，我必不能抵敌。西北地域广大，我们不能分兵遍守西北各地，不如将昌州、桓州、抚州三州百姓全部内迁，而这三州之地极其富庶，百姓都很勇健有力，这样一来我兵力大增，人畜财货都能保全。然后，退保野狐岭天险，集中兵力，收缩防守，而蒙古军自然拿我无法，最多待到深秋就得回草原过冬。到时候，我军衔尾急袭，可操必胜。之后，我勤练士卒，等明年开春之后集结重兵扫荡草原，永绝蒙古之患！"

金卫绍王完颜永济连连点头："爱卿说得甚是。"

徒单镒此言一出，参政知事梁镗却立刻表示反对。梁镗是汉人，自然不愿女真人将蒙古人放进华北和中原——华北与中原是汉人聚集之地，若蒙古铁骑被放进来，汉人必遭惨烈战火和兵灾，因此他希望女真人能顶在前面抵挡蒙古人，越前越好，越久越好。于是，梁镗说："微臣愚见，此计甚是不好。现在战争刚刚开始，还只是一场试探性的战斗失败，不能就如此大规模撤退：这样不战而退，必军心大乱、民气大沮；这样示弱，不战拱手将如此肥沃的疆土送给敌人，虽然我大金地域广大，也如割肉伺虎，虎将日强，我将日弱，如此败亡无日矣！"

金卫绍王完颜永济连连称道："梁爱卿说得有理。"

殿上群臣顿时面面相觑，心知"这皇上内战内行、外战外行，是个十足草包"。

徒单镒心中忧虑，又出班奏道："还有一事上奏。微臣冒死进言，辽东乃我大金龙兴之地，但我大金根本与我中都相距甚远，彼此联系不便，消息阻塞。如今，蒙古属地极广，东已与我辽东接壤，蒙古军极有可能分兵攻我辽东。战事一起，我辽东军兵臣民若得不到朝廷及时旨意，便会手足无措，不敢擅自决断。如此，必耽误大事，自招兵败。所以，请皇上在辽东设立行省，以大臣镇守，方可无虞。"

徒单镒是足智多谋之士，确能料敌先机，因为第二年铁木真就派遣者别、木华黎攻取辽东。但是，徒单镒如此人物，金卫绍王完颜永济却不能用之，徒唤奈何。

　　当听到徒单镒建议重视辽东防守，金卫绍王完颜永济怒了："爱卿，你未免太胆小懦弱了吧。我大金精兵何止百万，那铁木真不过十余万兵，他来攻我西北已尽全力，哪里还有力量再攻我辽东。若无事在辽东突设行省，只会扰乱军心民气。爱卿休要再提这些！"徒单镒只好闭口不言。

　　后来，蒙古军果然轻取辽东。

　　于是，当天的殿上之争什么结果都没谈出来，大家不欢而散。

　　最后，谁都没有想到，结束金国君臣痛苦的战略争论的竟然是铁木真。原来，这边金国还在激烈地朝廷争辩，那边铁木真在乌沙堡大捷后已休整完毕，开始派遣大量小队骑兵试探"口外三州"金军的虚实。蒙古骑兵到处骚扰，一时间金军防线风声鹤唳，四处报警。这时，金军前线统帅独吉思忠已经被撤职，只是暂留军中戴罪立功，而副帅完颜承裕升为主帅统率全军。不过，金国人没有想到的是，如果说独吉思忠是个庸才的话，那完颜承裕简直就是个饭桶——一见前线到处报警，完颜承裕立刻命令大军放弃"口外三州"，撤回野狐岭关隘防守。完颜承裕害怕蒙古军绕过三州直取野狐岭，然后直接攻击中都，所以他决定放弃三州只守野狐岭，以挡住蒙古军的去路。

　　结果，四十五万金军扔下了一切，放弃了"口外三州"坚固的城池，扔下了三州几十万勇健的百姓和群牧监无数的骏马肥牛，一口气逃回了野狐岭，只在昌州、抚州、桓州各留了一点守城部队给朝廷有个交代。另外，特别在群牧监所在的桓州，留下了汉军名将郭宝玉和他的五千汉人亲兵，借口是要保卫群牧监。原来，郭宝玉是金军中少有的能战之将，他所率的五千汉军全是他家族的亲属部曲，极其团结善战，一向被女真将领嫉恨。因此，完颜承裕借这个机会想把郭宝玉逼进死地，让这支汉人部队同蒙古军拼消耗。如此，可想而知，郭宝玉和五千汉军有多痛恨金国人拿他们当牺牲品的恶毒。不过，铁木真却没想杀郭宝玉，而是派与郭宝玉私交极好的亲家汪古部大汗阿剌兀思汗前去劝降。当时，"成吉思汗礼贤下士，为人忠义"的事迹早就流传到漠南草原，而身为金国边将的郭宝玉早有所闻。结果，阿剌兀思汗一引路，郭宝玉和五千汉军二话没说就全部投降了蒙古军，反而成了蒙古军的一支劲旅。后来，郭宝玉也成为蒙古军中一代汉族名将，家族后裔皆世代公侯。

郭宝玉投降蒙古还带去了一份重礼，这就是他保护的金国群牧监五百万匹骏马。据史料记载，郭宝玉投降蒙古使得蒙古军一举得到了五百万匹骏马，军势大振。从此，金人骑兵几乎匹马难得，结果金军从以骑射起家的部队几乎退化成了步兵。后来，为了装备一支仅仅上千人的骑兵忠孝军，金国人连皇家的马匹都献出来了。

其实，流传至今的成吉思汗"倒土跑马上城"的故事也就发生在这时候，那是在蒙古军攻击兵力空虚的桓州、昌州、抚州"口外三州"时发生的。原来，铁木真见塞北土质疏松，方便挖出，即令全军将士每人挖出一袋黄土负于背上，然后选取一段城墙集中神箭手压制城头金军，谁敢在城垛露头就会马上吃上几箭。就这样，蒙古大军则轮流列队驰到城下，顺便扔下土袋堆积，如此便很快堆起一道土坡直上城头，然后蒙古铁骑便顺坡直上城墙破城。这就是有名的成吉思汗"倒土跑马上城"的故事。

"倒土跑马上城"的法子虽然略显笨拙，却生动说明了当时刚杀出草原的游牧民族面对农耕民族的坚城厚墙时的攻坚能力之弱，但同时也是蒙古将士一往无前的锐气、坚忍不拔的斗志和高超的战争智慧的真实写照。对此，后世史家有云："蒙古军攻势凶猛，野战世界无敌。完颜承裕没有孤注一掷，排出阵势跟蒙古人野外决战，也不敢困守三州城池，让出通向中都的道路，这种做法是有道理的。但是，他若是能一面以相对优势的兵力守住要道，如让二十五万左右兵力来防御野狐岭，同时在三州留下二十万兵力打城池防御战，倚坚城死守到底，那肯定会给蒙古人造成重大伤亡。如此一来，蒙古军前进则有金军主力横路，同时三州不克，后路堪忧。耗两个月到了深秋，成吉思汗粮草一尽，就只能退兵或者改道。然而，完颜承裕率全军直接退守野狐岭的做法，实际上是把三个富裕殷实满是粮食和人口的城池白白送到了蒙古人的嘴里，让成吉思汗下一步的进攻再无后顾之忧。桓州是金国群牧监之地，完颜承裕不战而退使成吉思汗轻易拿下桓州，取群牧监的军马数百万分给诸军，从此蒙古军势大振，而金人骑兵自此几乎枯竭。完颜承裕弃城退守也没有实施坚壁清野，以致很多物资被蒙古军所获。几十年无有大战磨炼，金军高级将帅之无能，竟至于斯。"

蒙古军夺取了昌州、桓州、抚州"口外三州"就打开了通往野狐岭的大门，兵锋直指野狐岭。但是，蒙古军对野狐岭的山势地形和守军部署一无所知，连刚投诚的汉将郭宝玉也不清楚，但他对野狐岭的概况知道得还是比别人多一些。

郭宝玉说："野狐岭有多种叫法，但最出名的还是野狐岭。由于这里野狐成群，当地猎人把这座梁叫野狐岭。野狐岭中的商路时而从山梁上横过，时而在幽深的山谷中穿行，山谷地势险峻、林密黑深、草深没人，常有恶狼出没伤人，来往商队行路艰难如同入狼窝虎穴，因此路过的商队又叫这里狼窝沟。野狐岭山口是张家口坝下通向坝上的咽喉地段，经常有呼啸猛烈的大漠劲风穿过，如同厉鬼怒号，因此老百姓又叫这里黑风口。可以说，野狐岭的每一个名字都透露出险峻和苍凉，而它提供了一个很重要的情况——进野狐岭的北山口又叫黑风口。黑风口上有一个山头突出扼住入山要冲，这个山头是野狐岭的北山嘴，盛产野獾，故名獾儿嘴。如果夺下獾儿嘴，就打开了横贯野狐岭的通道。"

见蒙古众将帅听得入神，郭宝玉又说了一件史实："大汗，历史上，野狐岭还有个名字——无穷之门。"

"哦，无穷之门？什么意思？"铁木真大感兴趣。

郭宝玉说道："大汗，中原有本古书叫《战国策》，里面记载了一千五百年前中原第一个骑兵统帅——赵国国君赵武灵王说服他的大臣同意他的军事改革'胡服骑射'时说：'昔者先君襄王与代交地，城境封之，名曰"无穷之门"，所以昭后而期远也。''无穷之门'是战国时期赵国开国国君赵襄子为防止'三胡'（东胡、西胡、楼胡）之一的东胡侵扰，保障边界安定，在代国（今河北张家口蔚县一带）北边野狐岭一带修建了名为'无穷之门'的军事要塞，而'无穷之门'的意思是'没有边际的未知世界'。赵襄子划定野狐岭为国境线，称为'无穷之门'，意思是这条线外是无穷的未知，故而在此停止对外开拓的步伐和东胡互不相扰。"

铁木真叹道:"可见山川险塞、河谷兵要,皆是古已有之。"

于是,铁木真又问木华黎:"木华黎,派去野狐岭的探马侦骑回来了吗?"

木华黎难过地说:"大汗,派出了百余骑最优秀的探马,但一个也没回来。"

铁木真说道:"不要再派探马了。野狐岭是金国人第一险要命脉,必是铜墙铁壁,近者必杀。我们先直进獾儿嘴,看情况而定。"

就在这时,一个传令怯薛进来禀报:"大汗,外面奔来一个带伤金兵,一定要见您!"

铁木真有点惊奇:"一个带伤金兵要见我?"

怯薛说道:"是的,大汗!这个金兵让我向大汗禀报四个字——'石抹明安'。"

铁木真腾地站起来:"快请进!"

据前文所述,耶律楚材和石抹明安相当于铁木真安插在金国的地位最高、最重要的两个密间。

很快,几个蒙古军搀扶进一个身材魁梧、面容刚毅却脸色苍白的金兵,只见他右肩和左腿上还插着两支羽箭。在古代,中箭受伤后,羽箭是不能随便拔的,因为大部分箭头都带倒钩,有的还浸了毒,不懂行的越拔伤越重,而军中拔箭由专门的打箭官负责。

这位金兵见到铁木真后躬身行礼道:"末将石抹也先拜见大汗。"

铁木真问道:"石抹明安是你什么人?"

石抹也先毫不迟疑地说道:"大汗,石抹明安是末将堂兄,耶律楚材是末将表兄。"

铁木真知道来的是自己人,毕竟知道耶律楚材和石抹明安的连蒙古人也没几个,这是他自己亲自掌握的情况。

铁木真欢喜道:"你是大胡子和明安的兄弟,那你就是我的兄弟。"

石抹也先顿感亲切,直接说道:"大汗,我带来了野狐岭的山川地形图和金军部署。"

蒙古众将顿时腾地站了起来,铁木真强压激动地说道:"地形图在哪里?"

石抹也先解下发带，半尺长的蓬松发丝垂了下来："大汗，请剃去末将的头发，地形图文刺在我的头皮上的。"

铁木真听完不再多言，只说了三个字——"打箭官"。

木华黎立刻招来最好的打箭官，取下了石抹也先中的两支利箭。

铁木真没有急着看地形图而是先让打箭官取箭，这让石抹也先甚是感动。

待包扎好了箭伤创口后，铁木真看着石抹也先点点头："剃发！"

军中发匠将石抹也先的头发一绺绺剃下来，当剃到两分长时已能隐隐约约看到头皮上有些黑色的纹路和字迹，于是发匠又将头皮上最后的发茬刮净，直到露出青白色的头皮。这时，一幅极其清晰的黑色地形图和五个字显现在了石抹也先的头顶上。

铁木真问塔塔统阿道："写的什么字？"

塔塔统阿默然片刻，说道："决战野狐岭！"

铁木真立即命令画匠描下石抹也先头顶的文刺图[①]。片刻工夫，画匠在羊皮上描下放大了的野狐岭山川地形图。

石抹也先指着这地形图道："大汗，请看，野狐岭内有九峰、十八岭、二十七壑、七十二沟，最紧要之地为北山口。北山口是野狐岭的门户，而北山口的要害就是獾儿嘴。因此，要破野狐岭，先打北山口；要占北山口，先夺獾儿嘴。"蒙古军众将不禁点头。

铁木真看着石抹也先道："金军有多少人马防守野狐岭？"

石抹也先毫不犹豫地说道："金国能抽调的良将精兵已尽在野狐岭，有四十五万人马。"

蒙古军众将皆激奋，然后群起而争，纷纷说道："我打先锋！我打先锋！"

这时，木华黎缓缓站起，正色道："敌众我寡，不拼死力战，不可破也！我打先锋！"

铁木真并不多言，只是看着木华黎点了点头，于是众将皆静了下来。

铁木真又问石抹也先道："金军如何部署？"

---

①古代军中的画匠就相当于现代的照相机，都有一手写实的好画功。

石抹也先说道:"大汗,金军十万最精锐的部队部署在野狐岭北山口和獾儿嘴以阻塞要道,其余三十五万分布在九峰十八岭各个山头上设寨据守。我堂兄石抹明安带的两万契丹军就在北山口二线据守,他要我告诉大汗他将见势而为。"

铁木真点点头道:"金军这是布的挨打阵。"

原来,金军如此布阵,是认为自己有兵力优势,而蒙古军只长于野战骑射会弃马上山,这样就可以发挥自己的兵力和步战优势。就是说,蒙古军的马匹不能登山,只要其弃马攻山则骑射优势尽失。

铁木真看着木华黎道:"木华黎,这次要步战攻坚了。我把忙忽惕部、兀鲁兀惕部和巴鲁营调给你。"

忙忽惕部、兀鲁兀惕部是蒙古最善战的两个古老部落,而巴鲁营则是铁木真从各部中挑选出的一千名勇士组成,"如厮杀则教在前,平时则做护卫",即他们是怯薛军中最为精锐的力量。

众将热血沸腾。

铁木真看向石抹也先道:"你打算怎么办?"

石抹也先说道:"大汗,我献完图后就留下来侍奉大汗。"

铁木真顿时叫好,说道:"你就留在我的怯薛军内做契丹千户!"

众将惊叹:"怯薛契丹千户,这可是无上奖赏了!"

就在蒙古军群情激奋、将士踊跃求战之时,金军在野狐岭决战中却进退失措。其时,由于驻扎四十五万大军于野狐岭,金军不敢北上支援抚州作战,但乌沙堡、乌月营、"口外三州"的丢失,尤其是铁浮屠的覆没,这一连串的惨败却让金军主帅们患上了"恐蒙症",十分消极被动。正因为如此,金军主帅们只是将大军分散部署于野狐岭各险要处,以消极防御。

其实,金军不但在蒙古军攻打乌沙堡、抚州时不敢前去救援,甚至在整个战役期间金军都是各自为战、互不呼应、消极防守,结果导致决战前的连续失利,从而使金军将士的"恐蒙症"越发严重。

当时,野狐岭一带的地方豪绅在当地声望最高的豪绅威宁城王刘伯林带领下前往劳军,这些人都是本乡士绅,他们当然指望完颜承裕守土保境。于是，刘伯林表态"只要金军好好打，要钱有钱，要粮有粮，要人有人"，同时他们可以组织乡勇直接参战。不过，没想到完颜承裕听完后却问了一句："这里到宣德府有什么隐秘小路吗？"

这群豪绅从军营出来后不禁破口大骂，刘伯林叹气说："完了，还没开战就想着逃跑，金军败定了。"

在蒙古军刚破抚州掠夺财物时，金军中的契丹军师建议主帅完颜承裕道："蒙古军正纵马大掠野外，宜趁其不备以轻骑掩杀之，可操必胜。"

完颜承裕却拒绝道："此危道也，宜马步俱进，是计万全。"死抱着马步协同的教条作战，结果马步俱进的后果就是全军分散部署于野狐岭一带消极防御。

最后，十万蒙古军向着四十五万据险防守的金军猛攻而去的山地攻坚战打响了。

蒙古成吉思汗六年（1211）八月，决定蒙金两个大帝国命运的野狐岭（今河北张家口万全境）大决战开始了。

这场惊天动地的大血战，从清晨一直打到下午才分出胜负。战斗开始时，十万金军在野狐岭北山口竖起一面面高大的盾牌，直接把山口堵得死死的，密得连只蚂蚁都爬不过去，以减轻蒙古军最厉害的武器——弓箭的杀伤力。同时，北山口的制高点獾儿嘴陡峭的山坡上更是密密麻麻地站满了金军，真可谓是"刀枪如林，剑戟如麻"。

木华黎所率前锋有三万人，外加蒙古军最精锐的兀鲁兀惕部四千人、忙忽惕部四千人和巴鲁营的怯薛军一千人做最后的预备队。"蒙古四狗"之一的猛将忽必来手擎铁木真亲授的苏鲁锭大军旗，站在主帅木华黎身旁。

铁木真授旗之时，木华黎亲口立誓："不胜不归！要么把苏鲁锭插在獾儿嘴山头，要么让他们抬着我的尸体见您！"

进攻开始时，六百匹骆驼从蒙古军大阵中冲向金军阵营，奔到离金军三百步时骆驼一起停下，然后骆驼兵按下发机——由动物皮筋制成的扭簧——将一块块棱角尖锐的拳头大小的坚石抛向金军阵容。原来，这是蒙古军征西夏时从泼喜军那里学到的新武器，也就是骆驼扭力投石机。

就这样，只听得满天的飞石穿空之声，然后一块块坚硬的石头从天而降，砸得金军头破血流、断手断脚。金军一片片倒下，余者躲到盾牌之后越挤越密，都不敢出阵反击——实在是不敢与蒙古军野战。蒙古军的骆驼兵一连齐放了十次石头，直到抛光了所有的石头为止。

蒙古军骆驼队的石头抛完后，只见者勒蔑和者别带了一万蒙古将士从骆驼队后冲过来，跳下马挥舞着刀枪冲向金军阵中，然后步战登山肉搏。金军大吃一惊，他们怎么也没想到蒙古军竟敢弃马步战，但还未等回过神来蒙古军将士已经冲进了金军阵中开始大砍大杀。于是，金军只得拼命抵抗，山坡上到处都是刀枪入肉的"扑哧"声、垂死挣扎的惨叫声和野兽般狰狞的喊杀声以及兵器碰撞的叮当声。

当时，蒙古军全是百战勇士，只知道必须要取得胜利，便毫不畏惧死亡。但是，多年未经大战的金军就没了这股气势，他们第一次看到满地的头颅乱滚、肠破肚开和鲜血四溅的战场惨景，个个都吓得手脚发软、头皮发麻。在蒙古军的狂攻下，金军一排排倒了下去，直接杀退了两千步。不过，金军人数众多，倒下一排又上一排，而蒙古军毕竟人少，前锋的刀锋渐渐变钝。于是，蒙古军攻不动了，两军开始僵持。见此僵局，木华黎又遣上速不台和赤老温各带五千人马冲上去增援，而金军前军统帅完颜九斤和监军完颜万奴也前后去督战。其实，此战金军最愚蠢的地方是只有北山口十万人在与蒙古军死战，其他各军自守山头且又联络不便，使得金军空有兵力优势却没有起到半点作用。

金军分散部署于各险要处，就是想削弱蒙古军的运动分割能力和马战功夫。但是，由于山路所限、地势险要，金军彼此之间难以互相支援、联络，因此金军如此部署确实不必担心被蒙古骑兵分割包围，但也使得他们自己把自己分割了。

金军之所以在野狐岭如此部署，就是吃定了蒙古军不擅长步战。但是，金军万没想到蒙古军悍不畏死，下马步战照样锐不可当。——说到底，在冷兵器时代，只要不怕死，打起来就赢了一半。

速不台和赤老温带一万人马投入战斗后又厮杀了一个时辰，将金军杀退了三千步，冲上了獾儿嘴半个山头后也攻不动了。

木华黎见状大呼道："敌众我寡，非死战不能取胜。拼命吧！"

于是，木华黎遣上了最后的一万人马和勇将术赤台率领的四千兀鲁兀惕部、合答黑带领的四千忙忽惕部勇士，而他自己亲率一千巴鲁营怯薛军敢死队策马横戈、冲锋陷阵。同时，"蒙古四狗"之一的忽必来手擎苏鲁锭大军旗紧随其身旁。

战场之上，忙忽惕部勇士、兀鲁兀惕部勇士和巴鲁营怯薛军冲锋在最前列，而这三部中各有一千名勇士身着一种青蓝色战甲——其刀枪不入、箭矢不进。原来，他们身着的都是克夷门之战中缴获的西夏军冷锻瘊子甲，而蒙古军将这种最好的战甲集中起来专门留作冲锋之用。

兀鲁兀惕部、忙忽惕部和巴鲁营怯薛军这三部九千勇士都是从小在刀枪丛中长大，可谓是"钢针刺眼眼不眨，钢刀砍头腰不弯"的好汉，个个都是以一当百的勇士。当这九千蒙古军最精锐的主力投入战斗后，本来已经极感吃力的金军再也支撑不住，战线被一段段突破，已显示出崩溃的迹象。战场上，金军人头滚滚落地，而忙忽惕部和兀鲁兀惕部的黑花两色军旗以及巴鲁营的狼头军旗却节节向前，蒙古军的喊杀声更是惊天动地。这时，木华黎和忽必来带领一千名巴鲁营的勇士直攻獾儿嘴峰顶。木华黎一瞥之下，只见一员金将正在不远处指手画脚地调兵遣将，于是几步抢上前去一矛将这个金将搠倒在地。金军顿时大乱，原来此人正是金军前军主帅完颜九斤。就在此时，忽必来也砍翻了另一边的一个金将，即前军监军完颜万奴。

在连续失去了两个主将后，本来就已抵挡不住的金军终于全线崩溃，开始向后逃命。此时，金军中的契丹军大呼"反啦！"，并开始截杀前线逃下来的溃军。原来，石抹明安见时机已至，断然率部反出金军投靠了蒙古军。

契丹军的反叛给了獾儿嘴前线金军最后的致命一击，使得金军想逃跑都无路可走，只好纷纷跪地投降。

木华黎和忽必来冲上獾儿嘴顶峰砍倒金军大旗，将苏鲁锭大军旗立在了山巅之上。

此时，战场上还在抵抗的部分金军见此，纷纷流矢如雨般射向苏鲁锭大军旗，而一支流矢不偏不倚地插进了忽必来的咽喉。就这样，忽必来手握苏鲁锭大军旗站立在山巅"魂归长生天"，战死在了胜利来临的时刻。

当苏鲁锭大军旗竖立在獾儿嘴时，战场上的战鼓已如雷鸣一般响起，喊杀声惊天动地。这时，铁木真率全军发起了总攻。

前线蒙古军更是欢喜无尽："大汗来了！大汗来了！"

野狐岭大门北山口就这样打开了。蒙古军主力直接策马冲上山口对金军发起了总攻，然后冲向了各路金军的身后。野狐岭据守各处山顶山岭的金军心知不妙，都惧怕被截断后路，纷纷开始放弃阵地逃跑。时已日暮，满山血腥的野狐岭雾霾四起、薄暮如纱，逃跑的金军夺路而逃时因视线不良不辨敌我、自相残杀，其状惨不忍睹。

铁木真登上獾儿嘴山顶，只见忽必来双目圆睁却掌旗不倒，不觉大恸，并流泪道："可惜了我的一员忠狗！"獾儿嘴一战，蒙古军亦是伤亡惨重——伤亡一万多人。

然后，铁木真又对满身血污的木华黎说："他日底定桃花石（中原），你当为桃花石（中原）之王。"

木华黎看着獾儿嘴的尸山血海，叹了一口气："我们赢了，大汗当穷追不舍。今日金人气势已沮，我军当乘胜追歼，不给金人喘息的机会，不留后患。"

铁木真点头："木华黎，血战竟日，你且率部打扫战场，休整一夜。我先率军追下去，你明日再追上大队。"

于是，铁木真又令二弟合撒儿率军两万为先锋在前开路，他自己则亲率主力随后而行，沿山中大道向金军主力直追而去。

当然，金军中也不是完全没有能战之将的。这时，天色近黑，金军勇将应奉找到主帅完颜承裕道："蒙古军穷追不舍，我们必须有一军断后挡住盟军，主力方可逃脱。"

完颜承裕忙说："如你愿意断后，我给你五万人马，回中都后外加请功。"

应奉惨笑道："国家大难将至，野狐岭只是个开头。我也不需要什么功劳，你们善待我的妻儿吧。"

完颜承裕连连点头："好的好的，一定好好照顾你妻儿。你赶紧点兵去挡住成吉思汗！"说完便打马跑得看不见影子了。

应奉长叹一口气，只见大路上金军三五成群毫无队形，或丢盔弃甲，或倒拖旗帜，一片狼藉，只顾着拼命后撤。

应奉知道，靠这样毫无士气的败兵是不可能打仗的，于是竖起"应"字大旗站在路边一块巨石上不停大呼："愿与我应奉同蒙古军拼死决战的留下，其余的赶紧撤走！"

夜色中，不断有三五成群的金军奔到不停大呼的应奉身边。等大道上人流稀疏时，应奉已聚起万余人马，再加上他自己的本部一万人马，共有两万余人列阵待战。

一会儿工夫，合撒儿率两万蒙古军先锋追了过来，见一大群金军在夜色中挡住去处不禁大怒，当即驱动兵马上前接战。交战片刻，合撒儿便吃了一惊，原来这群金军悍不畏死、甚是强劲。合撒儿不摸底细，又因夜色已浓，交战双方不辨敌我，一会儿就自然分开了。

当铁木真率主力赶到，合撒儿上前报告情况。铁木真策马上前，只见这群金军阵形严整，夜色中透出一股凛凛杀气，说道："此断后死士也，求死之军，不可与之战，可绕过之。不与之战，其气自懈，破之不难。不理，走！"

其时，蒙古军分作两队，从应奉军两侧迂回而过，继续前行追击。

片刻之后，蒙古军过尽。应奉面对夜色中空无一人的大道，面无人色地叹道："成吉思汗真神人也，知我为敢死之师，竟不与我战。如今，我军气势已懈，不可战矣。成吉思汗不理我等羁绊，轻装前进，必能追上我军主力。我们就不必抢着去送死了，赶紧绕道回中都，而成吉思汗消灭我军主力后必定前去围攻中都。我们就去保卫中都吧。"

于是，应奉率军绕道退回中都，所部两万人成为野狐岭之战四十五万金军中唯一一支全师而退的军队。

果如应奉所料，蒙古军衔尾直进，很快将野狐岭残余的二十余万金军主力包围在了浍河堡。战斗进行了三天，二十余万金军挤进了小小的浍河堡，粮水皆无，而出来抢水的金军皆被满天的利箭射死在浍河水边，以致河边的死尸积了一人多高。三天之后，断水断粮的金军冒死突围，没有任何悬念地被蒙古军全歼在浍河之滨，仅有主帅完颜承裕和独吉思忠率百余人逃走。

惨烈的野狐岭之战就此落幕，五十万金军主力全军覆没，从獾儿嘴起遗尸百里。几十年后，西方传教士路过野狐岭时还见到路边到处是金军累累白骨。

经野狐岭一战，金国百年集聚的军力于此战丧尽，金国大部分名将精兵皆于此役丧尽。从此，金国再也没有能力聚集起一支中央战略机动部队遏制蒙古军的行动，辽阔的华北、东北这些中原大地只能由蒙古军予取予夺了。

金国的覆亡，即从野狐岭战败起。

第二十八章　铁蹄任纵横（上）

中都，即今北京，古称燕京，金国都城。北宋徽宗年间联金抗辽（海上之盟）时，金太祖耶律阿保机亲自领兵攻取燕京，还给了宋人"幽云十六州"中的九州。其中，燕京亦在九州之内，于是北宋改燕京为燕山府。但是，金国很快又夺走了燕京，先后设置枢密院和行台尚书省。

金国著名的荒淫皇帝海陵王完颜亮弑金熙宗完颜亶后即位，于金天德三年（1151）四月颁布诏书决定自上京（今黑龙江阿城南白城子）迁都燕京，并任命张浩、苏保衡等营建都城。其中，新的都城参照北宋都城汴京（又称汴梁，今河南开封）的规划和建筑式样修建，即在辽国南京（今河南开封）的基础上再在东、西、南三个方向往外扩展，前后动用了民夫八十万、兵士四十万共计一百二十万人，历经两年，始告完成。

金国仿照辽国共设五个都城，除中都外，还有四个陪都——南京开封府、北京大定府、东京辽阳府和西京大同府。其中，后三个陪都就在辽国的中京大定府、东京辽阳府和西京大同府的原址。

新都建成后海陵王完颜亮正式迁都，改燕京为中都，府名大兴。同时，又确定以汴京为南京开封府，改辽中京（今内蒙古宁城西大名城）为北京大定府，加上西京大同府（今山西大同）和东京辽阳府（今辽宁辽阳），共为四京，以备巡幸。

为了逼迫金国人迁都，海陵王完颜亮将原居住于上京的宗室和女真猛安谋克人户迁至中都以便控制，防止宗室贵族威胁其统治。为断绝宗室贵族退路，海陵王完颜亮又将上京的宫殿、贵族府第一律毁弃。

实际上，迁都燕京是海陵王完颜亮一生中少有的明智之举。中都如其之名，正位于金国的腹心正中，以其首屈一指的地理位置、稠密的人口、丰饶的出产从迁都起一口气保住了金国六十多年的太平，直到铁木真横空出世带领蒙古军踏平野狐岭。

在野狐岭和浍河堡大败后，金军主力全军覆没的消息很快传到了中都。一时间，中都城内立刻大乱，百姓三五成群地交头接耳传播各种小道消息，大小文武官员知道内情更多的更是惶恐无比。

谁都知道，短短几天内，近五十万最强的金军精锐已经丧失。如此，金国不但失去了辛苦经营百年才集结起来的军力，而且根本无法再重建一支能抵挡蒙古军的军队。与此同时，最坏的是金军主力丧失后，现在从蒙古军到中都之间仅有一道天险居庸关可以勉强阻挡一下，但这时金国已经完全没有机动兵力可调，只好挖肉补疮从山海关调动三万守军增援居庸关守将完颜律明，以期他能守住中都的门户。

但是，这时铁木真却并未急于东进。

野狐岭和浍河堡大战后，铁木真甚至在认真考虑是否撤军草原，等来年再来攻金。这一仗灭掉金军精锐五十万，金军战略机动主力烟消云散、斩杀殆尽，俘获的金银财宝、马匹绢帛、粮草辎重数不胜数。最关键的是，这一仗杀得金国人魂飞魄散、军威扫地，打出了蒙古军的八面威风，以致金国人听到"蒙古人"三个字都要打哆嗦。所以，铁木真在想是否见好就收，再说这这场大战蒙古军的伤亡也颇重，亟须休整。

铁木真对众将说："我打算大掠一番，把俘获的人丁财物都用大车运往和林，还要拆掉这些城池的城墙、填平护城河，暂且退出长城回草原休整人马。等再过一年——长城内的这些百姓勤劳，又会有新的收获——我们再入关进行新的破坏、劫掠，如此反复几年，我们就能放干金国的血水，掏空它的五脏！"

"大汗说得对！"蒙古众将纷纷说道，甚至连木华黎也赞成铁木真的想法，因为铁木真提出来的战法就是自古以来游牧民族对农耕民族最有效的传统劫掠战术。

但是，刚投靠铁木真的石抹明安提出了不同意见，说："大汗三思！金国有天下十九路，我们现在不过刚占两路，仅云中东西而已，而金国毕竟是百年大国、根基深厚，所以现在我们必须乘胜追击，多破城池，大加扫荡，否则等金军缓过气来调取各地兵力固守北疆，那时候我们再打就麻烦了。同时，这一带的老百姓多为汉人和契丹人，忍受金国的暴政已久，早已义愤填膺，不过是敢怒不敢言，实际上早有反意，所以只要我们现在举兵临之，其必纷纷归附于我。"

这时，汉人将领郭宝玉也说道："大汗，明安说得对。今金人丧胆，主力丧失，我们正好趁热打铁继续攻击，乘胜扩大战果。特别是附近各汉人、契丹人豪强和百姓与金廷离心已久，如威宁城主刘伯林，其为人忠厚、爱惜民众，兼又晓畅军事，与末将知交多年。臣愿领一军前去招降刘伯林，以为榜样。"

铁木真将信将疑道："你要带多少人？"

郭宝玉说道："大汗，不需多，百人足矣。"

蒙古众将皆感惊愕，毕竟威宁城也是著名的边塞重镇，而郭宝玉竟只带百人前去，这胆子也太大了。

铁木真深沉地看着郭宝玉："我给你一百勇士，任你挑选。"

郭宝玉说道："大汗给我一个百人队就行，十天即回。"

郭宝玉走后，蒙古众将半信半疑。到第十日午间，众将仍不见郭宝玉的影子，不禁议论纷纷，都说这郭宝玉立功心切，怕是就此把小命送掉了，只可惜了一个蒙古百人队。不过，众将正叹息间，只见北方远处烟尘滚滚，早有探马报来——"郭宝玉将军带着威宁城投诚的刘伯林将军一齐回营了"。

铁木真看着顶盔戴甲的刘伯林，只见刘伯林身材高大、面如重枣，极有名将之风，又见他带来的孙子刘黑马少年英俊、生气勃勃，更是十分欢喜。

铁木真问刘伯林："金国给你什么官？"

刘伯林说道："千户都提控。"

铁木真笑道："那我也封你蒙古千户长吧。你手下有多少人？"

刘伯林说道："大汗，我手下有兵勇五千人。"

铁木真想了想，说道："这样吧，你从五千兵勇中精选两千精锐单立一军，并入我蒙古军之中随军征战。等他日里打到三万、四万人马，我就封你做万户长！"

刘伯林自是感激不尽。后来，刘伯林功勋累累，果然被封为蒙古铁骑重要组成部分之一的"汉军三万户"之首——兵马副元帅，死后封秦国公。

刘黑马随祖父刘伯林征战四方，战功赫赫，得封都元帅，世袭万户。不过，据《元史》记载，刘伯林、刘黑马二人为汉族，且为父子。——2009年，西安考古发掘无意中发现了刘氏家族墓地，找到了刘黑马的墓志铭，才知道刘伯林、刘黑马乃辽太宗耶律德光之后。辽国灭亡后，为避祸才改姓刘。就是说，刘伯林、刘黑马二人实为祖孙，且为契丹人。

铁木真又看向郭宝玉，沉默良久后方才言道："你很好，可以做我的伴当。"

郭宝玉深受感动，他知道"伴当"是伙伴之意，比大将、勋贵更亲一层。后来，郭宝玉随铁木真南征北战，献计献策，立功无数，被铁木真封为札鲁忽赤（断事官）。同时，郭宝玉的孙子郭侃更是蒙元名将，随铁木真的孙子旭烈兀西征，在西亚、中亚攻下了七百二十多座城池，被当地人称为"东方的天将军"。

郭宝玉劝降刘伯林的喜悦还没过去，更令人高兴的消息又传来了，原来术赤、察合台、窝阔台三子在草原分兵五万作西路军攻打西京（今山西大同）大获全胜，前来会师。西路军将金将胡沙虎打得抱头鼠窜，扫平了西京周围十多个州县，夺下了西京城。

铁木真看着三个儿子喜不自胜，询问征战经过，三子也不隐瞒地和盘托出。原来，在术赤、察合台、窝阔台三子领兵五万准备攻打西京之时，术赤说："如果直接攻打西京，周围十多个州县驻军必会来援，那就要处处接战，十分被动。西京城墙坚厚，守兵众多，急切之下必难攻取。我们不如先分兵攻取西京周围的云内、宣州、武州、宁州、东胜等十余个州县，然后再合围西京，必一举攻取。"

　　这次出征是"蒙古三子"首次共同出征，铁木真的想法就是让三个儿子在战争中培养和加深兄弟感情，弥合他们之间的分歧。至于四子拖雷，按照蒙古的习俗是幼子守产，那是铁木真要一直带在身边协助管理皇朝内部军政事务的，所以拖雷在父亲身边所学军政精华最多。后来，蒙古人公认拖雷是最像铁木真、最擅战的皇子。

　　不过，这次"蒙古三子"首次共同出征虽然打了胜仗，但长子术赤和次子察合台之间的矛盾却是根本无法弥合的，其中原因之一就是术赤的出身问题。察合台认为有术赤这个血统不明的兄长的存在是家族的耻辱，让家族面上无光。察合台性格倔强，认准的事就绝不回头，而起因是幼年时族人对大哥术赤的出身问题指指点点，这让他认为这个兄长的存在是自己无比自豪的家族的最大污点。术赤虽然身形高大威猛、勇武绝伦，但实际上是一个十分柔软、慈和的人。后来，中亚历史学家认为，术赤是成吉思汗四个儿子中对百姓最宽厚、最仁慈的一个，他治下的百姓甚至称他为"好汗"。术赤本来就为自己的出身不明而惭愧难受，而察合台对他的态度就更让他很是痛苦，时间一长自然就对察合台还以恶眼。

　　其原因之二就是牵扯到铁木真家族下一代的权力之争：术赤若成为大汗，察合台就不会有好日子过；术赤若成不了大汗，察合台便是大汗。因此，察合台拼命跟术赤作对，即使他自己不能做大汗，那也不能让术赤做大汗，而从小就与术赤极度交恶的他深知这其中的利害。所以，察合台总是尽一切可能拆术赤的台，而术赤自然也对察合台痛恨不已。在铁木真身边的时候，术赤、察合台兄弟二人还不敢明目张胆反目，还要做些掩饰，但离开父亲身边后彼此的敌意就完全暴露了。

　　其实，作为三弟的窝阔台深知，他若偏向术赤、察合台两位兄长中的任何一人就是另一人的敌人，这样都有百害而无一利，反之两位兄长相争，他保持中立则受益无穷。当然，窝阔台也知道术赤、察合台两位兄长的争斗，最终的本质就是大汗的继承人之争和权力斗争，因此他自然不会去参与其中。

　　果然，当术赤刚说完"先扫清西京周边州县，再一起围攻西京"的部署，察合台马上说道："那打下西京的功劳算谁的？"

其实，察合台知道术赤的部署是对的，但只要是术赤所说，他就是一定要抬杠的。

术赤怒道："那你待怎的？"

眼见两个兄长就要怒目相向，窝阔台连忙劝解："这样，我们兄弟三人各挑几个州县攻打，然后集中到西京城下会攻，谁先到西京，功劳就算谁的。"

窝阔台见两位兄长脸色稍有和缓，又笑道："这样，我们兄弟三人还可赌个彩头，每人拿样真正的宝贝出来，后到西京的两位兄弟必须把宝贝输给先到的兄弟。"

术赤道一声："好，我把我的大猛王象战号拿出来！"

窝阔台惊诧不已，心想："啊，大哥竟然连大猛王象战号都拿出来赌了！"

原来，这大猛王象战号是术赤当年征服林中百姓时林中百姓献给他的。据说，有一年天气非常温暖，积雪融化后导致河岸崩塌，露出了一个比房子还大的长毛猛象尸体，浑身长毛垂地，一对獠牙有十尺长、二尺粗。林中百姓从未见过这种大象，最有见识的萨满说"这肯定是传说中创世神的坐骑大猛王象升天后留下来的遗蜕"，于是林中百姓就恭敬地用这大象的獠牙制成了一对号角——镶金嵌银，缀满宝石，华丽无比，吹起来声震天地、威武雄壮，只有大战时才舍得用，号称"大猛王象战号"。术赤将这对大猛王象战号进献给父亲铁木真，但铁木真只收了一只，另一只又赐还给了术赤。术赤能拿这种宝物出来赌，可见其内心已稳操胜券。

看到术赤拿出了大猛王象战号，察合台鼻子里面哼了一声："我把我的汗血宝马拿出来赌！"

听到察合台拿出了汗血宝马，窝阔台不禁又是一声惊叹。原来，这汗血宝马出在中亚的群山之中，数量极少，据说死一匹才能生一匹。此马高大神骏、奔驰如飞，比普通的马背高出一尺、长出一尺，号称"马中之王"，特别是其汗出如血、片片殷红，极是不凡，又称"天马"。据说，千年前曾有一位汉人大帝（汉武帝刘彻）索此马而不得，一怒之下竟派数十万大军万里征伐，灭国夺马。察合台把自己的第一爱物汗血宝马拿出来赌，那自然也是志在必得了。

窝阔台见两位兄长都拿出了自己的至爱做彩头，他也豪气顿生地说："我拿我的舍施尔宝刀——星月之光来赌！"听到窝阔台拿出了星月之光，术赤和察合台亦不禁动容。原来，"舍施尔"是波斯一种宝刀的名称，意思是"狮子尾巴"。这种刀长三尺许、宽一寸许，"十"字刀护，象牙刀柄，锋利无比。由于这种刀制造工艺极其烦琐，成品极少，因此每一柄都是罕见的珍贵之物。窝阔台的这一把刀更是珍贵中的珍贵，因为这把刀世间只此一柄，据说打造这把刀的材料非人间所有，是一整块长生天中飞下来的陨铁。这把刀锋利无比，削铁如泥，刀身上布满了群星一样闪烁的银色光点，故名"星月之光"，实乃世间罕见的奇珍。窝阔台自从得到此刀后，便一直佩带在身边，须臾不舍离身。

于是，兄弟三人分别挑选了自己所要攻打的州县，但奇怪的事情又发生了——窝阔台竟然挑了距离西京最远的西北方的东胜等州，而把离西京较近的云内、宣州、武州、宁州等州县留给了两位兄长。术赤和察合台不知窝阔台怎么想的，摇摇头各领一军走了。

术赤和察合台一阵大动干戈、强打硬攻，终于爬城攻下云内、宣州、武州、宁州等十多个州县，特别是攻占云内更是让蒙古军大赚了一笔。原来，云内也有金人的一个群牧监，养马数十万匹，自然都落入了蒙古军之手。

这一日，术赤和察合台分别扫清外围州县后急急赶到西京城下，却见城下蒙古军旌旗招展、鼓角连营，却是三弟窝阔台已经先到了。

术赤和察合台颇为不解，东胜诸州县要远五百里，窝阔台是怎么打的呢？

窝阔台大笑："两位兄长所攻州县离西京近，守军防备必严，定需强攻，须耗费时日，而东胜等地距离遥远，必防备松懈，于是我昼夜兼程偷袭，守军猝不及防，便毫不费力就夺下了东胜这些州县。"

术赤和察合台再无多言，传令取出大猛王象战号和汗血宝马交与窝阔台。谁知，窝阔台敛色道："兄弟戏言，何须当真！两位兄长爱物，小弟怎能收之？"于是坚辞不收。

见此情景，术赤和察合台不禁对这位三弟窝阔台暗自钦服。

术赤、察合台、窝阔台三位皇子会合后，蒙古军更加声威大震，开始猛攻西京城。蒙古众将个个身先士卒、领头攻击，特别是老将镇海冲在最前面连中四箭仍奋勇冲杀，自然蒙古军士气大振，杀得西京守军无招架之功。西京留守胡沙虎眼见不对，赶紧率七千骑出城向中都东逃。

蒙古军占领西京后奋勇追击，在安定县之北追上胡沙虎，双方展开大战，并从中午一直战到傍晚。胡沙虎丧胆，率亲随弃军奔逃，而七千金军全部覆灭。更可恨的是，胡沙虎奔逃路上做尽了坏事，每到一地便骚扰勒索：路过蔚州，强抢官银五千两和衣服、钱币等物，甚至夺取官员和百姓的马匹；入紫荆关后，甚至打死了阻止他抢劫的涞水县令。就这样，胡沙虎一路为非作歹地逃回中都，而金卫绍王完颜永济见胡沙虎上殿，竟不敢有任何斥责、惩罚。此后，胡沙虎更是嚣张跋扈，其凶焰愈烈。

石抹明安的劝谏，郭宝玉对刘伯林的成功劝降，三位皇子对西京和周边十几个州县的成功攻击，让铁木真确信金国看似庞然大物、坚不可摧，实则腐朽透顶、不堪一击。于是，铁木真改变了"见好就收"——退回草原的想法，决定乘胜攻击中都，打到冬天再另作打算。

铁木真开始率蒙古军扫清中都外围。九月，先攻下宣德府，而宣德亦为金国重镇。蒙古军攻下宣德后，将城内居民赶到城外，然后挨家挨户搜刮抢掠。宣德已经百年未遭兵灾，当地富户与百姓囤积甚厚，蒙古军收缴出来的金银珠宝、细软财物堆得满街满巷。铁木真进城检视，但见城内甚是阔大、街衢宽敞，直可以打马奔驰，又见城郭壮丽、高楼耸峙，大为开怀地对诸子、众将道："桃花石（中原）之富庶，果然名不虚传。一座宣德府，便有如此之多的财货，而桃花石（中原）那数不尽的名城，该有多少宝贝等着我们去抢啊！"众人大笑。

十月，蒙古军又攻下缙山（今北京延庆）。缙山离中都只有一百八十里，中间只有居庸关屏障，为此中都军民已是一夕数惊。

这次者别抢到先锋官，与猛将古亦古捏克率两万骑前去攻打居庸关。临行前，铁木真执者别手道："居庸关素称天险，此去千万小心！"

军师木华黎亦叮嘱道："居庸关是中都西面最后一道屏障，两山之间只有一条蜿蜒曲折几十里的狭隘关道，其地山岭沟壑纵横。只要过了居庸关，就打开了中都大门，所以金军必定精兵良将死守此地，注意不要硬拼。"者别连连点头。

者别和古亦古捏克引军来到居庸关前。抬头看时，果然好一座雄关如铁，关上金军旌旗飞扬、剑戟如林、军容严整，便知这是训练有素之军；又见关上一将阔脸腮须、怒目圆睁，指着蒙古军痛骂不已，此人正是居庸关守将完颜律明。

者别便令前军试探攻击一次，但见蒙古军刚一靠近，关上便射出如雨箭矢，还推下大批滚木礌石。蒙古军前锋被打退，死伤甚多。金军见初战获胜，不禁士气大振。

者别和古亦古捏克对视一眼，均知强攻非取关之道，这样的打法不管死多少人也填不平此关，于是两人秘密商量一番。者别说道："可诱他战。"随后，古亦古捏克引一军而去，而者别却与众军于关前下马，搬出缴获的一坛坛美酒，然后用大锅煮熟大块大块的羊肉，痛痛快快地大吃大喝起来。关上金军兵将闻到顺风飘过来的酒肉香气，气得咬牙切齿，心里不禁骂道："这些蒙古野人也太不把金军放在眼里了！"

金军又见蒙古军人少，于是纷纷向主将请战。完颜律明见士气可用，信心大增，于是亲率五万金军杀出关外，呐喊着对蒙古军冲过来。正在大吃大喝的蒙古军见状，却立刻扔下酒肉，丢弃刀矛弓箭和诸多兵器，上马往后狂奔。完颜律明一路追赶，追杀了数十个掉队的蒙古军，更是士气大振。于是，完颜律明对副将说："真不知野狐岭是怎么败的，若换我统军，早已杀奔漠北了！"

金军这一追，转瞬就追出了数十里，追到了宣德府附近的鸡鸣山嘴。此时，忽见前方逃跑的蒙古军停下马来，转身列阵。完颜律明心知不妙，转身想走，却哪里还来得及，只见刚刚还在丢盔弃甲的蒙古军已个个如狼似虎般冲进金军阵中，与金军搅杀成一团。金军再也无法脱身，只好奋力死战，却不承想一通鼓响后一"九斿白纛"大军旗直冲上前，无数的蒙古将士冲上前来迂回于两侧，原来是铁木真收到者别传信后指引大军亲自前来助战。这一下金军如何抵挡得住，顿时大溃。完颜律明拼死冲杀才率领数十骑突出重围，而者别见状立刻跟进在后面狂追。完颜律明刚逃回居庸关，忽见关城两侧山中杀声震天，原来是古亦古捏克弃马上山攀岩爬壁绕到居庸关两侧山中向下杀来，再看身后者别一马当先率蒙古军狂奔而来，深知再也抵挡不住，只好带残兵败将弃关而走。随后，者别冲关而入，攻下了居庸关。

就这样，中都的大门向蒙古军敞开了。

蒙古大军驰过居庸关，铁木真将大营扎在了龙虎台，此地位于昌平以西二十里，就在中都门口。当晚，者勒蔑给铁木真献上一位名叫柔姬的汉人美女："启禀大汗，神婆已经验过此女，是个清白身子。"铁木真点头示意收下陪侍。

这时，铁木真已年过五十岁，攻下中都并俘虏金国皇帝已经是非常现实的诱惑。当然，铁木真也知道攻下中都这座金国都城的困难性，决定待机而动，先分兵五六路攻掠中都四方，至于中都城先让者别去进行试探性进攻，侦察一下这座金国第一名城的虚实。

当年十月初，者别率蒙古军前军进至中都附近。此时，金国各地援军纷纷上京勤王，其中曾建议在辽东设行省防备蒙古军攻击的上京留守徒单镒挤出两万人马，派遣同知乌古孙兀屯率领驰援中都，而泰州刺史术虎高琪也率领乣军三千人马于通玄门外扎营。

金国承平百年，中都军民忽见敌骑现于城下，城中已然大乱，到处呼儿唤女、哭爹叫娘之声，百姓四处奔走惶惶如丧家之犬。于是，金国皇帝卫绍王完颜永济只好一边下令中都城戒严，成年男子不许进出城门，一边召集文武百官廷议对策。这时，有谏议俞世昌等人提出弃守中都城，向南直奔汴京（今河南开封），理由是"蒙古刀锋已直指中都，但鞑子不熟南边地形，不服中原水土，去汴京可济一时之急，再作他图"。

大臣高耆年等人坚决反对："今日之事，唯有死守一路可行。如果逃离京城，敌兵随后追逼，我们将死无葬身之地。何况各地勤王之军正纷纷到来，依托坚城，我们大有与蒙古军一战之力。"

当然，金卫绍王完颜永济即使再昏庸，他也知道弃守京城的后果无异于土崩瓦解，于是同意守城的建议。同时，完颜永济下令中都城坚壁清野，寸草不留给蒙古军，又将城外居民阖家尽数迁入城中，固守待援。

其实，中都城是有坚守条件的——金国百年经营，坚固异常，有完整的城防体系。中都城分为内城、外城，其中内城正中为皇帝宫城，外城周长九里余，四周还修建有四座各周长三里的子城，各子城均建以楼橹城堞、粮仓兵库，同时各子城又有复道与内城相通，城垒坚固、壕深墙高，极利于调兵遣将、登城坚守。

这时，少数蒙古探马侦骑开始在中都城郊外活动。金军勇将完颜天骥率部出城杀了三十多人并将之驱逐，但刚离开大兴门三里便看到远处"烟尘漫天，鼓声震地"，立刻知道蒙古军大队人马杀到，只好赶紧撤回城内。当天晚上，者别率军在城外扎营。

据《南迁录》记载："至是，命京城富室迁入于东子城，百官家属入南子城，宗室保西城，戚里保北城，各分守兵四千人，内城两万人，凡市廛小民听其奔走。"后来，北京城"东富西贵、南贫北贱"的说法即从此始。

这时，大兴尹乌陵用章又督促守卒拆毁入城的桥梁，连百姓居住的房屋也拆掉了，尽量把砖石和物资用船只运入城内用作战备，而来不及搬运的则全部沉入水中免做资敌。金将完颜天骥想趁蒙古军尚未安稳之机偷袭，但被另一位从居庸关逃回来的将领完颜律明阻止。完颜律明已经吃过者别的大亏，知道蒙古军有多狡猾，也明白占不到蒙古军的便宜，于是极力制止完颜天骥的妄动，偷袭的计划最终没有实行。

待日上三竿，蒙古军吃过早饭后皮鼓擂响，开始进攻南顺门。完颜天骥的确是个很有想法的金将，他设下巷战之计，在南柳街上设置拒马，满城遍钉两尺长的拴马柱，以此阻隔骑兵驰骋，而金兵则数十人一队四散埋伏，然后打开中都城门引诱蒙古骑兵入城。蒙古军果然上钩，误以为金军要开城投降，结果蒙古军进城见遍地拴马柱，根本无法驰骋。当蒙古军前锋进城半里许，埋伏的金军突然纵火焚烧街道两侧的民居，一时间街狭火大，蒙古军死伤甚多，被迫后撤到城门处等待时机。当然，木头房子起火快却烧得也快，不多时街道两侧民居烧完火熄，然后蒙古军又冲进来再度进攻。完颜天骥技穷，只好亲自挥刀上阵肉搏，不一会儿便战死，而完颜律明在抢回完颜天骥的尸体后带领余下金军退守内城。

就此，蒙古军占领中都外城。次日，蒙古军进攻中都内东城，到处收集、拆卸民房木材，建造高过城头的箭楼，打算让神箭手居其上俯射守城金军。金军当然知道此举的厉害，于是集中投石机用石砲（炮）将箭楼击碎，以致蒙古军攻击受挫。

第三天，蒙古军又攻击中都内南城。金国金吾卫将军邵邕站立城头督战，被者别一箭射下城去，当即殒命，但蒙古军也损失了一名百夫长及三百余士卒，依然不能破城。

第四天，蒙古军继续攻打中都内城。金军子城兵力源源不断地拥进内城支援，居高临下地奋勇抗击蒙古军进攻，以致蒙古军连续数日攻城无果，不仅伤亡很大，而且已显疲态。铁木真一边继续分兵掠取中都周围州县，一边开始考虑撤围。不过，金军却先熬不住了。

十月二十八日，即在中都围城战进入第二十天时，金国皇帝卫绍王完颜永济见蒙古军攻势凌厉，再打下去实在抵敌不住，于是派使者出城求和，并拿出古代历史上农耕民族笼络草原民族的老招数——献公主一名给铁木真以和亲。这时，围城的蒙古军其实已难以为继，因为从攻击昌州、桓州、抚州开始，到野狐岭大战和浍河堡大战，再到袭取居庸关、攻击中都城，由于进攻速度过快，蒙古军随身的布勒剌（牛肉干粮）早已吃完，而米面却又吃不惯。当时，蒙古军缴获的牛羊移动速度慢，跟不上大军攻击的速度，而且到中都已是华北平原农耕地区牧草稀少，随军的几十万匹军马亦无草可食，因此蒙古军虽然还在猛烈攻城，但已难以支撑，况且金国入中都勤王的各地金军又日渐逼近，于是铁木真便同意听听金人的议和请求。当听到金国皇帝卫绍王完颜永济主动要求献公主和亲，铁木真笑了笑，说："和亲之事不急，且待日后再议。但是，大军至此，连犒军都不懂？"蒙古众将听后，不禁笑了起来。

于是，木华黎要求金国朝廷供给牛羊各五万头和骆驼三万匹犒军。金国朝廷还是有明白人的，其中翰林学士张庆之就立刻看出了蒙古军的缓兵之计和困境。张庆之说："成吉思汗不要公主要牛羊，肯定是缺少食物补给，想趁我们求和之际勒索牛羊为食，而只要有了食物，蒙古军肯定'将留攻不去'。"因此，金国人大耍滑头，只是从皇宫内库送出数百袋丝帛犒军。铁木真和众将大怒，毕竟丝帛虽好却不能填肚子，要之何用！

蒙古军将几百袋丝帛堆在城下举火焚之，然后在丝帛燃烧的浓烟中全力攻城，用砲（炮）石击碎西承天门楼，又把木材堆叠于城下想由此登城。金将完颜律明是当时金军中少有的能战之将，他命令金军在城上捆扎了数百个大火把浸上油脂扔下城头，将蒙古军爬城木架付之一炬，然后又砸下滚木礌石，漂漂亮亮地打退了蒙古军的猛攻。当晚，完颜律明又遣敢死队数十人夜袭蒙古军营寨，杀伤了不少蒙古军。

当时，铁木真和众将立马城下一言不发地目睹了这次攻城战的经过，都知道金人百年经营的都城城高墙厚、守卫严密、物资丰厚，反观蒙古军自己不但缺少攻城器具和手段，而且已经粮草匮乏难以为继，这中都城短期内必然是不可能攻下的。与此同时，金国勤王援军已四面来援，蒙古军的退路即将被截断，于是铁木真只得同意金国请和。但是，铁木真和众将并不懊丧，本来蒙古军就没有攻下中都的打算，打到这里已经远远超过了战前的计划，战果已经够大了。不过，对于金国的请和，铁木真提出了一个要求，即金国要制止各路勤王援军前来。金国大臣高耆年熟读史书，立刻反对："此事万万使不得。当年，我朝开国之时，粘罕大帅、斡离不大帅（皆为金初大将）围攻北宋京都汴京（今河南开封）时，就曾用此计诱骗宋人撤回各路勤王援军，然后一鼓而攻下了汴京城。昨日之事，今日之鉴啦！"金国人如梦方醒，顿时回过神来，拒绝了蒙古人的要求。

于是，铁木真再不多言，冷哼一声，一刻也不耽误地马上率军撤围，带着金国人被迫献上的一万头羊折向北行，径取兴中路而去。果然，金国各路援军赶到后，击败了蒙古军断后的后军，杀蒙古军数百人，但蒙古军主力已远，并未受损。这是蒙古军在伐金中吃的唯一一个败仗。

就这样，金国都城中都暂时解围。

据史载，当金国各路勤王援军迅速抵达中都城下时，差点做了亡国之君的金卫绍王完颜永济与援军将领相见时相互抱头大哭。战后，金卫绍王完颜永济一个败将也不敢惩罚，其中从西京败逃回来的胡沙虎请兵二万屯宣德，但实在拿不出那么多兵，只好诏与三千人屯妫川；野狐岭大战和浍河堡大战大败而回的完颜承裕、独吉思忠也都重新任用，因为金国朝廷已经没人可用了。

当中都被围时，金国朝廷少有的多谋之士、金上京留守徒单镒，遣将士两万勤王入卫中都，人数最多，来得最快，于是金帝便要以此功升徒单镒为右丞相。不过，徒单镒再次上谏，指出辽东实为金国立国根本，但远离中都几千里且形势凶恶，必须立刻派遣大臣镇守东京（今辽宁辽阳）、置行省，以备不虞。不料，完颜永济是个"头痛医头，脚痛医脚"的庸人，竟又不予采纳："无故遣大臣，动摇人心。"

虽然蒙古军试攻中都不下，但中都周围的德兴府、弘州、昌平、怀来、缙山、丰润、密云、抚宁、集宁，以及东过平、滦，南至清、沧，由上京临潢过辽河，西南至忻、代的广大地区，都被蒙古军扫荡劫掠一空，战果极其丰厚。撤围中都后，蒙古诸军开始转向，直接向金人的根本要害辽东插了两刀。

第二十九章　铁蹄任纵横（中）

离开中都，铁木真果然派者别率两万骑前往辽东，径取金国东京（今辽宁辽阳）。者别领命而去，铁木真则率大队人马北上汪古部，准备在草原休整过冬。

蒙古军初次伐金，歼灭金军近六十万人，克城四十多座，缴获战马五百多万匹，掳掠人口和各类财物无数。其实，金国一直是压在蒙古头上的一块大石头，做了近百年蒙古的宗主国，蒙古人在心里对金国一直又敬又畏，而这次大败金国几乎占领中都，使得蒙古人对金国的心理劣势一举转化为心理优势，自信心顿时大增。

这一日，沉浸在喜悦中的蒙古大军正行进间，几个传令游骑从西边快速奔来向铁木真报告道："大汗，汪古部叛乱，阿剌海别吉公主带家人逃到了云内州。"

铁木真和众将大吃一惊，汪古部是伐金大军的前进基础，也是大军退回漠北的必经之地，这地方出事可不得了。

原来，汪古部为金国守边百年，金国人的势力在汪古部内部相当强大。于是，汪古部中的金国势力便趁蒙古军主力南征时举兵反叛，结果猝不及防的汪古部大汗阿剌兀思汗被刺死，阿剌兀思汗的儿子、铁木真的女婿不颜昔班为掩护妻子阿剌海别吉公主带家人逃走，死战到了最后一口气。铁木真的三女儿阿剌海别吉带着公公阿剌兀思汗的妻子阿里黑、幼子孛耀合、侄儿镇国逃到了云内州，也就是今内蒙古包头阴山南土默川一带等待父亲铁木真归来。

阿剌海别吉公主向父亲铁木真详述了事情的全部经过，然后又说道："父汗，幸亏您提醒我随时备几匹好马在身边，否则我们这次都死定了。请父汗替我公公和丈夫报仇！"

铁木真看着三女儿阿剌海别吉公主瘦削刚毅的脸庞和眼里坚强的光芒，不禁大恸："我和你公公四十年的交情啊！当年，我在草原第一次称汗时，就派人给你公公报喜。我们兄弟四十年互不相弃、情同手足，没想到他就这样死去了。你做得很好，把他的血脉都带出来了。"

然后，铁木真转而愤怒地说道："女儿，把你公公家所有逃出来的亲人都带上，我们这就去荡平叛贼、恢复汪古部。"

于是，铁木真将大军分为十队，以速不台为先锋拉网式扑向汪古部，并传令道："不许放过一个叛贼。"

战斗的结果可想而知，没有一个汪古部的反叛者逃过了蒙古军布下的天网，那些人连同所有的亲眷、家人统统都被砍掉了脑袋。

汪古部又恢复了平静。

铁木真让阿剌海别吉公主再嫁给阿剌兀思汗的侄儿镇国，共同治理汪古部。当时，草原婚俗与中原汉人的不一样，如"兄死弟继""父死子继"等都是正常的，被称为"收继婚"。后来，阿剌海别吉公主也表现出了极高的治理能力，将汪古部治理得井井有条、昌盛繁荣，而她就是蒙古族历史上著名的女英雄监国公主。

刚安定了汪古部，前去攻打东京（今辽宁沈阳）的者别又传来了消息，他不但打下了东京城，还将东京劫掠一空。

原来，者别受命径取东京，不料东京防守严密，急切之间不能攻下，于是再次佯败撤退，一日一夜间换马飞驰，竟撤出了五百里远。金军追击侦察到四百里时，不见一个蒙古军人影，误以为蒙古军已经败走，于是返回东京大肆庆贺。不料，者别又用一日一夜驰回急袭东京，重施铁木真攻取桓州故技，每人负土一袋——当地都是松软黑土，甚好挖取——于当夜三更东京军民酒后酣睡之际堆土齐城并攀爬入内，一举夺下了东京，并大肆劫掠一番。不过，者别没有屠城，原来者别此人虽嗜战如命，却不嗜杀。其实，蒙古军中当时多的是"屠夫"，但者别不是。

东京失守，震动金国上下，毕竟辽东是金国的根本重地，是女真族起家发祥所在。消息传来，金国皇帝卫绍王完颜永济哭丧着脸，对两次劝谏其赶紧在辽东置行省、设大臣的右丞相徒单镒说："朕愧对丞相！"君臣不禁互相叹息一番。

就在金国君臣互相叹息之时，又一路蒙古人马悄悄地深入辽东，这就是铁木真的妻弟、孛儿帖大皇后的弟弟、国舅按陈率领的两千人马，正向金国龙兴之地的吉林农安一带越境侦察。

原来，铁木真伐金之时几乎是全军出动，按陈率领的数千人马的任务是严密防范大小兴安岭一带和辽东的金军，以防他们从东面偷袭蒙古后方。但是，包括铁木真在内的所有蒙古将帅都没有料到伐金之战会打得这么顺利，金军根本连还手之力都没有，更不要说去偷袭蒙古后方了。

在看透了金国的虚弱、打出了金军战斗力低下的原形后，铁木真立刻命令按陈率部试探金国大后方辽东的防守虚实和地方民情。

按陈前进得异常顺利，一路没有遇到过千人以上的大股金军。原来，金军各地留守的主力都被抽到野狐岭和保卫中都之战去了，几乎都被全歼，因此辽东的军力极度虚弱。于是，按陈边打边走，大股的金军遇不到，小股的金军不是他们的对手，进展十分顺利。

这一日，按陈率军行到离隆州不远处，忽见前面驰来一队人马。按陈把手一举，蒙古军摆开阵势准备接战，对面来人却纷纷下马来。过了一会儿，走过来一男一女，只见那男子三十出头，浓眉大眼，一身灰衣，腰间斜挎一口宝刀，英武大方，而那女子容貌极美，身着白衣，腰佩一口宝剑，英姿飒爽。按陈暗声喝彩，问道："你们是哪里人，干什么的？"

那男子深施一礼道："我是契丹千户耶律留哥，在此行猎。请问贵军来自何方？"

听这男子是契丹千户，按陈顿时脸色缓和了许多。原来，辽东乃女真人、契丹人、汉人、高丽人等许多大小不同民族的杂居之地，而这契丹人乃是灭亡的辽国遗民，百年来受尽了金国女真人的迫害和屈辱，与金国矛盾极深。

按陈看着耶律留哥道："我是蒙古国国舅按陈，跟着我的全是蒙古军。"

耶律留哥又惊又喜，那白衣女子更是高兴得叫起来："可找到你们了！"

原来，这女子乃耶律留哥的续弦妻子姚里氏。耶律留哥本是金国加封的契丹千户守边官，专门管理辽东北部边境的契丹人户。金国朝廷对这些前朝辽国的遗民横征暴敛也就罢了，竟然因为铁木真第一次伐金途中大量的契丹人都投靠了蒙古军而迁怒于契丹人，并下令更加严密地监视契丹人，甚至命令辽东的契丹人每户必由两户女真人包夹其中，以防契丹人叛乱。这个命令引起了耶律留哥和其他契丹人的极大恐惧，于是耶律留哥和一些亲朋好友商议，决定起义反叛金国。

这时，蒙古伐金大获全胜的消息不断传来，耶律留哥知道在金国人的根本重地辽东起义反叛不是小事，一定要先找到靠山和外援，这样起义才有胜算和把握，而蒙古自然就是最好的靠山。耶律留哥细细思忖之后，带上妻子姚里氏和一队亲兵往西寻找蒙古而来。这姚里氏是辽东第一美女，不但心胸开阔、聪明机警，而且武艺高超，是真正的女中豪杰，也是耶律留哥最好的得力助手。

按陈和耶律留哥中途相遇，说开后双方都是大喜过望。耶律留哥是契丹千户，对辽东北部民情、军情和山川地形都所知甚多，于是直接向按陈和盘托出。按陈自是欢喜不尽，又见耶律留哥豪爽坦荡，直觉是一个好男儿，不禁起了惜才之心，便问其是否愿意结为安答（蒙古语音译，意为"兄弟"）。耶律留哥毫不犹豫地解下腰中的配刀，双手捧给按陈道："请大哥收下小弟这把刀。愿与大哥同生共死，永不相弃。"按陈也解下腰中弓箭赠与耶律留哥，作为兄弟结义的礼物。

接着，耶律留哥向按陈尽述准备在辽东发动起义的计划，按陈更是欢喜不尽，并允诺蒙古将大力支持，于是双方各牵出一匹白马歃血为盟，互表忠诚。然后，按陈和耶律留哥二人谈笑风生，一起盘桓了两日，这才依依不舍地告别。

按陈已经完成了侦察的任务，再往前走就是人口密集区，而且继续前行也可能会破坏耶律留哥的起义计划，而耶律留哥碰到按陈所获也大大地超出意料，双方商定了联络办法后告辞离去。

耶律留哥拜别按陈回到隆州后，加紧联络族人、结交义士、储存粮食、打造兵器，于当年初夏一举杀掉了驻守金军，在隆州城竖起了反金的义旗。附近州县的契丹人和其他少数民族受金国苛政盘剥已久，对金国恨之入骨，于是纷纷举义投奔耶律留哥。月余时间，耶律留哥竟拉起了十余万人马，攻下附近数十个州县，势力日渐壮大。

耶律留哥举义成功，立即派人飞报按陈。

按陈一边派人祝贺，一边飞报姐夫铁木真。这时，铁木真一直在漠南汪古部休整，方便随时南下第二次伐金，没有回漠北和林大本营。

铁木真得到按陈传来的消息大喜过望，要知道辽东是金国人的根本，金国若是棵大树，辽东就是大树的主根，如今耶律留哥起义成功，辽东北部即非金国所有，等于锯断了金国这个大树的主根。

这时已到了金秋时节，蒙古军经过大半年休整后已是士饱马腾、斗志高昂。

耶律留哥在辽东北部举义成功的消息更让蒙古军欢喜不已，将士们个个都急切求战。

于是，铁木真当即决定兵分东西两路，避开金军重兵把守的中都，避实就虚攻其两翼，开始第二次伐金。

其中，蒙古军东路由木华黎为主帅、者别为副帅，石抹明安、石抹也先兄弟为前锋，率五万人攻取金国东京，切断金国中都与辽东的联系。

前一年，者别已经攻取过一次东京，可谓"轻车熟路"——辽东乃金国前朝辽国故地，人口大半都是契丹遗民，故而遣契丹人石抹明安、石抹也先兄弟俩为前锋，以安人心。

于是，木华黎、者别、石抹明安、石抹也先四人商量，决定还是奇袭东京，尽量避免硬碰硬的攻城作战。

石抹明安、石抹也先率数百名契丹战士先行，装扮成樵夫、商人混入东京城内，于约定日期的夜半突然袭击了东京西门，然后打开城门放下吊桥，点起火堆发出信号。这时，木华黎和者别在两天两夜之间突进八百多里按时赶到了东京城下，在石抹明安、石抹也先兄弟的接应下不费吹灰之力便破城而入。其实，在前一年，东京军民就已经知道蒙古军的厉害，慌乱之间更不敢抵抗，这样蒙古军东路军便兵不血刃地攻取了东京。

木华黎占领了辽东南部的东京，再加上辽东北部的耶律留哥的起义军，蒙古便彻底控制了金国的辽东大本营。

占领东京后，木华黎张贴布告晓谕百姓"勿要惊慌，安居乐业"，严令蒙古军不得抢掠，于是东京城内很快恢复了秩序和繁华。蒙古军没有杀人的消息传出后，十余天的工夫就兵不血刃地得城三十二座、收地数千里，以及人户二十万、降兵十五万。

这次攻取辽东，木华黎率领的蒙古东路军所向披靡，大获全胜。

看着辉煌的战果，木华黎欣喜之余久久不语，他领悟到战争中尽量少杀人、收取人心的重要性，而这对木华黎以后独当一面经略中原的战略战术思想影响极大。

在木华黎攻下东京的同时，铁木真正率西路军鏖战西京。铁木真在对金作战中以掳掠财物、牲畜和奴隶为主要目标，攻下城池后便大肆掳掠屠杀而去，并不派兵占领，所以第二年又重新攻打前一年已经放弃的城池。不过，这些城池的金军已经丧胆，兵力也已不足，而且城池也已残破不堪，攻打起来甚是容易，于是铁木真亲自领兵再次攻打了昌州、桓州、抚州"口外三州"。这"口外三州"在金国素称富贵，于是蒙古军再次大大地劫掠了一番，然后兵锋直指西京。这时，金国皇帝卫绍王完颜永济已经命令西京按察使抹撚尽忠为左副元帅兼西京留守，命令他死守西京。

于是，汉将郭宝玉向铁木真献计道："大汗，我们攻打西京，金国必定派兵来援，援军必经墨谷口，不如我们先围住西京佯攻，大军却在墨谷口埋伏，等金军来时我们再打他个措手不及，全歼西京守军的援军以扫除后顾之忧，然后再倾全军之力攻下西京。"

铁木真和蒙古众将纷纷叫好，毕竟他们个个身经百千战，好坏计策一听便知。

果然，金军派出了元帅左都监奥屯襄，并东拼西凑出了十万人马让其带去援救西京。

奥屯襄带着十万军兵赶赴西京，走到必经之路墨谷口时越走越是胆战心惊，只见其峡谷悠长、古木参天，完全是天造地设打埋伏的好地形。同时，奥屯襄听着两侧山上呼呼的山风，不禁冷汗浃背，然后下定决心命令队伍停下来。不过，金军刚一停步，山上便是一通鼓响，接着千万支利箭如飞蝗般射下来，顿时金军一片片倒地。其实，蒙古军在马上飞驰猎取活物都箭法如神，何况站着射静目标呢。金军欲待还击，却连目标都找不到，因为蒙古军都躲藏在树木森林中，

金军见势不妙，纷纷扔下兵器，跪地举起双手投降了。

见此情景，蒙古军停止了射击，开始下山清点俘虏。这一战，蒙古军只用了一二十万支箭矢便射死、射伤了四万多金军，还有五万多人做了俘虏，逃出去的只有金军统帅奥屯襄。当时，奥屯襄见势不妙，脱下将军服换上了小兵衣，钻到死人堆里装死，这才侥幸捡到一命。蒙古军从五万多俘虏里挑选了两万精壮补入各军，其余的都押回了草原做奴隶。

收拾了金军十万援军后，蒙古军开始全力围攻西京。西京守军知道他们抵抗得这么激烈必然城破即死，蒙古军也绝对不会饶过自己，于是拼死抵抗。同时，西京一直是北方名城、战略要冲，历代王朝都不断加固城墙，以至城坚楼高。在蒙古军第一次伐金时，术赤、察合台、窝阔台这三位皇子能攻下西京，实际上是占了出其不意——金军不知道蒙古军底细——的便宜。当时，郭宝玉就建议不要放弃西京，"大城难取，今既得之，就应派兵坚守"，但铁木真不愿意被城池拖住后腿，故未采纳。

西京的守将抹撚尽忠是金军中少有的能战之将，精通韬略，却又爱兵如子，深得士卒之心。在抹撚尽忠感召之下，西京守城军兵殊死抵抗，打退了蒙古军一次又一次进攻。

铁木真见西京久攻不下焦躁起来，便不顾劝阻地骑上白马到前线督战。

铁木真看到，只要城下蒙古军竖起云梯，城上守军就用铁叉将云梯推倒，然后云梯上一串串的蒙古军将士就纷纷惨叫着从空中跌落到地上；只要蒙古军抬上攻城锤，金军就扔下沉重的滚木礌石，砸得蒙古军东倒西歪。

铁木真骑着白马四处督战，不经意间离城墙越走越近。这时，金军一个神箭手早已盯上了铁木真，心想"这个骑白马的敌将背后还跟着一大群将领，肯定是个敌酋"，于是拉开硬弓对着铁木真就是一箭射去。

这一箭弓硬矢利，"嗖"地穿透了铁木真手臂上的银甲。顿时，铁木真就翻身落马。

大惊失色的蒙古众将下马扶起铁木真，簇拥着他退回中军大帐，并赶紧请来军中萨满①。萨满剪开铁木真手臂上银甲的缀线皮绳，拆下甲片，只见这支箭穿透银甲射入手臂一寸多深，箭头周围还在汩汩流血。接着，萨满用手指蘸起一点鲜血，伸到鼻子下面嗅了嗅，又用舌头舔了一下，然后长长地出了一口气后欣喜地说："太好了，不是药箭。这就好办了。"

蒙古众将顿时喜形于色："萨满是说这支箭没有毒？"

萨满又说："幸亏大汗内衬绵甲上的羊毛裹住了箭头，不然再射深一点，这只胳膊就废了。"于是，萨满打出箭头，然后上药包扎。

待包扎停当后，萨满对铁木真说："大汗这只手，一月不可使力，创口即可愈合；两月不可大动，伤势即可痊愈；三月静养，就完好无碍了。"

这时，众将纷纷请战，要求杀进城去为大汗报仇。

铁木真却沉默不语，他亲眼看到了蒙古军攻城时的惨烈，深感牺牲的巨大：这样打下去实在得不偿失，现在连他这个大汗都中箭受伤，可见蒙古将士打得有多苦；而且他的目的不在于一定要攻占哪座城，只是以劫掠为主，不需要一定要在哪座城下死拼消耗。于是，铁木真断然命令："从西京撤军！"

蒙古第二次伐金就这样结束了。

危在旦夕的西京城侥幸守住了，守将抹撚尽忠立下大功，加官三级，赐

---

① 当时，蒙古军中的萨满也是军医。

金百两、银千两，晋拜尚书右丞，行省西京。

此后，抹撚尽忠在西京一连守了三年，蒙古军始终攻不进西京。

蒙古军攻克西京不成，铁木真甚至受伤，以致士气甚是低落，于是撤回阴山脚下休整。但是，很快两个大好消息又振奋了蒙古军的军心：一是东路军木华黎传来了迅速攻克东京——东京的战略地位甚至比西京还重要，是金国内地通往辽东的要冲——的消息，顿时蒙古军士气大增；二是在辽东北部起义的契丹千户耶律留哥前来觐见铁木真。

原来，耶律留哥起义成功后，立刻向义兄按陈请求觐见铁木真，因为耶律留哥深知他在金国的根本之地起事，金国必来报复，而他建立的政权若想巩固，必须要得到铁木真的支持。同时，耶律留哥的部下也有很多野心之徒，不断劝进其称帝，但他清楚知道其中的利弊而表示拒绝，说："我跟按陈大哥结盟，愿意归附大蒙古国，削平疆域。倘若食言，自为东帝，是逆天也。逆天者，必有大咎。"

不过，那些部下却劝进更厉害了，以至于耶律留哥烦不胜烦，只好称病不出，然后暗中带着长子薛阇和九十车金币、五百副金银牌前来觐见铁木真。

铁木真对耶律留哥的到来感到非常高兴。当时，有汉人刘伯林等也在等待觐见铁木真，铁木真原本先说"汉人先纳款者，先引荐"，于是太傅耶律阿海便上奏刘伯林纳款最先。

然而，铁木真却又道："刘伯林虽先，然迫于重围而来，莫若耶律留哥仗义效顺也，让耶律留哥先见。"

见到耶律留哥，铁木真非常高兴，他很喜欢这个光明磊落的好汉子。

铁木真笑着对耶律留哥说："都元帅这次来有什么事？"耶律留哥的称号是"都元帅"。

耶律留哥行礼道："大汗，我此来，愿意代表我们契丹人与大蒙古国结盟，永为蒙古藩属。若有战事，愿为大汗驰马冲锋！"

铁木真扶起耶律留哥说："结盟的事好说，但我希望你不要再用'都元帅'这个名号，而是建立一个辽国，你可以称'辽王'。"

耶律留哥大惊道："大汗，我无德无能，岂敢建国！我只愿做大汗手下一名将领，为大汗率军征战沙场。"

铁木真摇摇头道："你重建辽国，就能收天下契丹人的心。辽国永为大蒙古国藩属，屏藩大蒙古国东部，这就很好了。你称号'辽王'，不称'辽皇'就行了。"

原来，铁木真从征战中已经了解契丹人才济济，如耶律楚材、石抹明安、石抹也先个个都是人中英杰，而这些契丹豪杰多思复国，于蒙古实有大利。于是，铁木真希望这股力量为己所用，故而做出这番布置。

对于能重兴辽国，耶律留哥内心当然求之不得，不禁敬佩铁木真胸襟广阔。于是，耶律留哥又道："大汗，这次我还带来了长子薛阇和百名侍卫，请让他留在这里给大汗牵马坠镫、开闭帐门。"实际上，耶律留哥这是送长子薛阇给铁木真做人质。

铁木真被耶律留哥的真诚深深感动，吩咐道："在大帐前铺上白毡，把辽王带来的金银都堆上去展示七天，让将士们和百姓们都来看看辽王的忠诚。至于薛阇，他就先做个百夫长，带百名侍卫进怯薛军任职。"

当时，铁木真让薛阇做怯薛军百夫长是很高的待遇了，因为怯薛军的一名普通士兵出外的职权比外属一个千夫长还大。

耶律留哥带来的整整九十车金币、五百副金银牌被倒在白毡上，金光闪闪，堆积如山，让众将士和百姓看得目眩神迷，不禁赞叹不已。

七日后，铁木真方命令收起金币，又留耶律留哥多住了一段时间。

这日，耶律留哥正陪铁木真行猎，忽有传令游骑飞报："辽王王妃姚里氏求见。"

耶律留哥顿时大惊，知道肯定是家里出了大事。果然，姚里氏带来了坏消息，原来耶律留哥走后，以耶厮不为首的一队人谎称耶律留哥已死而起兵作乱，并自己建国称帝。姚里氏侥幸得以逃出来，千里飞骑报信。

闻听噩耗，耶律留哥极是沮丧。铁木真安慰他道："你不要为这点小事担忧。我会给你数倍的封赏，不会吝啬。我给你五千人马，资尔甲兵，你这就回去把一切都夺回来。"并称赞姚里氏是"女中丈夫"。

于是，耶律留哥夫妻告别铁木真，带着五千蒙古铁骑回到隆州。耶律留哥在辽东为北边千户数十年，根深叶茂，影响极大，而耶厮不是谎称耶律留哥已死才得以蛊惑人心，使得百姓被其利用。百姓们听闻耶律留哥夫妻一起回来了，还带来了无敌的蒙古军，更是喜出望外，而以耶厮不为首的一队人则军心斗志一下就垮了。于是，耶律留哥带着蒙古军连打几仗就把作乱者全部打垮了，重新恢复了领地。

耶律留哥按照铁木真的吩咐，于金至宁元年（蒙古成吉思汗八年，1213）三月初六称"辽王"，国号为"辽"。这就是中国历史上的东辽。

当耶律留哥建国复辽的消息传到金国都城中都，金国君臣顿时又急又怒，更加恐惧不安。耶律留哥占领的辽东北部，正是金太祖完颜阿骨打的龙兴之地，而这里是金国的根本重地和龙脉祖基。

"祖庭所在，如今竟被外人占去"，金国上下的惶恐愤恨可想而知。于是，金国皇帝卫绍王完颜永济当即向全国悬赏："得到耶律留哥骨头一两者赏金一两，得肉一两者赏银一两，还可代替耶律留哥世袭千户。"

随后，金军到处抓丁拉夫，凑了六十万人马，却对外号称百万，准备赴辽东剿灭耶律留哥。这时，金军已无帅可用，只好又重新起用野狐岭大败的统帅完颜承裕，由其带领金军奔赴辽东。完颜承裕率军绕过东京，不敢招惹已经占领东京的木华黎率领的蒙古军，但他没想到如此一来反而钻进了铁木真的大圈套。当然，完颜承裕不知道耶律留哥的后面站着铁木真，东辽的背后实际上是蒙古在支撑且已是蒙古的一部分，而木华黎之所以放其进入辽东，正是为等着给其致命一击。

金至宁元年（1213）五月，六十万金军与十万东辽军在隆安城外展开大战。金军在兵力上虽然占了绝对优势，但完颜承裕万万没有想到的是经过蒙古军训练的东辽军视死如归般拼死作战，个个奋不顾身，以一当十，而相较之下金军几千里行军后却疲惫不堪，一方气壮，一方人多，双方堪堪杀了个平手。战场上，马嘶人吼，战鼓震天，双方杀得血流成河，难分难解。就在这最紧要的关头，耶律留哥的安答、蒙古国舅按陈奉铁木真之令率一万蒙古铁骑杀进了战场，只见蒙古将士刀劈斧砍、箭射矛刺，瞬间就把金军的阵形杀了个对穿，如同洪水把堤坝冲了个大洞。

早已被铁木真杀得失魂落魄的金军，看到最害怕的蒙古军竟然杀进了战场，顿时失去所剩的斗志和战意纷纷向后逃去，而各级将领已经完全控制不住队伍，于是金军开始溃散。

东辽军见蒙古军来援，顿时精神大振、奋勇冲锋。

这时，金军统帅完颜承裕已经丧胆，见状赶紧下令撤退，然后自己率先掉头后撤。金军见主帅撤退，顿时全军彻底崩溃，丢下无数粮秣辎重、刀枪盔甲拼命往回逃。不过，金军人数实在太多，蒙古军和东辽军人数太少，勉强截住了三十万金军俘虏，剩下三十万被完颜承裕带着往中都撤退了。这一日，三十万金军走到了东京西南金岭寺，在翻过一道山冈后先头的金军顿时惊呆了，只见前面山岭上木华黎、者别、石抹明安、石抹也先带领的五万蒙古军和五万收编的契丹军正等待他们的到来。

结果毫无悬念，完颜承裕带出关的六十万金军只剩了不到五万人回到了中都，但金国朝廷竟又封了这个败将做辽东宣抚使。金国皇帝卫绍王完颜永济之昏庸，金国朝廷之人才匮乏到无人可用，可见一斑。当年，完颜承裕又被改为临海军节度使，不久去世。

就这样，辽东北部被新兴的蒙古藩属东辽占领，辽东南部被蒙古军任意来去，金国就这样丢失了自己的龙兴之地和根本之地。对此，金国女真族人无不痛哭失声，他们知道再也回不到他们心灵的家乡了，而许多金国大臣已经在偷偷考虑迁都了。

第三十章　铁蹄任纵横（下）

辽东北部的隆州和辽东南部的东京两役之后，蒙古彻底控制了辽东北部地区，同时辽东南部东京也分别被者别和木华黎两次攻破，掳走了大批人口和牲畜以及数不尽的财物。这时，蒙古人知道统治百年之久的宗主国金国大势已去，他们在草原上连走路都变得趾高气扬起来，同时更把大汗铁木真当成了战神一般看待。

蒙古成吉思汗八年（金至宁元年，1213）秋，阴山下人吼马嘶、旌旗飘扬，蒙古军战马的膘子肉又胀得鼓鼓的，将士们更是斗志昂扬。此时，铁木真带领蒙古军西路军在此会师从东京赶来的木华黎东路军，然后杀马祭旗，准备第三次征伐金国。

在对金作战初期，铁木真一直以掳掠财物和牲畜为目标，攻下城池后只是大肆屠杀、劫掠而去，并不派兵占领。于是，蒙古军退走之后，攻下的城池又重新被金军占领，如西京和中都北面的宣德府、德兴府都是如此。铁木真第三次伐金时便循着旧路直奔宣德府和德兴府而来，因为前一年退却时已经逼着俘虏拆毁了城墙，所以很轻易地就占领了这两座重镇，然后直奔怀来在此处打了一场大胜仗。

怀来是一个军事重镇，金军有重兵把守，主将叫术虎高琪。术虎高琪曾在陕北与南宋军作战时屡屡获胜，也算是金军中的能战之将。

术虎高琪手下的兵力不少，有三十万之众，都是他在山东、河北等地招募来的流民，而这也是当时金军最大的一支野战部队了。当时，主帅尚书左丞[1]完颜纲领兵十万，驻扎在术虎高琪背后的缙山。

金国朝廷右丞相徒单镒劝完颜纲说："术虎高琪甚得人心，与其你亲自前往，不如增兵为好。"但完颜纲不听，他不愿意让术虎高琪独得功劳，于是亲自领兵到怀来与蒙古军展开激战，最后大败而逃。蒙古军趁势进到缙山，又把术虎高琪军打得七零八落。经此一战，金军好不容易积累的一点精锐几乎又全部被打垮了，遭受了极其惨重的损失。

这样，蒙古军之前就再也没有什么像样的金军野战部队挡路了。

于是，蒙古军乘胜追至北口，进攻居庸关。金军在居庸关设险坚守，在关口铸了两扇大铁门，以此抵御攻城锤，然后又在周围百里遍撒铁蒺藜，以阻挡蒙古军快速机动。

不过，铁木真只是留者别等佯攻居庸关，他自己却亲率大军向中都以南地区进攻。铁木真率领的蒙古军南出紫荆关大败金军，并乘胜攻下了涿州和易州。随后，蒙古军分为三路，其中右路军由术赤、察合台、窝阔台等统领，循太行山东面南下，"取保、遂、安肃、安、定、邢、洛、磁、相、卫、辉、怀、孟"，抵黄河北岸，又绕太行山西部北行，"掠泽、潞、辽、沁、平阳、太原、吉、隰，拔汾、石、岚、忻、代、武等州而还"；左路军则由铁木真二弟合撒儿等统领，"遵海而东，取蓟州，破平、滦、辽西诸郡而还"；中路军由铁木真和四子拖雷统领，"取雄、霸、莫、安、河间、沧、景、献、深、祁、蠡、冀、恩、濮、开、滑、博、济、泰安、济南、滨、棣、益都、淄、潍、登、莱、沂等郡"。同时，木华黎统领另一支蒙古军攻下密州，屠城后北返。至此，黄河以北的华北平原"唯中都、通、顺、真定、清、沃、大名、东平、德、邳、海州等十一城不下"。[2]

金至宁元年[3]（蒙古成吉思汗八年，1213）秋至金贞祐二年（蒙古成吉思

---

① 尚书左丞，职官名，主要辅佐丞相处理政事，置于尚书省。

② 参见《元史·卷一》。

③ 金国在1213年由于金国朝廷内部动荡，同一年先后出现了两位皇帝，故而同一年有两个不同的年号。其中，一是金卫绍王完颜永济的年号至宁，二是胡沙虎杀死金卫绍王完颜永济后所立金宣宗完颜珣的年号贞祐。因此，1213年既是金至宁元年，也是金贞祐元年。

汗九年，1214）春，由于金军集中兵力保卫中都，其余州县防守薄弱，蒙古四支铁骑所向披靡，几乎战无不克、攻无不胜，踏遍了金国黄河以北华北平原的领土，将金国的腹心地区杀得一片狼藉。

至此，金国在痛失辽东祖庭根基之后，都城和统治根基所在的华北地区又遭铁木真重创，只剩下黄河以南的中原地区尚未遭到蒙古兵劫。这时，金国许多大臣开始考虑迁都。

蒙古军在华北平原纵横数千里的广大区域内纵横驰骋、所向无敌，却仍不驻兵占领打下的州城，也不从南方去包围中都，而是把打下的数十个州城的青壮人口、牛羊马猪、金帛财物席卷而去，以掏空金国的统治根基。在掳掠了大批人口和财物后，几路蒙古军统统集中到中都城北会师，而这时金国驻守居庸关北口的契丹将领讹鲁不儿见大势已去，干脆献关投降了蒙古，使得蒙古军遂长驱直入居庸关，直接进围中都。

当铁木真率领蒙古军在中都周围州县烧杀抢掠时，这种强大的军事压力终于逼迫金国内部发生了争夺皇权的政变，而政变的祸首就是野狐岭之战时放弃西京东逃的西京留守使胡沙虎。

当年，胡沙虎逃回中都，但金国皇帝卫绍王完颜永济因其凶焰和势力不敢治其罪，使得胡沙虎打了大败仗还安然无事，而这让他看透了完颜永济的懦弱和无能，让他更加鄙视这个徒有其表的无能皇帝。隔年，金卫绍王完颜永济要起用胡沙虎抵抗蒙古，右丞相徒单镒等一批大臣纷纷反对，左谏议大夫张行信更是上奏道："胡沙虎，豺狼之辈也。今用之，恐驱虎不成，反被其噬也。"但是，金卫绍王完颜永济仍然一意孤行，根本不听大臣们的意见，任用胡沙虎为右副元帅，率武卫军五千人驻守中都城北。

蒙古军逼近后，胡沙虎知道自己绝非其敌，天天率军打围行猎、宴饮游乐，酩酊大醉，借酒浇愁。

金国君臣实在看不下去了，金卫绍王完颜永济也遣使责备道："蒙古军已大军压境，你身为国家重臣却不理抗敌正业，终日游猎宴饮，你到底想干什么？"

胡沙虎知道前有蒙古军大敌压境，后有朝廷君臣相逼，唯一的出路便是造反，如此方可多活得几日。于是，胡沙虎大怒道："国家沦落至此，岂是我之所为？完颜永济这个浑蛋皇帝，昏庸无能，早该废掉了！"

随后，胡沙虎径自带了军兵直入中都，围了大内宫城，杀散守军，冲进皇宫。这时，完颜永济正和后妃们抱头痛哭，胡沙虎将其一把拖出，不顾完颜永济拼命求饶，直接抽出腰刀道："你这种庸碌之人早就该死，还当什么皇帝！"手起刀落，直接砍下了完颜永济的头。

胡沙虎杀了金国皇帝卫绍王完颜永济，又诱杀了左丞相完颜纲，震慑住了朝臣，乃自称监国都元帅。于是，胡沙虎从彰德迎金世宗之孙完颜珣入中都即皇帝位，史称金宣宗。

金宣宗完颜珣知道自己是个傀儡，在当年九月即位后便封胡沙虎为太师尚书令、都元帅。这样，胡沙虎在金国可谓权倾朝野。不过，胡沙虎能轻易搞定金国内部，却拿外部的蒙古军丝毫没有办法。

这时，蒙古军正步步紧逼，于是胡沙虎从镇州调回术虎高琪防守都城中都南面。但是，术虎高琪如何是蒙古军对手，于当年十月与蒙古军刚一交战即大败。对此，胡沙虎对术虎高琪大怒道："明日出兵再要不胜，军法从事——砍下你的脑袋！"

次日，术虎高琪再次大败，于是一不做二不休地走上了胡沙虎的老路——决心做第二个胡沙虎，直接带兵冲进了都城中都围住了胡沙虎的宅第，并把胡沙虎的头砍了下来。

金宣宗完颜珣当然求之不得，立刻赦免了术虎高琪，任其为左副元帅，又进为平章知事。

经过这一系列的内乱，金国内部更是元气大伤，实在无力再战。金贞祐二年（蒙古成吉思汗九年，1214）三月，铁木真麾下各路蒙古大军会师于中都城北，金宣宗完颜珣即令尚书右丞完颜承晖出城求和。

这次，出乎所有人的意料，铁木真竟然非常爽快地同意了金国的求和。

当时，蒙古众将都想攻进中都城内，毕竟中都是中原的第一大都城，里面藏着无数宝贝和金银美女，但铁木真只说了一句话："天狗一口吞不下一头牯牛。"

原来，铁木真知道，蒙古军半年征战踏遍了华北平原，无数的缴获都需要慢慢地消化，兵力也已用到了极限，而中都城是金国近百年的皇都，城墙如此高厚，同时金军的能战之将、勇猛之兵尽集于此，其已无退路，必将拼死守卫此城，若强攻伤亡必大。

铁木真对众将缓缓说道："我要留下这座都城，让金国所有的人力、物力、财力都被中都拖住消耗掉。等到金国再也消耗不起了，中都就会唾手可得。"众将听后，再无异议。

当然，谈和是可以的，但要有条件。于是，铁木真狮子大张口地开出了条件：童男童女各五百人——这是给贵族做小奴隶用的，金帛三千车，锦衣三千件，御马三千匹……

当铁木真还在想再要点什么，突然者勒蔑喊道："大汗，还要一个公主！金国人上次就答应许一个公主和亲！"铁木真和蒙古众将顿时大笑起来。

于是，铁木真又加要了一个金国公主。

完颜承晖带着铁木真的条件赶回中都城内回禀金宣宗，最后金国君臣咬着牙全答应了。因为他们现在只想着怎样先打发走这些蒙古军。

中都毕竟是百年国都，所藏极厚，竟也轻易地凑出了蒙古军开出来的要求，只是这和亲公主的挑选费了一番周折——皇家的各个公主不是太大就是太小，年龄合适的又太丑。最后，金国君臣把被胡沙虎杀掉的金卫绍王完颜永济的女儿封了歧国公主，然后作为和亲公主送给了铁木真。

隔天，金军将财物和歧国公主一起送出城外，递交给蒙古军营。不过，铁木真见这歧国公主低眉颔首、双目含泪，当真如花似玉，不禁心喜。原来，金卫绍王完颜永济虽然昏聩无能，唯长得一副好相貌，其女儿自然也美丽。后来，铁木真为这位歧国公主单独立了一个第五斡儿朵，任其为此斡儿朵的大皇后，而这个斡儿朵又被蒙古人称为公主斡儿朵。

和谈后，铁木真带着歧国公主北上，去鱼儿泊（今内蒙古达来诺尔）金国皇帝的夏宫避暑去了。

与蒙古好不容易和谈成功，金国本可争取一段时间以重整旗鼓，但是以金宣宗完颜珣为首的金国内部的投降派却自己葬送了这个机会。

当时，与中国历史上的末代朝廷一样，金国君臣内部也分成了主战派和投降派。其中，主战派主张召集各路义军坚决跟蒙古军作战到底，而投降派的代表人物却是金宣宗完颜珣自己。金宣宗完颜珣见中都离蒙古太近，蒙古军往来如飞且战无不胜、攻无不克，如入无人之境，早已彻底吓破了胆，于是待蒙古军一退走就鼓噪着一些大臣坚决要求放弃中都退守南京（今河南开封）。

金宣宗完颜珣想去南京，元帅左都监完颜弼迎合道："现在虽然议和成功了，但是如果蒙古铁骑再来，我们又会被困在中都。所以，我们应速谋防御之策。"

右丞相徒单镒说："请问左都监的防御之策是什么呢？"

完颜弼说："我们放弃中都迁都南京，那里南有淮水，北有黄河，西有潼关，东面大海，据地理形胜之利，就可长期固守！"

徒单镒说："圣驾一旦启动，北路都不守了。如今，既然已经讲和，招兵积粮坚守京师才是上策。南京地处中原，四面受敌——北有蒙古，西有西夏，南有南宋，皆是我仇敌，东边大海那是绝路，所以去南京是下策。辽东是我朝根基，靠山背海，其险要完全可以依靠，可以合力防御一面作为日后图谋，这是次一等的计策。"

当时，西夏也乘人之危在陕西和金军打了几仗，虽然西夏都打输了，但金军损失也极重。

宗室霍王完颜从彝也进谏道："我朝祖宗山陵、宗庙社稷、百司庶府都在燕京，近百年的苦苦经营，怎能放弃逃跑呢？我们空着手到南京，也没有任何根基，南迁南京是取亡之道啊。"

金宣宗完颜珣见说不过徒单镒、完颜从彝，又用起了缓兵之计，说道："燕京无粮，没有供应，朝廷百官诸军暂且先前往南京，等一两年后粮储丰足再回来就是了。"

至此，众人皆知金宣宗完颜珣的真实心事是恨不得立刻就退守南京，既然知晓皇帝去意已决，说什么也是无用了。

这样，金贞祐二年（蒙古成吉思汗九年，1214）四月，金国与蒙古达成和议，蒙古撤军。五月十一日，金宣宗下诏迁都南京，任完颜承晖为尚书右丞兼都元帅，辅佐太子完颜守忠留守中都。

五月十七日，金国动用三万辆车载运文书、三千匹骆驼满载宫廷珠宝，开始南迁。

五月十八日，金宣宗完颜珣离开中都南迁，车驾正出中都南门时前面的车队忽然不行，于是喝问道："前面何事阻驾？"

一会儿报来，右丞相徒单镒在城楼高呼："吾不欲生见大金灭亡！"之后跳楼自尽。

金宣宗完颜珣面色如纸，知道这是忠臣以死进谏，于是命令收殓右丞相徒单镒尸体并赐给其家属丰厚财物，然后继续往南。

就这样，金宣宗完颜珣放弃了中都，直接导致金国北方军心民心溃散，而腐朽的金国朝廷也在蒙古大军一轮又一轮的打击下终于走上了彻底灭亡的道路。

当金国都城南迁的消息传来，铁木真和蒙古众将不禁大喜，他们愁的就是找不到一个理由再次攻伐金都。

铁木真故作恼怒："金人既然与我们达成和议，就不应再做迁都的举动。金人迁都，说明金人心怀鬼胎、图谋不轨，与我们和谈，只是因为我们兵临城下使的缓兵之计。金人狡诈，着实可恨！我们要再次兴兵讨伐！"

蒙古众将大笑，铁木真也哈哈大笑起来："中都已入吾手！"

蒙古众将知道，金国皇帝金宣宗完颜珣南逃必带走中都守城主力，中都城内军心、士气必然空虚涣散，如此破城就容易了。

果然，金宣宗完颜珣南逃的懦弱行为传出，顿时金国军心、民心丧尽。金宣宗完颜珣刚过涿州，当地的契丹军何猷君就反了。契丹军和乣军本来就是金军中最受压迫的最底层部分，如今见金宣宗完颜珣南逃，不但乘机反了不说，还掉头北上去攻打中都。留守京都的完颜承晖见势不妙，赶紧派军去卢沟桥堵截，而卢沟桥乃是金章宗完颜璟所建，坚固结实。契丹军和乣军见不得过桥，乃派千余人泅渡过河，绕到守桥金军背后攻击，夺下了卢沟桥。然后，他们又派信使一路北上去漠北找铁木真提出投降，一路去往辽东找耶律留哥寻求帮助，因为契丹军本就是辽军后代，耶律留哥重建辽国后便理所当然地被这些契丹军视为同族同宗了。

这时，铁木真早已离开漠北大营，驻扎在桓州，伐金已经四年且已经四伐金国。当接到契丹军和乣军来降的消息后，铁木真忽生一丝倦意，暂时不想再前往中都，只派出了青年将领三木合拔都为主帅、石抹明安为副帅，投降的涿州守将汉人王楫为先锋，率三万蒙古军南下会合投降的契丹军和乣军共同作战。

此时，蒙古军内部民族已经很混杂了，而且连年征战伤亡巨大，真正的蒙古族本部乞颜部的将士已经所剩不多了。

大军出征前，铁木真对石抹明安说："那些投降的契丹军和乣军将士，你自己看着处理，有用你就留下，没用就杀掉。"

石抹明安知道铁木真专门对他做这样的交代，是因为他是契丹人。

石抹明安是个很聪明、很会说话的人，他和王楫在会合投降的契丹军和乣军后，向铁木真上奏道："这些人本来都该死，但是如果让他们继续活下去的话，那些还在顽抗的人就会望风归降、来投我主。"

铁木真果然大悦，同意石抹明安和王楫所奏。这样，石抹明安一句话便成功救下了几万契丹人。

果然，石抹明安和王楫改蒙古军的屠掠战术为招降后，所到之处金军望风而降，很快收到降兵十余万人。

在派遣三木合拔都、石抹明安、王楫率军向中都进军的同时，铁木真再次派遣木华黎和妹夫孛秃兵分两路攻略辽西和辽东。

出征前，木华黎向铁木真说："大汗，我们已经征伐金国四年了，这桃花石（中原）和辽东实在太广大了，而且百姓众多、财富滚滚，所以我们应该想办法留下来，不要再这样反复兴师动众、每年来来去去。我们不但要将金国彻底打垮，还要经营这片富庶之地。"

铁木真沉思良久，方才说道："你说得很对，我们必须占领桃花石（中原）这块地盘。"

木华黎知道铁木真已经听进了这番话，便再不多言径直领了两万西路军去攻打辽东，直逼金国北京大定府。木华黎一路胜仗不断，破敌二十万人，并在这一仗杀死了金兵八万人，打得金人完全束手无策。自野狐岭之战起，金国人就惧称木华黎为"国王"，这一战后名声更响，"凡金国之域小儿闻木华黎之名不敢夜啼"。与此同时，孛秃率领的东路军也成功打下懿州，金国节度使高闾仙与城俱亡。

这时，蒙古军主力也已成功攻下了中都。

中都的攻防战一波三折，金国守军确确实实地坚持到了最后。

三木合拔都和石抹明安、王楫率军南下后进攻古北口，连续攻下了景、蓟、檀、顺等州，但有些地区的金军守将仍在拼死抵抗。九月间，蒙古军围攻顺州，金军老将王晦坚守到底。王晦的部下王臻劝他投降："事急矣，何必自苦？你跟我一起去投降，可以不失富贵。"

王晦顿时大骂："老子年已六十，位居三品，死是我的本分，怎么会跟你走？"于是死战到底，直到被俘仍不屈，最终就义。

这时，金宣宗完颜珣和术虎高琪眼见中都危在旦夕，又出了一个下策——不是坚决救援，而是要把驻守中都的太子完颜守忠召来南京，但大臣完颜素兰坚决反对。

术虎高琪早已把持金国朝政，他对完颜素兰呵斥道："圣上住在这里，太子作为一国储君必须随从。再说，你能保证中都守得住吗？"

完颜素兰据理力争："谁都不敢说中都一定能保住，但太子留在中都声威俱重，人心即可不散，只要守住关险，就可保住都城。往昔安史之乱，唐明皇李隆基逃往蜀地，却将太子留在灵武坐镇，就是为了维系天下人心稳定。"

金宣宗完颜珣和术虎高琪无言以对，却坚决召太子完颜守忠来南京。其实，太子完颜守忠事先已得金宣宗完颜珣嘱咐，到了南京后立刻就来接他，不要在中都等死。闻讯后，太子完颜守忠立刻逃离了中都。太子完颜守忠的逃跑让金国人统统明白了，金国朝廷无意在中都坚守，顿时人心尽失，于是金右副元帅蒲察七斤献城通州投降，中都四面对外通道遂统统被蒙古军掐断。

其时，蒙古军已经四面逼近中都。驻守中都的金国尚书右丞兼都元帅完颜承晖，派人穿着用明矾水写在棉袄里的奏书向金宣宗完颜珣告急："蒲察七斤投降，中都守军都失去了意志。臣虽决死守城报国，然城内已无粮草，岂能持久？中都一失，辽东、河北都将陷落，非我所有。倘若诸军赶快来援，或许还可保住中都。"

金宣宗完颜珣愁眉苦脸，派御史中丞李英领兵十万护运粮草救援中都。这李英本是一介手无缚鸡之力的文人，派他是因为其曾在中都附近收编了数万民间义军，故金宣宗完颜珣以为其很有军事才能。再者，金军将帅死的死、伤的伤、降的降，朝廷实在已无可用之将，而李英一听可统十万兵顿时斗志高昂，主动请战。

李英边走边收编河间、清、沧等处地方"义军"武装，又得兵数万人，更是求战心切。不过，李英下了一个很古怪的命令，即下令"全军将士，无论高低，每人皆须负粮三斗"，而他自己也背负粮草以鼓励士气，理由是"我之治军，与他将不同。我要众将士知晓，我统军讲求上下一心，全军同甘共苦。这样，将士们必为我血战到底，何愁不胜"。

可想而知，这样的将领带兵，不败也难。三月，李英在霸州与蒙古军相遇，金军大败，而李英也背着他的三斗粮战死。

与此同时，在南京总揽军政大权的术虎高琪忌恨完颜承晖，不再派兵救援中都。

此刻，中都危在旦夕。

这时，铁木真随后军也来到中都城下，他要亲自看着蒙古军夺下这座中原第一名城。

扎下大营后，铁木真立刻传令各军寻找耶律楚材。

消息很快传来，耶律楚材不在中都城内，而在城外潭柘寺学佛。

铁木真忙问道："潭柘寺是什么所在？"

汉将郭宝玉答道："大汗，潭柘寺是一个著名的寺庙，建寺至今已有八百多年，比中都城的年岁还久。故有谚云：'先有潭柘寺，后有京都。'潭柘寺位于中都西边的潭柘山麓，距此六十余里。"

铁木真顿时大喜："我们这就找大胡子去。"说完便点了塔塔统阿、郭宝玉、石抹明安等各才学之士，又点了术赤台、合答黑等七八名猛将，再带上两百名怯薛勇士，便往潭柘寺而去。

一路上，奇花异草，溪水潺潺，好一处名山胜景所在！

铁木真一行人到得潭柘寺，只见这佛寺位于半山之上，瑞气万千、气象庄严，而山下不远处就是被蒙古军围得死死的中都城。

铁木真一行人把马拴在寺外后，进得寺门后便问："耶律楚材在哪里？"僧人茫然。

铁木真又比画道："就是胡子长到肚子这里的人。"

僧人这才恍然大悟道："原来你们说的是湛然居士，他在后山搭了个茅棚修行，种了些蔬菜。"原来，庙里的僧人不知道耶律楚材的俗名。

于是，铁木真一行人又来到后山，终于在接近山顶的一处小小平地上找到了耶律楚材的住所。

在一顶小小的茅棚外面，种的都是青绿的蔬菜，一架黄瓜长势极好，绿叶间到处都垂下来脆嫩的黄瓜，而旁边还有一畦深紫色的茄子在阳光映照下闪闪发光。茅棚里，一个大胡子正在盘腿打坐。

塔塔统阿见此，知道该怎么办了。于是，塔塔统阿走到茅棚旁边口诵"南无阿弥陀佛"，并用手指有节奏地轻轻敲着茅棚的门，以唤耶律楚材出定。果然，过了一会儿，耶律楚材睁开了双眼，他走到门口一看，不觉一愣，竟然围了这许多人。

铁木真高兴得哈哈大笑："大胡子，我们又见面了！这次我们再不分开了！"

耶律楚材看清是铁木真，顿时也是满腔喜悦："恭喜大汗终于走出了草原！"

铁木真又道:"我们终于打倒了金国,攻下中都在即。大胡子这下可高兴了,哈哈!"

耶律楚材敛色道:"大汗,我家祖孙三代在金国为官,'食君之禄,忠君之事',这才是为臣本分。然楚材愿追随大汗,是以金国已经腐朽暴虐、残民以逞,数代金国皇帝皆是无道暴君,天下百姓水深火热。故而楚材辅佐大汗,是希望大汗改天换地拯万民于倒悬,却非为个人得享高官厚禄。"

这样,铁木真对耶律楚材更加敬重了。

耶律楚材为众人奉上山泉水煮的松针茶,众人尝过后顿觉齿颊流芳。铁木真边饮茶边责备道:"大胡子,你为什么不来找我?"

耶律楚材道:"大汗五伐金国,金国生灵涂炭,心中难过,只想避世隐居,于此乱世求得心中的一点清静与安宁。"

铁木真哈哈大笑:"大胡子,天下非一族一人之天下也!金国残暴腐朽、民不聊生,长生天的意旨要它灭亡,我们只是实现长生天的意愿而已。值此乱世,大胡子更应该出山,帮我荡平天下、替天行道,留名青史!"

耶律楚材微笑不语,铁木真这番话是说到他心里去了。

铁木真拍拍掌:"大胡子,我铁骑纵横桃花石(中原),你有什么看法?"

耶律楚材知道,这是铁木真在考校他心里的实际学问,他认真地说:"我说一点,我知道大汗在草原之时定下了《大札撒》管理草原的百姓。"

铁木真惊道:"你竟然知道《大札撒》?"

耶律楚材点头:"我认真读过《大札撒》的全文。"

铁木真又说道:"那你感觉如何?"

耶律楚材说道:"《大札撒》就是草原游牧民族的行为规范,其言简意赅,将草原管理得井井有条,实在是了不起的律法规范。但是,如今大汗入关百战百胜、势如破竹,金国的灭亡不会很远了,但长城以内皆是汉地。金人虽在此统治百年,但这里九成的百姓仍然是汉人,汉人在这里已经居住生存了几千年。《大札撒》可以管好草原,却难以管好汉地,因为长城之内汉人都是农耕民族,并非逐水草而居游牧为生。"

铁木真听得津津有味:"那大胡子说怎么办?"

耶律楚材说道："汉人是农耕民族，定居在自己的一块土地上精耕细作，种五谷为生，靠稼穑而食，所以大汗管理汉人就要以汉法治汉地，最重要的核心就是以农耕为中心，鼓励精耕细作、奖励农桑，而取税收以养朝廷。如此，方可江山稳固，代代不绝！"

铁木真明白了耶律楚材的话，虽然其句句打到了他的心窝子，但不禁大赞道："好一个'以汉法治汉地'！我蒙古又多了一位大胡子国师！"说完一把扣住耶律楚材的手，拖了就走。

众人不禁大笑。

这时，中都已城破在即，驻守中都的金国尚书右丞兼都元帅完颜承晖虽军事才能不高，但他认为自己的副手左副元帅抹撚尽忠极有军事才能，便放心大胆地把军事都委托给他，而这位抹撚尽忠就是曾守住西京的那位金将，因功升任左副元帅。

五月初，见蒙古军已兵临城下，完颜承晖便与抹撚尽忠商议，以死报国。然而，抹撚尽忠却与他的心腹完颜师姑密谋南逃，但消息走漏，传到了完颜承晖那里。完颜承晖便召见完颜师姑，说："原来，我以为抹撚尽忠知晓军机，所以才推心置腹、委付兵权。平章①曾许我城破俱死，以报国家。现在，城内忽然风传平章打算弃城而走，何时启程？你是他的左右手，你必定知道。"

完颜师姑不疑有异，说："今天傍晚就走。"

完颜承晖问："你办好了行李吗？"

完颜师姑答："都已办好。"

完颜承晖诳到实情，顿时大怒："都走了，国家社稷怎么办？"然后把完颜师姑推出斩首，将首级传遍各军。

随后，完颜承晖作遗表最后上谏，表中论国家大计并警告朝廷万不可重

---

① 平章，这里指抹撚尽忠。当时，抹撚尽忠任左副元帅兼平章政事。

用术虎高琪，说："平章政事术虎高琪①，赋性阴险，报复私憾，窃弄威柄，包藏祸心，终害国家。"随即服毒自杀殉城。

完颜承晖既死，再也无人牵制，于是抹撚尽忠等人便在当天下午放弃中都逃跑。逃到南京后，金宣宗完颜珣竟不问抹撚尽忠失城之罪，仍任为平章政事。

金宣宗完颜珣之昏聩，可见一斑。

就在抹撚尽忠逃走的当天晚上，石抹明安在熊熊火光中率蒙古军进入中都，占领全城。从此，中都被蒙古占领，再未放弃。从当年金国海陵王完颜亮迁都始，到大蒙古国铁木真进入中都城止，中都作为金国的都城已经六十余年，自此易主。在蒙古军一波又一波的打击下，金国彻底灭亡的日子已经近了。

当天深夜，蒙古军已遍布中都全城，他们到处杀人放火、强奸劫掠，并将居民和金军士卒赶出房屋以方便行事。是夜，中都城里到处是火光，以及百姓们的哭号声、惨叫声，其状惨不忍睹。

当蒙古军正在屠城的消息不断传到铁木真的中军大帐，铁木真和蒙古军将领一副习以为常的样子，但汉人、契丹人将领皆于心不忍，却无人敢言。终于，耶律楚材站出来说道："大汗，请下令停止屠城吧！"

铁木真一惊："大胡子，我的将士为了夺取中都已经血战了四年多，风霜雪剑不辞劳苦，心中都是满腹杀气，不让他们杀人放火发泄，这股恶气出在哪里？我不让他们尽情抢劫、多获财物，他们为何而战？这些敌人多杀一些不妨事！"

耶律楚材扑通一下跪倒在地，说道："大汗，请停止屠城吧！上天有好生之德，乃生万物；民心有向背之依，归于仁君。大汗若要一统天下，就不能屠城杀民。最重要的是，这些百姓现在已经是大汗的财产，他们会为大汗

---

①金国在尚书省置平章政事，与左右丞相并为宰相。当时，术虎高琪为左副元帅，拜平章政事。

年年农耕商贾、孳生繁衍、缴纳税赋，他们是大汗永远不绝的财源。如果把他们杀绝了，谁来为大汗耕种稼穑、进贡财富呢？"

铁木真觉得有些道理，默默地点了点头。

耶律楚材见状连连磕头，接着说道："大汗，请下令停止屠城吧！天下百姓之多是永远也杀不完的，屠杀只能杀出无尽的仇恨。大汗若想为天下之主，当爱民而非屠民啊！"

铁木真叹了口气，说："大胡子，你起来吧！我按你的意思办就是了。六弟，你过来。"

这时，失吉忽秃忽站了出来，他是"蒙古四养子"之一，所以铁木真称他为"六弟"。

铁木真交给失吉忽秃忽一块黄金令牌，说："你持此令带着汪古儿和阿儿孩一起前往中都城内，命令停止屠城。除留少许兵马，镇守城中外，其余的退出城外。另外，你去到城中，清查金国国库。金国百年集聚，库藏必厚，你把那些宝贝清点清楚都给我搬回来。"

"是，大哥！"失吉忽秃忽领命而去。

就这样，耶律楚材以一己之力救下了中都百万人的性命。二十年后，窝阔台汗打下了金国南京汴京（今开封）后意欲屠城，又是耶律楚材拼死保下了汴京百万人。后来，耶律楚材去世后，中原人民户户举哀、人人吊孝，家家在门口摆起香案祭奠，哭号之声闻于大街小巷，连乞丐和幼童都为其烧纸钱表示悼念。

失吉忽秃忽带着汪古儿和阿儿孩两员老将来到中都城清查金国国库，盘点各类金银财宝，只见外府堆积如山的金锭、银锭倒也罢了，那内府珠宝库里更是珠光宝气、七彩流溢，堆满了各种各样的奇珍异宝、珠玉宝石，不禁让众人看得目瞪口呆。金国的管库官员名叫合答，他准备了三份价值连城的珠宝送给失吉忽秃忽、汪古儿和阿儿孩，意图贿赂。失吉忽秃忽厉声道："从前这中都城和城里的一切都归金国皇帝所有，而现在这中都城已为成吉思汗所有，你怎么敢窃取成吉思汗的物品随便送给他人呢？我不能接受这些东西！"很直接地拒绝了。不过，汪古儿和阿儿孩却毫不客气地收下了送来的物品。

失吉忽秃忽、汪古儿和阿儿孩三人盘点好了中都城中的宝库，然后装了三千余大车拖回了铁木真的大帐中。随后，失吉忽秃忽报告了查库的经过。

铁木真问道："合答送了何物？"

失吉忽秃忽说道："送来了各种金银、珠玉和珍宝。我对他说，现在中都城和城里的一切已归成吉思汗所有，你怎么敢窃取成吉思汗的物品随便送给他人呢，故我没有接受。"

铁木真看着汪古儿和阿儿孩道："这么说，你们两个接受了？"

汪古儿和阿儿孩两人顿时跪倒在地，苦苦求饶。

过了半晌，铁木真方才说道："你们拿着东西走吧，从此永远不要再让我看到你们了。"

汪古儿和阿儿孩两员老将更是号啕大哭，直接在地上打起滚来。

众将于心不忍，纷纷求情。

铁木真想起叔叔答里台的教训，终于还是原谅了汪古儿和阿儿孩两人。

接着，铁木真对六弟失吉忽秃忽道："你识得大体，不愧为我视之明目、听之聪耳！今后可大用！"

第三十一章　天边的雷霆

铁木真在中都驻扎了二十多天。这一日，铁木真正与众将商议军机，一名怯薛箭筒士进来报告："有从西边来的两名花剌子模使者求见大汗，他们还带来一个庞大的商队。"

"花剌子模？"铁木真以前听说过这个名字。

然后，铁木真问札八儿火者和镇海道："这花剌子模是怎么回事？"札八儿火者和镇海都出生于中亚，熟悉那一带的风土人情。

镇海答道："大汗，花剌子模意为太阳之地，是个大国，实力雄厚。"

原来，这花剌子模的领土不比当时的蒙古小，其西至黑海乌拉尔咸海，东达帕米尔高原。北至伏尔加河，南抵印度和波斯湾，几乎包括中亚、西亚的全部——今伊朗、阿富汗、巴基斯坦、伊拉克、土库曼斯坦、高加索、吉尔吉斯斯坦、塔吉克斯坦以及哈萨克斯坦等几乎全在其领土内。

在这片辽阔的土地上，居住着突厥人、波斯人、阿拉伯人、康里人。其中，波斯人和阿拉伯人主要居住在城市和农业区，以农业和经商为主；突厥人则主要在沙漠地带和草原上过游牧生活。突厥人和康里人把持着花剌子模的朝政，因为花剌子模的建立主要是依靠突厥人和康里人的军事力量，但他们之间矛盾很深。

花剌子模主要信仰伊斯兰教，境内既有游牧地区又有文化发达的农业绿洲，物产十分丰富。历史上，花剌子模先是被阿拉伯人征服，成为阿拉伯帝国的一部分；阿拉伯帝国瓦解之后，它又被萨曼王朝[①]占领，后来又被哥疾宁王朝[②]征服；到了十一世纪中期，塞尔柱的突厥贵族又统治了花剌子模[③]，祖先曾是奴隶的纳失的斤被任命为花剌子模国王，他逐渐占领了中亚一带，但其在与西辽的战争中失败，臣服于西辽。

花剌子模的当代国主叫摩诃末（"穆罕默德"的音译），称为算端[④]（今译苏丹），也是一代雄主。在花剌子模的新国王摩诃末即位后，他巧妙利用西辽的协助纵横捭阖，占领了周边一系列的小国，大大扩充了实力，迅速强大并成为突厥语国家中最强有力的统治者。然后，摩诃末与西辽翻脸，杀掉了西辽索贡的使者，又联合撒马尔罕共同反抗西辽，打败了西辽，最终获得了独立。其后，摩诃末在中亚开始大扩张，攻打吞并了周围的小国。

札八儿火者补充道："我就是摩诃末攻打中亚名城布哈拉时逃出来投奔大汗的。"

铁木真点点头："原来如此。这使者万里而来，当善待之。带他们进来，看看他们要说什么。"

过了一会儿，怯薛将两名花剌子模使者带进帐来，只见这两位使者白肤深目、高鼻虬髯，一位名叫巴哈丁，另一位名叫拉济。

铁木真说道："你们横过流沙万里而来，一路都走过哪些国家啊？"

两位使者答道："我们从花剌子模一路向东，走过了西辽国、畏兀儿国、西夏国，才见到大汗。"

铁木真故意问道："西辽以前不是花剌子模的宗主国吗？"

巴哈丁答道："那是很久以前的事了。现在，西辽王屈出律认我们国主摩诃末算端为父，以花剌子模为西辽宗主。"

---

①萨曼王朝，兴起于9世纪，建立于874年，是一个由波斯人建立的中亚历史上最长的伊斯兰王朝。萨曼王朝实行封建中央集权制，以布哈拉为都城，疆界囊括整个中亚。

②哥疾宁王朝，又称伽色尼王朝，是中亚第一个奴隶王朝，由萨曼王朝的突厥奴隶于962年建立。

③塞尔柱王朝，是11世纪塞尔柱突厥人在中亚、西亚建立的伊斯兰帝国。

④算端，蒙元时期中亚伊斯兰教诸政权的首领的称号。

"西辽王屈出律？哪个屈出律？"铁木真内心一惊，却没有丝毫表露出来。

巴哈丁答道："屈出律王出身高贵，以前是乃蛮国太子。"

原来，屈出律就是乃蛮部太阳汗的儿子。在蒙古部与乃蛮部杭爱山大战后，乃蛮部灭亡，屈出律逃出后就在中亚一带流亡，后来流落到了西辽。

西辽曾是个非常强大的国家，与草原和中原都有极深的渊源。辽保大四年（1124），即辽国灭亡前一年，由于不愿向金国屈膝，辽国贵族、一代英豪耶律大石率领少数部众西出逃并称王，并于八年后（1132）在叶密立（今新疆维吾尔自治区额敏县）称帝建国，建元延庆，史称西辽。

不过，西辽刚在中亚站稳脚跟，便遭到了塞尔柱王朝组织的伊斯兰诸国联军围攻。西辽康国八年（1141），耶律大石率部以寡击众，在卡特万大战中击败中亚、西亚数十国组成的伊斯兰联军。卡特万大战结束后，塞尔柱王朝一蹶不振，就此被迫退出了中亚地区。与此同时，西喀喇汗国、东喀喇汗国、花剌子模等先后向新征服者西辽臣服，使得西辽的版图向西急剧扩张，最终成为一个北抵伊犁河、南含锡尔河、西至怛罗斯①、东达巴尔思罕②的大帝国。

铁木真早已知道西辽就在女婿巴尔术统治的畏兀儿以西，再过去就是花剌子模，而西辽正好夹在畏兀儿和花剌子模之间。于是，铁木真热情地说："我知道你们的国在何方，你们国主派你们来有什么事吗？"

两位花剌子模使者右手抚左胸道："启禀大汗，我们花剌子模的国主摩诃末算端让我们前来祝贺大汗打下金国，还希望大汗允许我们两国通商。"

原来，这花剌子模国主摩诃末野心勃勃，常怀一统天下之志，打下中亚后便常思向东发展，早有觊觎之心。这时，摩诃末忽听得东边有个大蒙古国的成吉思汗，连强大的金国都给打败了的消息，不禁心中甚是愤怒，但又摸不清楚这个大蒙古国的底细，几乎对这个大蒙古国一无所知，于是便派遣使臣和商队打探蒙古和成吉思汗的底细。花剌子模地理位置十分优越，控制

---

① 怛罗斯，今哈萨克斯坦江布尔州首府塔拉兹。

② 巴尔思罕，今吉尔吉斯斯坦伊塞克湖东南。

着东西方贸易的要道，从中原到中亚、西亚及欧洲的交通线穿越其间，连接东西方商贸的"丝绸之路"也从此通过，而花剌子模人便以擅长经商著称于世。因此，蒙古人又把花剌子模称为"商人之国"。在古代，商队也是情报队和间谍队，他们利用经商之利四处打探别国的风土人情、山川地理，而这也是各国之间公开的秘密。

这时，铁木真还根本没有想过要和花剌子模敌对，只是初知在遥远的中亚、西亚有这么庞大的一个国家，还先派来了使臣和商队希望通商。对此，铁木真还非常高兴，希望和花剌子模建立友好的关系。

铁木真命令友好接待花剌子模使臣和商队并热情款待，还让他们住进了专门搭设的白毡帐幕之中。同时，铁木真让传令飞骑从草原昼夜驰往畏兀儿，命其女婿巴尔术立刻探听清楚西辽和屈出律任西辽王是怎么一回事，并要求马上飞速回报。当然，畏兀儿和西辽东西毗邻，互相都是知根知底的。

接下来的几天，铁木真天天和花剌子模使者交谈，尽量多地了解这个西方大国。几天后，铁木真知道了花剌子模国土广大、人口众多，拥有雄兵四十万，物产极丰，完全可以成为蒙古的贸易伙伴，互相交换粮食、珠宝、兵器、纺织品和各种日用品。

铁木真笑着对花剌子模使者说："你们回去告诉摩诃末算端，我是东方的统治者，算端是西方的统治者，我们要永远保持友好关系，让我们的商人互通往来，交流财富和物品，这对我们都有非常大的益处。"

然后，铁木真又允许花剌子模的商人在大蒙古国境内可以自由行商。于是，这些商队便一面行商，一面四处探听蒙古的各种情报。

据中亚历史学家记载，当时还发生了一件与铁木真有关的逸事：

有个花剌子模商人拿了一匹织物，对铁木真漫天要价，竟然高出一般织物价格的三十倍之多。

铁木真大怒："你这个奸商，以为我们没有见过织物？"于是命人带这个商人到蒙古金库去看各种各样的金缎银绸，然后登记了他的纺织物并全部予以没收。

然后，铁木真将花剌子模商人都叫来，要他们对带来的货物开价，但这些商人都表示"是奉国王之命送这些织物过来，不要钱"，拒绝开价。

于是，铁木真非常高兴，命令将这些商人的物品统统给予十倍的利润，最后又把那个奸商放了，但同样也给了他十倍的利润。

可见，当时铁木真确实是非常希望同花剌子模人友好的。

这一日，又传来木华黎经略辽东的捷报，铁木真十分高兴地对众人说道："我们出兵以来连连大胜，势如破竹，而金国已成土崩瓦解之势，败亡无日。所以，我们要加紧猛攻，彻底消灭金国。"众将皆沉默不语。

这时，耶律楚材站出来说道："大汗出兵伐金，至今已有几年？"

铁木真屈屈手指叹口气："我们离开草原，已近五年了。"

耶律楚材说道："大汗，汉人兵法云：'兵贵胜，不贵久。'我们的大军已经马不停蹄地征战了五年，甚是疲惫，而金国乃百年大国，骆驼倒了还有副大骨架子，仓促之间难以覆灭。现在，金国三面受敌，北面是我们大蒙古国，西面是西夏，南面有南宋。我若再攻，其必全力对我；我若暂时减轻压力，金国必然攻打南宋以开拓实地，南宋必极度仇恨，而我们等到金与南宋两败俱伤，即可轻轻松松一鼓而下金国。"

铁木真对耶律楚材之计甚是赞赏，但又补充道："我们退走之前，还要再试探一下金国退到南京后是否有什么长进。"

于是，铁木真派出使者到金国的新都汴京对金宣宗完颜珣说："成吉思汗的意旨，我们以黄河为界，黄河以北全部归我蒙古，黄河以南归你们，同时你要去掉帝号，只能称河南王。如此这般，我们就可以讲和。"

果然，金宣宗完颜珣听完勃然大怒："真是欺人太甚！你们要来，我们打就是了！"

听到使者的回报，铁木真立刻派青年勇将三木合拔都带了一个万人队，借道西夏从西面试探攻击金国。三木合拔都勇悍无比，竟带领一万人攻下了长安（今陕西西安）和潼关，然后进入河南径直攻击汴京，一直打到离汴京只有二十里的杏花营。这时，一众勤王的金军赶到汴京，三木合拔都见势知道孤军深入不妙想赶紧后退，却哪有那么容易，最后折损了一半人马才冲出金军的包围圈跑到黄河边。这次，三木合拔都本以为全军都将战死于此，不想连下三天大雪，黄河结冰，这才从冰面上逃出生天。

三木合拔都灰头土脸地去见铁木真，铁木真反倒安慰道："你用一万人马就打下了长安和潼关，功劳不小。你也试出来了，黄河以南的金军为数不少，还很能打。你做得很好！"

然后，铁木真又对耶律楚材说："大胡子，你说得很对，说得很好。我们这就回草原，只留木华黎率军侵扰金国，逼着金国与南家思（南宋）开战消耗实力，等他们耗得差不多了我们再回来攻打金国。"

于是，铁木真当即率蒙古军主力返回漠北怯绿连河（今克鲁伦河）大本营。

这是蒙古成吉思汗十一年（金贞祐四年，1216）的事，而这时距铁木真誓师伐金已经过去五年多了。

远征多年的蒙古军将士回到了漠北家乡，看着远方不儿罕山苍翠的身影，都不禁眼含热泪，纷纷下马亲吻家乡的泥土，久别的亲人也奔跑着迎上来拥抱，草原上到处一片沸腾欢乐的景象。但是，铁木真却很严肃，因为马上又有一部分将士需要出征——在西面还有一场战争等着他去打。

这时，铁木真的女婿、畏兀儿国王巴尔术已经送来了关于西辽和花刺子模的全部详细情报。

原来，在七世纪初，穆罕默德圣人创建了伊斯兰教，以教统军治民，政教合一，一统阿拉伯世界。穆罕默德圣人去世后，其继承人称为"哈里发"（意为"代天行事"）。哈里发既是国家元首，也是伊斯兰教的最高宗教领袖。伊斯兰教各国国王即位时，均须由哈里发册封，如果得不到哈里发册封承认的，权势再大也做不了国王。正因为哈里发的政治宗教地位如此之高，历代为哈里发之位相争皆互相残杀，内乱不止。所以，历代哈里发为保持政治宗教地位，都把控制军队看成执政的第一要务，但又难以避免被拥兵自重的将军们挟制。

十一世纪初，来自中亚草原的塞尔柱突厥人兴起，他们信仰伊斯兰教，以拥护哈里发为名，击灭阿富汗、波斯等国，重新把阿拉伯东帝国统一起来。哈里发将塞尔柱人视为救星，封其酋长托格茹为"苏丹"（意为"摄政"或"世俗之主"，相当于国王或皇帝）。于是，塞尔柱人便以苏丹名义发号施令，史称塞尔柱王朝。

花剌子模开国国王原是塞尔柱王朝的宫廷奴隶，名叫纳失的斤。但是，纳失的斤骁勇善战，屡立战功，最后因军功太大被封到花剌子模之地为王。花剌子模既是其国名，也是都城名，后来都城改称玉龙杰赤。当时，花剌子模只是个小国，长期臣服于西辽。直到纳失的斤第五代孙塔哈施励精图治，四处征战，这才逐渐使国家强大起来。

此时，塞尔柱王朝已经非常衰弱了，新哈里发纳昔尔即位。与历代哈里发一样，纳昔尔也想从塞尔柱王朝手里恢复权力，便策动花剌子模王塔哈施进攻塞尔柱王朝。塞尔柱王朝早已腐朽不堪，一击之下，王朝当即灭亡。塔哈施便将波斯的几个省归还给哈里发纳昔尔，而纳昔尔也投桃报李封塔哈施为帝国东部的最高统治者，这样花剌子模便得到了其在阿拉伯世界梦寐以求的政治地位。

塔哈施死后，其子摩诃末嗣任花剌子模国王。摩诃末是位野心勃勃的君主，即位后立即南征北战，打着哈里发命令"圣战"的旗号，吞并、征服了邻近的许多小国。由此，花剌子模进入全盛时期，成为中亚第一大国。

这时，摩诃末野心膨胀，不再甘心臣属于西辽。西辽天禧三十一年（蒙古成吉思汗三年，1208），摩诃末直接杀死索贡的西辽使者，公开与宗主国西辽翻脸（后来，他因为随意杀掉使臣被铁木真所灭）。杀掉使者之后，摩诃末违背其父塔哈施"不要进攻西辽，那是挡住东方野蛮人的屏障"的遗训，以"圣战"之名挥军杀入西辽，一举占领中亚名城布哈拉，又进攻河中地区首府撒马尔罕，结果被西辽打败。

当时，西辽皇帝耶律直鲁古收留铁木真宿敌屈出律为驸马，但屈出律恩将仇报，伺机篡夺了西辽王位，同时撒马尔罕之王奥斯曼汗因不满西辽重税也企图独立。于是，摩诃末便利用此二人，企图一举攻灭西辽。西辽皇帝耶律直鲁古发现河中首府撒马尔罕要造反，便发兵讨伐奥斯曼汗。屈出律趁岳父耶律直鲁古率军出征后方空虚，当即起兵攻入西辽都城虎思斡儿朵[①]。耶律直鲁古方寸已乱，赶紧回兵击退屈出律，但不久便被屈出律伏兵擒获并夺取了西辽帝位。这时，摩诃末又率河中联军大败西辽军，然后又杀死了盟友奥斯曼汗，吞并了河中地区。接着，摩诃末另立新都，将都城由玉龙杰赤迁至撒马尔罕以巩固统治，从而控制了中土大地到欧洲的两大交通要道。

不过，摩诃末穷兵黩武，以军力建国，东南西北四面扩张，虽然开疆辽阔，但多是新征之地，民心不定，统治不稳。摩诃末的军队主要由突厥人和康里人组成，突厥人在军队低人一等，受到歧视，而康里人勇敢善战，占据了上层位置，又是皇亲国戚，在国中备受恩宠，因此两派矛盾极深。摩诃末的母亲秃儿罕皇后是康里人，她主导形成了一个以康里人为军政大臣和统兵亲眷组成的实力强大的军事贵族集团，虽然她住在旧都玉龙杰赤，根本不去新都撒马尔罕，但常常对国政发号施令。对此，摩诃末也毫无办法，结果花剌子模军政常常令出双门。摩诃末的王储斡思剌黑本是幼子，但因其母是康里人，所以受到祖母宠爱，得以立储；而长子札兰丁虽然英勇善战，在军中威望极高，但其母是印度人，所以只被发配分封到阿富汗的哥疾宁（伽色尼）。

当年，杭爱山大战后乃蛮部被灭，屈出律便在中亚各地逃亡。忽一日，屈出律逃到西辽都城虎思斡儿朵，被西辽皇帝耶律直鲁古的女儿浑忽公主看上要招他做驸马。对此，屈出律当然求之不得，先是消停了一两年，但很快野心不死，并告诉岳父耶律直鲁古"中亚还有大量乃蛮旧部在流亡，愿意为其招集起来"。耶律直鲁古当然愿意，但他没想到的是屈出律在中亚走了一圈竟招了四五万人马回来。其实，乃蛮也是数百年的大国，虽然树倒猢狲散，但是流散之众仍有不少。这样，屈出律就有了一支直属于自己的强大力量，野心就更加膨胀，最后便借用花剌子模国王摩诃末的势力，不但杀死了岳父耶律直鲁古篡了西辽皇帝之位，还把妻子浑忽公主逼死了。屈出律即位西辽

[①] 虎思斡儿朵，即西喀喇汗国都城八剌沙衮，位于今吉尔吉斯斯坦托克马克市西南二十里布拉纳古城遗址。耶律大石建立西辽后，改称八剌沙衮为"虎思斡儿朵"。

皇帝之后，马上娶了一位十分美丽的女子，但这女子却是信奉佛教的——西辽百姓普遍信奉伊斯兰教——便成天撺掇屈出律逼西辽百姓改信佛教。于是，屈出律便用极其残酷野蛮的手段逼迫西辽百姓改变信仰，甚至让军队进城用血腥的手段逼迫每家每户必须安住一个士兵，顿时虎思斡儿朵城内闹得乌烟瘴气、鸡犬不宁。

铁木真看完巴尔术送来的情报后，敏锐地觉察到了战略机遇。对于西辽这个一直独立于蒙古西边的国家，以前西辽皇帝耶律直鲁古在位没有侵扰蒙古边境的行为，铁木真自然没有理由攻伐——他自己也忙着征伐金国，根本抽不出身去攻打西辽，但现在则有送上门来的机会——屈出律在西辽篡位杀妻，闹得西辽天怒人怨，而且攻伐金国也暂告一段落，正好抽兵攻打西辽。

于是，铁木真首先派出使者随同花剌子模使者到中亚河中地区回访摩诃末。

带队的使者是花剌子模人马哈茂德，副使是不花剌人阿里火者、讹答剌人玉素甫和坎哈等人，并带着驼峰大的天然金块——俗称"狗头金"——和极其珍贵的丝绸织物作为铁木真送给摩诃末的礼物。

马哈茂德将铁木真的信件呈交给摩诃末，并代其致辞："我知道你的国家势力强大，你统治着广袤的国土，我愿意和你修好。我看待你，就好像心爱的儿子一样（"我之视君，犹爱子也！"）。估计你也知道我已征服中国，君应知我国战士如蚁之众，财富如银矿之丰，实在没有觊觎他人领土之必要。我所希望的不过是彼此百姓之间可以通商贸易，互通有无，对大家都有好处。"

不料，摩诃末听完致辞后顿时大怒："成吉思汗，竟敢如此妄自尊大！他把我叫儿子，他难道是要做我的父亲吗？"

马哈茂德赶紧解释："将他人称为儿子，是蒙古人表示友好的一种方式。世上难道还有比父子更深厚的感情吗？"

经过马哈茂德的再三解释后，摩诃末的脸色这才和缓下来，说道："好吧，我同意和成吉思汗签订友好通商条约，保证两国通商贸易的安全。"

摩诃末如此痛快地同意了铁木真贸易通商的要求，有一个最主要的原因是之前摩诃末出征阿富汗征服了哥疾宁王国（伽色尼王国），其都城在哥疾宁（在今阿富汗喀布尔南八十公里）。摩诃末缴获了哥疾宁王国的全部王室档案，结果在档案里发现了哈里发与哥疾宁王国和西辽约定共同击灭花剌子模的秘密条约，不禁怒火万丈。于是，摩诃末在旧都玉龙杰赤召开教长大会，罢免了老哈里发并另立新哈里发，而他则自称"苏丹"。因此，摩诃末迅速与蒙古国签订了通商协定，以便安定后方集中精力向西方进军。

签完通商条约的当天晚上，摩诃末单独召见了使者马哈茂德，想直接刺探蒙古国的军事政治经济等方面的情报。于是，摩诃末问马哈茂德："听说你是我们花剌子模人？"

马哈茂德答道："是的，国王陛下。我家祖辈以来久居花剌子模。"

摩诃末又问道："那你怎么去了蒙古呢？"

马哈茂德答道："小人年轻时去蒙古经商，娶了一位蒙古女子，就在那里安家落户了。"

摩诃末也不再兜圈子了，直接问马哈茂德道："成吉思汗有多少军队？"

马哈茂德额头冒汗，心知这话答得不好就要掉脑袋，便很滑头地说："蒙古军怎么比得上国王陛下的军队呢。"

摩诃末听后很高兴，对马哈茂德说道："我知道你是忠诚可靠的，你本是花剌子模人，请你一定要记住这一点。今后，你要把成吉思汗的情况不断地报告给我，我一定会重重地赏你。"然后取出一只宝石镯子送给马哈茂德，作为"绝不食言"的证据。

马哈茂德回到蒙古，不敢有所隐瞒地把此行遇到的一切都报告给了铁木真，也把摩诃末送给他的那只宝石镯子交给了铁木真。铁木真笑了笑，但也没有再多说什么，只觉摩诃末为人做事甚是小气，于是把宝石镯子又还给了马哈茂德且厚赏了他。当看到花剌子模与蒙古的友好通商条约后，铁木真很是高兴，认为出兵西辽已无后顾之忧，便派术赤、者别和速不台三人各带一个万人队前去攻打西辽。

这一仗，蒙古军打得可是从未如此的顺利。

原来，屈出律作恶多端，不仅不许伊斯兰教信徒们礼拜，而且捣毁寺庙、杀害教长、纵兵入民宅，西辽百姓对其早已恨之入骨。于是，蒙古军一到西辽地界就立刻向当地百姓宣扬，蒙古军不会干涉他们的信仰，信徒们都可以自由地礼拜，而且保护寺庙、尊重教长。如此一来，西辽民心便全归了蒙古。

对屈出律来说，更可怕的是他的军心已经散乱。西辽军大多信奉伊斯兰教，而屈出律阴谋篡位、侮辱伊斯兰教早已引起全军的不满和仇视，只能靠镇压暂时维持。如今，蒙古军一来就宣布信教自由，顿时西辽军便秩序大乱，许多将领都开始酝酿兵变——只待蒙古大军来临，便要临阵哗变擒拿暴君，向蒙古人献俘投诚。

结果，当蒙古大军到西辽时，屈出律完全不敢抵抗，被迫放弃了都城虎思斡儿朵，只带了一些亲信逃之夭夭。

者别率军穷追不舍，一直把屈出律追到了阿富汗的大山里。这时，蒙古军军粮全断，但者别下令刺马血充饥，仍是毫不放弃。最后，终于在巴达哈伤①山里抓住了屈出律，当场将其斩首。

消息传出，西辽举国振奋，箪食壶浆以迎蒙古军，皆呼"成吉思汗万岁"。

蒙古军抓住战略机遇，就此一统西辽。然后，术赤设立达鲁花赤主管西辽行政，又宣布信教自由，收编了西辽的流散军兵，并严令禁止滋事扰民。至此，西辽归于蒙古版图。

这是蒙古成吉思汗十三年（1218）的事。

蒙古灭了西辽后，其西部边境就直接和花剌子模毗邻了。

这时，为了废立哈里发的事，摩诃末刚刚西征巴格达归来，而其在西征的路上遇到大雪，冻死了大批人马，还没打仗就几乎全军覆没，只好撤回。

听到蒙古军竟然吞并了西辽，摩诃末顿时勃然大怒，因为在他眼里西辽

---

① 巴达哈伤，今阿富汗东北巴达赫尚，位于阿富汗东北部兴都库什山以北、喷赤河以南地区。

早就是他的禁脔，非他莫属。于是，摩诃末又点起六万兵马从毡的（今哈萨克斯坦克孜勒奥尔达东南）出发，带着长子札兰丁前往西辽寻战，企图趁乱瓜分西辽领土。这时，术赤、者别和速不台正率军缓缓撤回蒙古，走到乞里河、黑河之间见水草丰美、禽兽甚多，术赤便欲在此围猎练兵以锻炼诸军，而者别和速不台自是高兴不已。

这一日，蒙古军围猎之时忽见西方烟尘大旗，无数人马正在向己方冲过来。蒙古军大惊，立刻放弃围猎结阵迎敌，其中术赤带一万骑居中，者别和速不台各带一万骑分列左右两翼。

花剌子模国王摩诃末率长子札兰丁杀气腾腾，面对蒙古军布下的战阵大喊道："蒙古人滚回去，否则让你们统统死在这里！"

蒙古军知道来者不善，数次派出使者对摩诃末说："国王陛下，成吉思汗没有命令我们同你们作战，我们只是在此围猎。我们愿意把我们从西辽获得的缴获分一半给您。"

摩诃末见蒙古军数量还不到自己所率军队的一半，自恃兵多国强哪肯轻易罢休，下定决心要全歼这股蒙古军，呵斥道："成吉思汗虽然没有命令你们攻击我，但上帝命令我消灭你们。我要消灭你们这些偶像教（萨满教），以报答天意。至于你们抢到的钱财，我会拿它买棺材安葬你们。"

这边，者别和速不台分别对术赤说："千万不可再退让，否则花剌子模人会认为我们蒙古人软弱可欺。我们必须与之一战，挫其凶焰，钝其军锋，杀到摩诃末见到我们蒙古人就害怕，然后方可退走。如果不战而走，实在失我大蒙古威风。"术赤深以为是。

于是，双方准备第二天大战。

第二天清晨，蒙古军和花剌子模军开始排兵布阵，双方都列为左中右三阵对峙。摩诃末见自己兵多，首先发起进攻，只见一排排铁骑手持弯刀直冲向蒙古军大阵。术赤、者别和速不台所率军兵皆是蒙古军精锐，见敌骑冲来丝毫也不慌张，只是张弓搭箭压住大阵。待敌军冲进弓箭射程，术赤一声"放箭"，顿时飞箭如蝗般密集如雨，只见一排排密密麻麻的箭矢、穿甲的三棱锥、伤马的尖头阔箭狠狠地啄击着花剌子模军的冲锋队伍。花剌子模军一批批人马翻倒在蒙古军大阵前两百步，惨叫声和战马悲鸣声响成一团，却始终冲不进箭阵一步。直到再也抵挡不了蒙古军这密集的箭雨，花剌子模军开始全线后撤。

就在这时，蒙古军大阵中忽然鼓声如雷，跟着便是惊天动地的喊杀声，只见蒙古军手持战刀长矛策马开始冲击正在撤退的花剌子模军，很快者别率领的右军瞬间就冲垮了花剌子模的左翼军并开始凶狠地追杀败敌，接着速不台的左军也打垮了花剌子模的右翼军。坐镇中军的摩诃末见状欲待后撤，却哪里来得及，只见术赤带领的蒙古中军已经像一条巨蟒一样死死缠了上来。就这样，蒙古左中右三军已将摩诃末包围，即使摩诃末的贴身卫队拼死作战，却始终无法突围。就在摩诃末不知所措之时，花剌子模第一猛将帖木儿灭里和摩诃末的长子札兰丁率领一队人马拼死向前，在蒙古军的包围圈中打开了一个出口，救出了摩诃末。

摩诃末侥幸逃得一命，立刻率领残兵败将拼命狂逃，一直逃出八十里之后见蒙古军没有跟来才收住了脚步。这时，花剌子模的六万军兵只剩下两万人了。

这一场血战惊得摩诃末魂飞魄散，他对长子札兰丁说：“我一生遇到过许多大敌，却从未见过如此凶狠的敌人。”

不过，蒙古军退去后，摩诃末还是派军抢占了西辽的不少地方。

就在这场蒙古与花剌子模第一场大战的当天晚上，术赤、者别和速不台命令在战场上遍燃篝火，然后率蒙古军轻装撤出战场向东方彻夜奔驰，到天亮时已经撤出两百余里。

数月之后，术赤、者别和速不台率军回到蒙古大营。

铁木真见长子、爱将得胜归来，甚是喜悦。随后，术赤、者别和速不台三人向铁木真汇报了攻打西辽的经过，以及回程被迫痛击花剌子模的原委。当听到摩诃末不但拉拢使臣做间谍，还主动攻击蒙古军并占领了西辽部分领土后，铁木真十分不悦，并对三人说道：“你们不堕我蒙古军威，打得好！”

不过，花剌子模毕竟是蒙古西边的第一大国，铁木真暂时不愿意多生事端再树强敌，又思忖两国刚签订了友好通商条约，便想借经商之机缓和两国关系以顾全大局。于是，铁木真便让诸王、诸大臣、诸大将各派一二心腹，带着众人拿出的珠宝、财物、私货组成一支四百五十人的蒙古商队，跟着返程的花剌子模商队浩浩荡荡向西而去。

然而，这实际上却拉开了蒙古军大西征的序幕。

第三十二章　战鼓声声催

前往花剌子模的蒙古商队是一支骆驼商队，他们行走的商路正是驰名世界的古丝绸之路的一部分——草原丝绸之路。

丝绸之路，一般指的是西北丝绸之路，是两千多年前西汉张骞两次出使西域后逐渐形成的历史古道。经过这条商贸大道，中原的丝绸制品、瓷器、铁器、蚕丝、茶叶、冶铁术、金银器制作术及其他工艺品，通过波斯、大食等国源源不断地传到了西亚及欧洲，而西方的商品、技术和文化也通过这条商贸之路传入东方，极大地促进了东西方文明交流和社会发展。但是，实际上不仅有陆上的西北丝绸之路，还有草原的、西南的和海上的丝绸之路。

草原丝绸之路，指蒙古草原地带沟通欧亚大陆的商贸大通道，是丝绸之路的重要组成部分，其主要路线由中原地区向北越过古阴山（今大青山）、燕山一带长城沿线，西北穿越蒙古高原、中西亚北部，直达地中海、欧洲地区。

更广泛地说，草原丝绸之路是东起大海、横跨欧亚草原的通道，其纵横交错的岔路又可南达中原地区，北与蒙古和西伯利亚连接。与西北丝绸之路相比，草原丝绸之路分布的地域更为广阔，只要有水草的地方，就有路可走。

据《穆天子传》记载，最早带着丝绸出访各国的是公元前十世纪时西周的周穆王。周穆王从陕镐京（今陕西西安）出发，向西长途跋涉，一直到了今天中亚的吉尔吉斯斯坦。——这可能是最早的有记录的中西交往。实际上，《穆天子传》是反映当时中原与西方交流的旅行记录，以周穆王为先导，以后各国商人便纷纷前往。

草原丝绸之路的西端是古希腊、东端是蒙古高原，虽然这条丝绸之路上的民族和国家在变迁，但这条草原丝绸之路仍然通达而繁忙。

蒙古在铁木真带领下崛起后已成为草原丝绸之路东段的主人，对与中亚、西亚和欧洲的往来通商极为迫切，因为草原除畜产品和毛皮外的其他出产太少，而蒙古人对相关的生活用品的需求却日渐提高。所以，蒙古第一次派往花剌子模的商队就是一支规模极其巨大的骆驼商队，这支商队有四百五十名商人，每人携乘马两匹，带骆驼一把（计量单位，一把是七峰骆驼），另外还有四百名专门看护骆驼的驼工。

在古代，骆驼商队与丝绸之路息息相关。

远在商代，中国即有关于饲养骆驼的记载。骆驼天性耐寒耐饥，不惧风沙，有任重、任远的特性，而且一匹好骆驼不吃不喝可日行八十里，坚持五昼夜。骆驼的这些优点使其成为环境恶劣的沙漠戈壁一带的特殊运载工具，并被称为"沙漠之舟"。骆驼可以在没有水的条件下生存两周，在没有食物的条件下可生存一个月之久——驼峰里储存着脂肪，可在得不到食物时分解出身体所需养分，供骆驼生存需要。另外，骆驼的胃里有许多瓶子形状的小泡泡，用来贮存水。骆驼可用作骑乘、驮运、拉车、犁地等，是沙漠、戈壁一带不可缺少的生活伙伴。

在这遥遥万里、险阻重重的草原丝绸之路上，骆驼更是成为重要的交通运输工具。

其实，从事驼运就是与大自然搏斗，除了每年有大约九十天的放牧时间外，其余的九个月均为运输季节。驼队一般以一帐房为一个集体活动单位，每顶帐房有一名领房、一名先生（会计）和十多名驼工，共带骆驼一百多峰。驼队每天下午两点启程，走到晚上九到十点，每一日的行程为一站，每站都要赶水草（选择水源和草场较好的地方）。有时，驼队为赶水草需日行百里，到达站点后再选择避风的凹地搭起帐房，然后才能做饭、休息。次日上午为放牧时间，除一人放牧、一人做饭外，其他人要为下一程准备燃料（牛粪、干柴等）。不过，也有驼队在每晚九点左右启程，行走一夜到第二天早上，然后才休息。驼队走在前面的称首驼，最后一峰为尾驼，都是整个队伍中的优质骆驼。尾驼要系尾铃，而驼工只要听音就可知道驼队是否有掉队情况。在驼队里，每个驼队的成员都有明确分工。

经过近半年的艰苦跋涉，蒙古商队从和林西行几千里，终于到达花剌子模边疆第一重镇——讹答剌城。

讹答剌城位于今哈萨克斯坦奇姆肯特市阿雷思河和锡尔河交汇处，距离新疆库车五百里，是中世纪时代的中亚名城。

讹答剌城是东方商人到伏尔加河及东罗马帝国的必经之路，北接钦察草原。当时，讹答剌城归属花剌子模，为花剌子模的东部边疆第一重镇。

讹答剌城的守将叫亦纳勒术，有中亚史学家说他是秃儿罕太后的亲属，也可能是摩诃末的异母弟弟或是表兄弟。亦纳勒术的突厥名为牙罕·脱黑迪（意为"大象降生"），伊斯兰教名为塔札丁，被封为讹答剌城的"海儿汗"（意为"有权力的可怕的汗"）。正因为亦纳勒术有这样的身份，他向来胆大妄为、骄横跋扈、贪婪残暴，尤其极度贪财。讹答剌城是草原丝绸之路的必经之地，既是一座军事重镇，更是一座商业中心，因此这里可以收到来往草原丝绸之路的东西商人的商贸税，而这些税最后却都被亦纳勒术个人据为己有了。

当然，商人总是喜欢炫耀财货的。在讹答剌城，蒙古商队拿出了所携财物向亦纳勒术兜售，各种奇珍异宝、毛皮织物不禁让其看得目不暇接。于是，亦纳勒术贪心大起，杀人夺货之意萌发，不可遏制。据中亚史学家说，蒙古商队中有一名印度商人，此人原与亦纳勒术相识，以前对他毕恭毕敬，而这次此人自恃有蒙古做靠山便对其态度一般，甚至直呼亦纳勒术的名字。对此，亦纳勒术非常恼火，便一不做二不休地将这些蒙古商人一起扣留了。然后，亦纳勒术派一名使者往伊拉克见摩诃末，向其报告说这些蒙古商人是前来刺探情报的探子，并要求杀掉这些商人。由于摩诃末派往蒙古商队的全是探子，他便理所当然地认为铁木真派过来的蒙古商队也全是探子，再加上之前大败给术赤、者别和速不台的愤怒，便同意亦纳勒术杀掉这些蒙古商人，并认为剥夺他们的财货也是应该的。于是，亦纳勒术将四百五十名蒙古商人和几百名驼工全部骗到讹答剌城的城中广场杀害。

对亦纳勒术杀掉蒙古商人这件事，中亚史学家记道：

> 摩诃末不知道，他自己的生命将成为非法的，乃至是一种罪孽！也不知道，他那幸运的鸟儿将折翅断羽。

> 海儿汗（亦纳勒术）执行算端（摩诃末）的命令，剥夺这些人的生命和财产，更恰当地说他毁坏和荒废了整个世界，使全人类失去家园、财产或首领。为他们的每一滴血，将使鲜血流成整整一条乌浒河（今阿姆河）；为偿付他们头上的每一根头发，每个十字路口都要有千万颗人头落地；而为每一个的那（货币单位），都要付出一千个京塔儿（货币单位）。

行吟诗人则悲戚地唱道：

> 我们的财产被剥夺，我们的希望成泡影；我们的事业处在危难的境地，而我们的智谋仅仅是相互间的告诫。他们抢去我们的牲口，赶走我们的马匹：背上驮的货物压碎它们的雕鞍，那驮的是家具、衣服、金钱和财宝，都是收买来的、存放在府库中的。老天如此惩治她的一些子民，某些人的灾难看来是另一些人的宴乐。

> 已故的算端（摩诃末），因脾气暴戾，本性和作风凶残，落入大难中。有个完全确立的事实：谁要是种下枯苗，谁就绝无收获。可是，谁要是种下仇怨的苗，那大家一致认为，谁就将摘取悔恨的果实；到头来，他的子孙还得饱尝惩罚的苦楚，他的后人还得经受灾痛。

后来，铁木真在取得西征决定性胜利后，与一位伊斯兰学者有过一番长谈。其中，铁木真说："我惩罚了算端（摩诃末），我会流芳万世，因为算端是个不体面的、毫无原则的小人，根本不配做国王。"

不过，这场可怕的战争的确是花剌子模和摩诃末引起的，而不是蒙古和铁木真。

亦纳勒术一口气杀死了近千名蒙古人，将他们携带的所有财物收走，除了上交摩诃末和秃儿罕皇后的一小部分外，其他统统据为己有。其实，蒙古商队中的这四百五十名蒙古商人全部是信奉伊斯兰教的，他们是与摩诃末和亦纳勒术信仰同一的手足兄弟。

但是，亦纳勒术万万没有想到，有一位蒙古商人竟然逃过了他的屠刀。原来，亦纳勒术杀害蒙古商人的时候，这位商人正在城外的山区购买骆驼。当杀戮的消息传来时，这名幸运的蒙古商人立即将自己所有的财物和衣服给了当地人，换了一身当地人的衣服和一匹骆驼隐匿下来。待打探到屠杀的消息属实后，这位商人昼夜兼程地逃回蒙古，向铁木真报告了这个可怕的消息。

铁木真听到商队的不幸消息时顿时如雷轰顶，要知道这四百五十名商人全是从王公大臣和名将中精挑细选出的精英，连那四百名驼工也是千挑万选出的好汉，没想到就这样被不守信誉的花剌子模人全杀了。

盛怒之下，铁木真抽刀砍断身前的案几，然后冲出大帐翻身上马对着不儿罕山驰去。铁木真攀上不儿罕山待了三天，也祈祷了三天，祈祷能得到长生天永远的佑护和对卑鄙无耻的仇敌摩诃末严厉的惩罚。据史书记载，这可怕的消息如此影响铁木真的情绪，以致他无法平静下来，"那愤怨的旋风，把尘土投进人类的眼里，万丈怒火使他泪水夺眶而出，唯有洒下鲜血才能扑灭他（摩诃末）"。铁木真脱去帽子，以脸朝地，祈祷说："我非这场灾祸的挑起者，赐我力量去复仇吧。"

三天之后，铁木真走下了不儿罕山，他又重新恢复了往日的冷静，但他走近后战马汗毛倒竖并开始"咏咏"地叫，而怯薛勇士们身上都是一凛——他们都感受到了铁木真身上极其浓烈的杀气。

当时，附近所有得到消息的王公大臣、勋贵大将都已等候在铁木真的中军大帐之中，他们眼里都燃烧着仇恨。

铁木真走进大帐，坐上虎皮大椅道："情况你们都知道了？"

大帐里顿时群情激愤："大汗带我们去踏平花剌子模，扒了奸王摩诃末的皮！"

这时，铁木真已经冷静下来，他知道摩诃末的血债是一定要清算的，但现在还不是时候。其时，木华黎还率领很大一部分蒙古军主力在前线攻伐金国，因此铁木真不愿意马上又开辟一个战场两线作战。况且花剌子模也是当世大国，地域幅员不比蒙古小，人口却远胜蒙古，如果要打花剌子模肯定必须全军出动，这将是一场超大规模的战争，战场比伐金之战还要大，需要事前长时间的细致规划和周密准备。

于是，铁木真压压手，大帐里顿时安静下来。铁木真说道："我们跟花剌子模的血仇是肯定要报的，但是我们要先派使臣前去交涉把事情搞清楚，看使者回来怎么说，然后再做开战与否的决定。"

随后，铁木真选了一位能言善辩的畏兀儿人巴哈剌做正使，两位蒙古人做副使，组成一个三人使团赴花剌子模交涉。

临行前，巴哈剌预感不祥，问铁木真道："大汗，摩诃末卑鄙无耻，什么事都干得出来。他们要是把我杀了怎么办？"

铁木真爽快地说："摩诃末要是把你杀了，我就灭了他的国、要了他的命，一定为你报仇。我还会善待你的家人，关照他们代代富贵。"巴哈剌不再多言，带着两名副使上马离去。

巴哈剌一行横穿了整个中亚，最后一直走到伊朗的哈马丹，才找到了摩诃末递上了铁木真的国书。

巴哈剌用铁木真的口吻叙述了口信："不久以前，你和我签订了共同的协议，同意双方通商，善待对方的商人。如今，你背信弃义，将我方几百名商人杀害，抢夺了他们的财物。如果这不是你的意思，你就把讹答剌城的边将交给我，否则你擦亮刀枪备战吧！"

摩诃末听完使者巴哈剌的说辞后咧起嘴角笑起来，他知道这蒙古商人虽然是亦纳勒术杀的，但杀人的命令却是他亲自下的，就算是交人铁木真也绝对不会善罢甘休。其实，摩诃末这么多年来在中亚、西亚攻城夺地灭国数十，早有一统天下之心，并认为自己的实力比铁木真强——他从使臣和商人那里知道铁木真的地盘没有他大，人口也没有他多——觉得蒙古商人杀了也就杀了，不相信铁木真敢远征万里前来攻打。

于是，摩诃末摆摆手，喝了一声："把这个使臣拖出去砍了！"

　　这命令一下，连摩诃末的近臣也惊得目瞪口呆，毕竟"两国交兵，不斩来使"是国与国之间交往的基本规则。

　　两个大力士挟着使者巴哈剌就往门外拖去，巴哈剌破口大骂："我们大汗一定会为我报仇的！你这个无耻奸人！"

　　帐外的骂声很快停了下来，过了一会儿大力士提着巴哈剌的头进来了，而剩下的两个蒙古副使见状更是破口大骂起来。

　　摩诃末又下令道："把这两个蒙古人的胡子给我拔下来，再让他们把使臣的脑袋带回蒙古送给铁木真，这就是我赔偿他的礼物。"原来，在草原和中亚，胡子是男性气概的象征，因此拔下胡子是比死亡更大的侮辱。

　　在两个蒙古副使的惨叫声中，两个大力士一缕缕拔光了两个蒙古人的胡子，然后把巴哈剌的人头包起来交给他们，并给了两匹瘦马让他们赶紧走。

　　几个月以后，两个蒙古人回到了草原，他们带回了巴哈剌的人头，并把此行的经过全部报告给了铁木真。

　　铁木真听着侥幸生还的副使的报告，眼里不禁闪烁着狼一样的幽幽绿光。

　　听完副使的讲述后，铁木真轻轻地说了一句："如此卑鄙无耻之徒，也能做一国之君？"

　　此时，大帐中已是群情激愤，王公大将纷纷怒吼："铲平花剌子模！吊死摩诃末！立即出兵！"

　　铁木真看到人群中的耶律楚材满脸愤怒，问了一句："大胡子怎么看？"

　　耶律楚材走出人群，说道："大汗要发正义之师、吊民伐罪，臣愿为王前驱！"

　　铁木真一看连平时最好生厌杀的耶律楚材都要求出兵，遂把面前的案几狠狠一拍："备战，准备西征花剌子模！"

　　蒙古铁骑又开始高速转动了，方圆几千公里内传令飞骑在草原上日夜奔驰，十人队、百人队、千人队、万人队重新开始编组，探马侦骑一队队向西去侦察地形，札儿赤兀歹老人和张荣带领的工匠作坊营日夜打造着刀枪弓箭，妇女们为将士们缝制着征衣、制作着干粮……此时，大草原又变成了一座大兵营。

这一日，铁木真正在帐中筹划，一个怯薛进来报告："大汗，木华黎军师求见。"

铁木真顿时惊喜非常："木华黎这么快就赶回来了？快进来。"

原来，正在金国前线指挥作战的木华黎，接到铁木真赶回草原的命令后日夜兼程换马飞驰，仅用十余天就从华北赶回了漠北，而且他还带来了又一个好消息——黄河以北的金国最后一座大城池太原被攻下来了。

看着风尘仆仆的木华黎，铁木真眼里露出了少见的热情。

"木华黎，快坐。"铁木真招呼道。

木华黎站在那里急道："大汗要去西征，万里迢迢，金国战场怎么办？"

铁木真深沉地看着木华黎道："你将全权负责金国战场。"

木华黎眼中含泪，说道："大汗，我要跟你一起去西征。"

铁木真亦是泪光闪闪，他和木华黎名为君臣、实同手足，此时两人皆已年近六十岁，征途漫漫，一别之后恐怕再见无日了。

铁木真扶起木华黎："诸王、诸子、诸将中，只有你有能力指挥整个金国战场，所以你必须留下。"

木华黎再也忍不住了，泪水从眼眶中流下来。

神圣的不儿罕山脚下，蒙古军威严列阵，一队队铁骑列成整齐的方形，猎猎的军旗在方阵前迎风飘舞。诸军之前，九尺高台上，铁木真对木华黎登坛封王，赐授大旗。

铁木真大声道："我任命木华黎为太师国王都行省，承制行事，将经略金国的全权都交给他。"

据史书记载，铁木真之所以封木华黎为国王，是因为金人被木华黎打怕了，都称呼他为"国王"，而铁木真认为这个称呼是幸福吉祥的征兆，故封其为国王。后来，金国人又称木华黎为"权皇帝"，意思是他虽然不是皇帝，权力却和皇帝一样。

铁木真又拿出一方黄金大印交给木华黎，这个大金印上面刻有"子孙传国世代不绝"八个字，然后执住木华黎之手："太行之北，朕自经略，太行以南，卿自勉之。"

最后，铁木真向木华黎颁授了一柄象征大汗权力的"九斿白纛"大军旗，对众将喝道："木华黎建此旗，以出号令，如朕亲临也。"这是赐予了木华黎近乎大汗的权力。

蒙古只封兄弟与亲子为王，异姓功臣最多只封千户、万户，受封万户的也寥寥无几，而奴隶出身的木华黎竟被封为国王，这是破了蒙古的天条。由此可见，这既代表了铁木真对木华黎的信任与倚重，更说明了木华黎身上所肩负的责任之重大，而铁木真为其授可汗大旗意味着他将代表成吉思汗行使权力，在中原统军治民，经略整个伐金战场。

不过，木华黎权力虽大，铁木真能给他的兵力却很少。

当时，蒙古军的主力十五万人都将跟随铁木真西征，而木华黎原来统领的是蒙古军队三大主力之一的左翼军，但这次左翼军将全部参加西征，他能统带的只有一支偏师。这支偏师由很多蒙古部落抽兵组成，大约有两万两千人，兵虽不多，战力却极强悍，甚至有四千兀鲁兀惕氏勇士和一千忙忽惕氏勇士——这是木华黎军的核心和精华，另外还有五万契丹降兵和两万史天倪以及刘伯林、刘黑马父子等人的汉人武装，总兵力不到十万人。

其实，蒙古的兵力极度紧张，连铁木真西征都带了郭宝玉所部等汉人和契丹人的五万降兵。

铁木真当然知道木华黎这点兵力是远远不够的，于是又赐予他可以在中原任意招兵买马的特权。

铁木真又令三女儿阿剌海别吉作为监国公主管理后方，伐金以内的战场一般事情由木华黎具体负责，凡遇到大的事情都得向阿剌海别吉"请示，然后才能办理"。[1]后来，阿剌海别吉的丈夫镇国去世后，她的小叔子孛耀合出征西域归来被铁木真袭封北平王，并让其娶阿剌海别吉为妻。据《元史》记

---

[1]1974年，内蒙古武川东土城乡出土了"监国公主行宣差河北都总管之印"，这就是阿剌海别吉的官印，也是她行使监国权力的有力佐证。

载，阿剌海别吉"明睿有智略"，"师出无内顾之忧，公主之力居多"。就是说，阿剌海别吉既聪明又有智慧，而铁木真和木华黎出征时没有后顾之忧，主要得力于这位三公主。

木华黎接过铁木真亲授的新制"九斿白纛"，再也克制不住情感，泪水夺眶而出，并哽咽着说道："大汗珍重，木华黎定不负大汗重托！"然后走下高台，带队疾驰而去。

伐金之战已经硕果累累，金国的西京、东京、北京和中都，包括黄河以北的大部分城池，都已经被蒙古军控制，所以木华黎一定要赶回前线指挥全局，不然等金国人缓过气来就会功亏一篑。

木华黎带着九万多蒙古军创造了奇迹，完成了不可能完成的任务。当时，面对近百万金军，木华黎召集汉人、契丹人等各路豪杰，攻河北，下山东，纵横山西、陕西，在八年间牢牢地把握住了战略主动权，让铁木真率蒙古军主力西征毫无后顾之忧。木华黎为蒙古立下了非凡之功，成为中国古代公认的最杰出的名将之一。

大军西征的日子一天天近了，铁木真每晚都宿在不同的宫帐安抚他的后妃们，而大皇后孛儿帖却越来越愁眉不展。这天，孛儿帖将也遂皇后叫入了宫帐，而这时的也遂已经三十多岁了，这位当年的塔塔尔美少女如今是珠圆玉润、令人惊艳的美妇，并深得铁木真的宠爱。

也遂走进孛儿帖的宫帐，屈身请安："大姐安好！请问大姐唤也遂何事？"孛儿帖平易近人、和蔼可亲，后宫的众妃都叫她"大姐"。

孛儿帖说道："好妹妹，你坐下吧。"也遂坐下。

孛儿帖看着也遂，叹了口气，说："妹子，你看到没有，大汗的须发都已斑白了。"

也遂点头道："大汗这两年是看着见老了。"

孛儿帖又叹口气道："这些男人啊，又要去打仗了。听说那花剌子模比金国还要大好多，比桃花石（中原）还要远几千里。大汗打金国用了五年，打花剌子模恐怕十年八年才能回来。"

也遂连连点头道："那些商人说，从我们蒙古到花剌子模国都有上万里远呢，是真正的万里迢迢啊。"

孛儿帖摇摇头，定定地看着也遂道："妹子，大汗已年近六旬，打花剌子模绝非一日之功，恐怕回来了也七老八十了。我们蒙古万里江山总得立个储君，大汗之后有人当家，大家才放心啊。"

也遂立刻就明白了孛儿帖的心思，说："大姐，你为什么不跟大汗说一下呢？"

孛儿帖苦笑一声："我瞧那些大臣大将为这件事个个心都悬着，但没人敢提，毕竟这是我们的家务事，大臣大将们不好掺和，而且立储君这件事关系重大，弄不好就是手足相残、兄弟反目。那天，木华黎走的时候，我瞧他欲言又止——多半就是为这事，最后他还是没有向大汗提起，生生把话咽回了肚子。木华黎尚且如此，何况他人呢？"

也遂连连点头："大姐说的是，这种事外人是不好掺和。"

孛儿帖深情地看着也遂，说道："这件事只能我们自家人跟大汗提起。如果摊开讲的话，最应该说的就是我，但我又偏偏不能说，因为这有继承权的四个儿子都是我的亲生骨肉，但汗位只有一个。拖雷幼子守产，这家当都是他的，倒也罢了；但是他的另外三个兄长，我看都有各自的一番心思，当额客的无法厚此薄彼。所以，我不能说。"

孛儿帖又叹了口气说："我看大汗这段时间闷闷不乐、默默不语，多半也是为了此事操心。我看他自己也不好提起此事，外人不能说，我也不能说，但总得有人给大汗说开这件事。"然后她定定地看着也遂。

也遂明白了，对孛儿帖说道："大姐的意思，可是让我去说？"

孛儿帖深沉地点点头："好妹妹，大汗十分宠你，你提出来他绝不会生气。不如你出个面把这个事说破，让大汗把继承人定下来，我们大家和大汗就都放心了。"

也遂点头道："好的，大姐。我来说这事。"

《蒙古秘史》记录了这次立储惊心动魄的场面：

第二天御前会议，确定了铁木格率一万骑留守漠北大营。会议要结束时，也遂站出来对铁木真道："大汗，我有一事，不知当问不当问？"

铁木真笑道："你跟我还讲什么客气，有事你就说。"

也遂皇后言道：

> 大汗即将越过那横亘万重高山的远方，
>
> 大汗即将看过那纵深千条河水的他乡，
>
> 大汗即将前去平定众多的国家，
>
> 大汗率军出征远行的时候，
>
> 应对江山有所安排，
>
> 好让我等臣民心有所依。
>
> 人生在世，没有能够长生不老的；
>
> 世上的万物，都有终结的时辰。
>
> 如果您伟岸的身躯，高山一般倾颓，
>
> 这江山交给谁呢？
>
> 乱麻一样的民众，谁来治理呢？
>
> 如果您高大的身躯，大树一般倾倒，
>
> 这家与国又交给谁呢？
>
> 在几个皇子之中，究竟让谁当大汗呢？
>
> 谁来当这个大汗，您应该让诸子诸帝、王公大臣大将们，还有我们这些愚昧无知的女人们知道。

也遂说了这些话后心里咚咚地乱跳，毕竟是在大汗还很健康的时候让其立继承人，她害怕大汗会愤怒。

此时，大帐里掉一根针都听得到，大家都屏住呼吸等待铁木真的回答。

铁木真沉静了一会儿，说道："也遂虽然是妇人，所说的话却太对了！"

这样，大家顿时松了一口气。

铁木真又道："我的弟弟们，我的儿子们，还有博尔术和木华黎这些大臣大将，谁也没有对我提起此事。由于我不是继承祖先的汗位，竟然没有想到过立继承人的事，如同不遭生死之事，安睡而未醒。"

然后，铁木真看向四个儿子，对长子术赤说："术赤，你是我的长子，你有何想法说说看。"

不过，出人意料的事情发生了，术赤还没来得及开口，只见察合台突然站出来说道："父汗，你让术赤说话，你莫不是要传位给他？他是篾儿乞人的野种，我等岂能受他管制！"

大帐中，众人顿时目瞪口呆，连铁木真都愣在那里哑口无言。

术赤的脸先是通红，然后又变得惨白，他冲过去揪住察合台的衣领："父汗都从没有这样说过我，你凭什么把我当外人，你哪一点比我强？你只不过脾气比我暴躁而已！我们比射箭，我若输你，就剁掉我的大拇指！我们比摔跤，我若输你，从此躺在地上不起来！一切请父汗裁决！"

这时，博尔术从震惊中回过神来，赶紧将两人拉开。然后，听到一阵"呜呜"的哭声，原来是孛儿帖掩面哭泣着冲出了大帐。

铁木真脸色铁青，默默无言地坐着，他实在不知道该说什么。

站在东面的阔阔搠思说道："察合台，你为什么这么急躁？你父汗在他的儿子中指望着你呀。你们出生之前，天空旋转着，部落混战，没有人进入自己的卧室，都去互相抢劫；有草皮的大地翻转着，部落混战，没有人睡进自己的被窝，都去相互攻杀。你额客不是有意做出的，是不幸的遭遇所造成的，并非偷偷摸摸干的；是战争环境造成的，是在战争中造成的无可奈何的事，并非相爱而做出的。察合台，你怎么可以胡言乱语，使贤明的额客寒心。你们都是从她怀中所生下的孩子，你们是一母同胞兄弟，你不可以责怪爱你的额客使她伤心，你不可以抱怨你的生身之母指责她所悔恨的事情。你父汗创建这个国家时，你额客与他同历艰辛，同生死、共命运，从来没有三心二意。他们以衣袖为枕、衣襟为巾，以涎水为饮、牙缝中肉为食，额上的汗直流到脚底，脚底的汗直冒上额头，小心谨慎地向前走。你额客紧裹姑姑冠，严束其衣带，忍饥挨饿地养育你们，从你们不会走路时开始把你们养育长大，使你们成为男子汉，希望你们能上进。贤后之心如日之明，如海之宽。"

这时，铁木真才回过神来，看着脸色惨白、气得浑身哆嗦的术赤，对察合台说道："怎么可以这样说术赤呢？术赤不是我的长子吗？以后不可以说这种话！"

察合台知道自己犯了众怒，这汗位很难到手了，勉强笑着说："术赤的气力、本领，就不用说了。父汗的长子是术赤和我两人，我们愿一起为父汗效力。谁如果躲避，大家一起把他劈开；谁如果落后，大家一起砍断他的脚后跟。窝阔台宽厚，我们大家都推举他吧，可以让他在父汗身边接受继位者的教育。"

铁木真听了之后说："术赤怎么说？你说吧！"

术赤知道自己的出身为人诟病，这大汗之位是没指望的，觉得只要不落在察合台身上就行，便说道："父汗已经说了，我和察合台二人愿意一起效力，我们都推举三弟窝阔台。"

铁木真说道："你们何必一起效力？世界广大，江河很多，可以分封给你们地域广阔之国，让你们各自去镇守。术赤、察合台要履行诺言，不可让百姓耻笑。以前阿勒坛、忽察儿二人也曾立下过这种誓约，但他们没能履行，后来他们都遭受到了什么呢？如今，我把他们二人的子孙分给你们，可以作为殷鉴！"

铁木真看着三子窝阔台道："窝阔台怎么说？你说吧！"

窝阔台说道："父汗降恩让我说话，我能说什么呢，我能说自己不行吗？今后，我尽自己的能力去做吧！但是，如果今后我的子孙中出了'尽管包上草牛也不吃，裹上油狗也不理的不肖子孙'，出了'麋鹿敢在他面前穿越，老鼠敢跟在他后面走的无能子孙'，那又怎么办？我就说这些，别的也没什么可说的。"

铁木真又对四子拖雷说道："窝阔台的话是对的。拖雷你怎么说？你说吧。"

拖雷说："愿意在父汗指定继位的兄长身边，把他忘记的事情告诉他，在他睡着时叫醒他，做他应声的伴从者，做他策马的长鞭。应声不落后，前进不落伍，我愿为他长途远征，愿为他短兵搏战。"

铁木真连连点头："你说得很好。"

铁木真说道："我的子孙让一个人掌管。铁木格、别勒古台这些兄弟的子孙都是让一个人掌管，我的子孙也让一个人掌管，大家如果不违背我的旨意，不毁掉我的旨意，你们就不会有过错，不会有过失。窝阔台的子孙如果出了即便裹上草牛也不吃，即便裹上油狗也不理的不肖子孙，难道我这么多子孙中连一个好的也不会有吗？”

于是，铁木真从怀中掏出一把短刀，然后拔刀出鞘，只见刀纹如水、精光流转，说道：“这是我幼年时额赤格也速该赐我的蒙古刀，持此刀者即为蒙古之主。”

铁木真将此刀赐予窝阔台。

就这样，蒙古立了下一代大汗储君。草原上，将士们和百姓开始彻夜篝火狂欢，而这一夜铁木真在孛儿帖的宫帐里陪伴她。铁木真将孛儿帖抱在怀中，但一句话也没说，他知道此刻不管说什么都是对她更大的伤害，就这样紧紧地抱了一整个晚上。

草原上的晨曦出来时，铁木真命人叫来了耶律楚材：“大胡子，我知道石头无皮、人命有尽，世上无不死之人。你久居桃花石（中原）见多识广，可知人间有长生之术吗？”

耶律楚材一听就明白了，昨日兄弟之争时他就在场，而今日铁木真突发此问，知道铁木真已年近花甲，受了儿子们争夺汗位刺激，于是动了求长生之念。

耶律楚材想了想道：“大汗，以前我在中原之时，听中原有异人极负盛名。那人是道家长春派掌教，此人名叫丘处机，据说已三百余岁。此人在华北平原各地聚徒讲道，人称‘丘真人’。丘真人不但有长生不老之术，还有治天下之术，是儒释道三家公认的有名的高人。不过，丘真人云游各地，行踪不定，甚难找到。”

铁木真一听居然有这种奇人，顿时大喜：“大胡子，你想个办法把丘真人请来，授我长生之术。”

耶律楚材道：“大汗征到漠北的汉人中有一位名叫刘仲禄的先生，此人就是丘真人的弟子，他曾亲自听过丘真人讲道。大汗要是想请丘真人前来，为臣便为大汗草拟一诏让刘仲禄先生带去寻访丘真人。”

铁木真自是大喜。

于是，耶律楚材便给铁木真草拟一诏，其诏书云：

我之疆域南连赵宋，北接回纥东夏西夷，悉（全）称臣佐。念我单于国千载百世以来，未之有也。然而任太守重，治平犹恐不够完美。且凿木为舟削木为桨，将欲渡江河也；聘贤选佐，将以安天下也。朕登位以来，勤心政事，三公九卿之位未见其人，访知丘先生体不离道，行有法度，博物广闻，探幽深，穷事理，道高德著，怀古君子之清风，守上德至人之节操。先生久栖岩谷，藏身隐形，发扬先王先圣之遗德，使有道之士不聘而集于仙径，人数难以胜计！自干戈之后，知先生犹隐山东旧境，关心仰怀不已。我难道不知渭水同车（周文王请太公望）、茅庐三顾（刘备请诸葛亮）之事吗？怎奈山川远阔，有失躬迎之礼，朕但避位侧身、斋戒沐浴，选派近侍官刘仲禄备轻骑素车，不远千里，谨邀先生暂屈仙步，不以沙漠悠远为念。请先生到我的帐下，告以忧民当世之务，或示以长生保身之术，朕亲侍仙座，敬请先生在咳唾之余教给我一句话就行。今天，借此诏文略表微薄之意于万一。先生既明大道之端要，善无不应，也不致违背众生之愿吧！故兹诏示，宜知悉。五月一日，笔录。

铁木真又赐给刘仲禄规格最高的虎头金牌一面，上刻“如朕亲行便宜行事”八个字，还派遣二十名怯薛勇士保护刘仲禄，并告知刘仲禄将这面金牌戴在颈中，凡蒙古地界皆畅通无阻。

刘仲禄本就是道家子弟、丘处机弟子，得当寻师大任自是喜不自胜，策骑而去。

第三十三章　车辚辚马萧萧

西征在即，蒙古军却感到兵力极度不足。

铁木真称汗时，蒙古军全部兵力只有不到十五万人，征战金国五年伤亡了五万人左右，而这几年蒙古草原后方安定，人口颇有增长，又新生了五万丁壮，刚好弥补差额。这次，木华黎伐金带走了两万多人，幼弟铁木格率领一万精骑镇守后方大本营，所以铁木真能够带走远征花刺子模的蒙古本部人马只有十二万人。面对庞大的花刺子模和其四十万常备军，蒙古军的这点兵力是远远不够的。

于是，铁木真又带上打金国时收降的汉军郭宝玉部和契丹军等五万人。与此同时，铁木真的女婿畏兀儿国王巴尔术主动提出带上一万人参加西征，而他的另一个女婿合儿鲁兀惕氏首领阿尔斯兰汗也要求率军八千汇入西征的洪流。

当时，工匠营大统管札儿赤兀歹老人已经年高过世，新的大统管汉人张荣也率工匠营两万人参加西征。工匠营对蒙古军西征极为重要，他们虽然没有直接参战，但他们为大军修造各类兵器铠甲，制作强弓硬矢，制造攻城必需的大小投石机、云梯、攻城锤、火油筒，同时这些能工巧匠还要逢山开路、遇水搭桥，他们就是蒙古军的工兵。可以说，蒙古军西征六年，没有工匠营保障后勤，一天仗都打不下去。

铁木真又想起西夏国王李安全投降时对他说过的诺言——李安全说"愿永为成吉思汗的左右手，出征时为成吉思汗牵马坠镫"，于是铁木真派出使者到西夏。

这时，西夏国主名叫李遵顼。使者转述铁木真的话说："你们西夏曾说过愿给我做左右手，今天花剌子模人截断了我的黄金缰辔，我要出发前去征伐，你们做我的左右手出征吧。"

李遵顼还没来得及说话，只听西夏的权臣阿沙敢不就"哧"的一声冷笑，讥讽道："如果兵力不足，何必做什么大汗。"一句话，西夏不肯出师援助蒙古，直接将蒙古使者打发回来了。

阿沙敢不对蒙古主张强硬，此人是西夏贺兰山以西游牧地区的首领，在西夏势力强大。

由此，西夏大错铸成。

使者回来报告后，铁木真怒道："阿沙敢不竟然敢这样说，马上去征讨他们又有何难。但是，我们现在正要征伐花剌子模，只好暂时作罢。长生天保佑，紧握黄金缰辔胜利归来时，那时再做计较！"

蒙古成吉思汗十四年（1219）四月，怯绿连河（今克鲁伦河）河畔的铁木真金顶大帐在阳光下熠熠生辉，大帐门前的黑色"九斿大纛"大军旗迎着草原的劲风猎猎飘扬，这是铁木真的哈喇苏鲁锭大军旗，象征战争与力量、杀戮与征服。至于铁木真的"九斿白纛"苏鲁锭大军旗，这次出征前铁木真将它插在了漠北大营大皇后孛儿帖的宫帐前，从此它便象征着和平与权威、仁爱与理性。

蒙古各地的军队集结在一起，场面极为盛大：以大帐为中心，数不清的营帐一直绵延到天边，十多万蒙古将士云集旷野，无数的刀枪闪烁着寒星一般的光芒，到处都是数不清的马牛羊群，同时这里云集了蒙古各地各民族的精锐，蒙古人、汉人、契丹人、畏兀儿人、哈剌鲁人、钦察人、西伯利亚的林中百姓……将士们排成一个又一个方阵，其中汉人除郭宝玉等战斗部队外，大多是工匠工兵和会制造使用投石机的砲（炮）兵。

在牛角号低沉的呜呜声和战鼓的咚咚声中，铁木真骑着一匹雄壮的大白马、身着金盔金甲从一个个骑兵方阵前驰过，他的身边陪伴的是骑着一匹枣红马、身着红衣红甲的二皇后忽兰。众人皆知这次出征山遥路远、岁月漫长，便选出年轻的忽兰皇后照料铁木真的生活，而忽兰自是喜不自胜，还带上了八岁的爱子阔列基同行。

浩大的场面使耶律楚材兴奋不已，他写诗记道：

> 车帐如云，将士如雨。
>
> 牛马被野，兵甲辉天。
>
> 远望烟火，连营万里！

铁木真巡视完部队，顿时鼓号齐鸣，大军出征！

十多万蒙古将士，每人备马五到十匹，再加驮运辎重的勒勒车，整个队伍有战马百万、牛羊数十万，连营百里之远。

西征花剌子模路途如此遥远险恶，蒙古大军从怯绿连河出发到赶到讹答剌战场，就足足行军了半年时间。

从战略上说，花剌子模从地域上可分三部分——伊拉克地区、呼罗珊地区和河中地区，其中河中地区是花剌子模政治、军事、文化和经济所在。河中地区，指中亚锡尔河和阿姆河流域之间地区，包括今乌兹别克斯坦全境和哈萨克斯坦西南部。其中，河中地区有大城十余座，小城数十座，此地水草丰美、经济富裕，因位于中亚最长的河流阿姆河和锡尔河之间，所以中国古代将其称为"河中"。河中地区位于花剌子模最东边，正当西征蒙古军的第一线。

铁木真指挥西征的蒙古大军从两条路线上发动进攻：第一条进军路线由他亲率主力翻越阿尔泰山，穿越伊犁河谷、楚河河谷、塔拉兹河谷，沿天山北麓翻越卡拉套山，在锡尔河中游蒙古商队被劫杀的讹答剌城一带与花剌子模人接战；第二条进军路线是派术赤和者别率两万五千骑沿天山南麓，从原西辽最后的都城喀什出发，翻越天山和葱岭进入锡尔河上游的费尔干纳盆地发动佯攻牵制。

这两条进军路线，实际上也是丝绸之路的两条主线，即新北道和北道，前者是汉朝所开拓，后者则为唐朝所打通。这两条线路都为蒙古大军采用，铁木真所率领的主力十七万人走的是天山北路，而之前由术赤和者别带领征服西辽的两万五千骑则先期进入费尔干纳方向策应铁木真的主力作战，意图是希望对手误以为费尔干纳方向才是蒙古军主力进攻方向。后来，这个佯攻牵制战略取得了巨大成功，诱导花剌子模人做出了错误判断，使其将机动部队的主力紧急派往了费尔干纳。

西征的蒙古军行军是极为艰苦的，但是行军路上的风景倒是很美。在翻越第一座大山阿尔泰山时，但见群峰连绵，巍峨高耸直插云霄，巨大的山系不见头尾，浑厚磅礴至极。

蒙古大军进入山中，顿时如梦如幻，不禁齐声惊叹。原来，山上白雪皑皑，山谷中却绿树如茵、飞瀑流泉，无数奇花异草在盛开，花香扑鼻。同一座山峰，山上山下是两个截然不同的样子。

耶律楚材驻马高峰之上俯望四周，顿觉天高云阔、畅快之至，不禁大抒胸臆。当地人称阿尔泰山为"金山"，耶律楚材记道："金山之众无虑千万，松桧参天，花草弥谷。从山巅望之，群峰竞秀，万壑争流，真雄观也。"

当蒙古大军爬到山腰却是又一方天地，只见到处冰雪皑皑、严霜浓浓，山壁上到处都挂着几十米长的冰凌冰花。山路上结着厚厚的冰层，溜滑之至，不断有将士惨叫着跌入山谷。见此情景，铁木真令大军原地待命，又令窝阔台率工匠营士兵铲雪开道，于是上万工匠营士兵用铁凿、铁铲打掉冰凌，铲开积雪冰层，为大军一尺尺打开通道。

三天中，两百余名蒙古军工匠营士兵在开路时坠入山崖，但他们用生命换来了山路的畅通，使得蒙古大军终于翻过了雄伟的阿尔泰山。

蒙古大军继续西行，数日后见地平线上又横亘了一条巨大的山脉，原来是到了天山，进入了今新疆境内。蒙古大军刚领略了阿尔泰山的雄伟壮阔，见到又一座大山仍然奋勇向前、大力攀登，但来到山顶时蒙古军将士顿时目瞪口呆，只见山顶上一个望不到边缘的大湖连天接地，湖水比蓝色的天空还要蓝，风起处湖水荡漾、万泉碧波，原来这是到了天山天池，也就是今赛里木湖（古称"净海"，非今天池）。见此美景，蒙古军将士纷纷下马叩拜长生天。

蒙古大军经别失八里（今新疆奇台）、不剌（今新疆博乐），又通过了铁木儿忏察（又称松关，今果子沟）。当时，铁木儿忏察是非常难行的隘口，山高齐天、悬崖万丈、怪石如林，山谷溪流湍急、奇石嶙峋，无路可行。这次，铁木真命令察合台率工匠营士兵在前开道，不仅劈石为路铺设栈道，而且砍树修桥，可容两车并行的桥梁就建造了四十八座（据说至今尚存三十二座），工程之艰难可想而知。

后来，蒙古成吉思汗十七年（1222），长春真人丘处机去西域见成吉思汗时，也通过该隘口。他的随行弟子李志常在《长春真人西游记》中专门写诗记道：

> 金山东畔阴山西，千岩万壑攒深溪。溪边乱石当道卧，古今不许通轮蹄。前年军兴二太子，修道架桥彻溪水。今年吾道欲西行，车马喧阗复经此……

> 双车上下苦顿颠，百骑前后多惊惶。天池海在山头上，百里镜空含万象。悬车束马西下山，四十八桥抵万丈。河南海北山无穷，千变万化规模同；未若兹山太奇绝，磊落峭拔如神功。我来时当八九月，半山以上纯为雪。山前草木暖如春，山后衣裳冷如铁……

可见，蒙古军行军路之难。

铁木真边行军边一路物色人才，他在路上发现了一个维吾尔神童孟速思，并考查过这个孩子后发现其特别精于算术，于是他将这个孩子交给了拖雷，说这孩子可以去管理你的分邑岁赋。后来，孟速思长大后，在成吉思汗孙子、元世祖忽必烈朝中立下大功。

这时，畏兀儿国王巴尔术、合儿鲁兀惕首领阿尔斯兰汗等中亚当地的很多部落小国都派兵加入到了铁木真的西征大军，这样铁木真的兵力增加到近二十万人。

蒙古军长途跋涉后已接近讹答剌战场，铁木真便光明正大地向花剌子模遣使宣战。为了避免使者再受无谓的牺牲，铁木真找了一个行走中亚的商人带给摩诃末一个宣战口信，口信只有两个字——"受死"。

这时，摩诃末已经接到许多蒙古大军正在逼近的情报。当收到铁木真的宣战口信时，据说摩诃末其实已有悔意，有交出亦纳勒术的想法，但是他到底没有交出，因为亦纳勒术是他母亲秃儿罕太后的人，他做不了主，所以只好硬扛到底。

于是，摩诃末给自己打气，也给他的将军们打气："我们伊斯兰世界要联合起来发动圣战，把该死的异教徒成吉思汗打成肉泥！"同时，摩诃末的将军们也互相打气："只要哈里发和太后一声令下，整个伊斯兰世界就将称霸天下。区区成吉思汗，何足挂齿！"

其实，摩诃末和他的将军们又犯了不知敌情的错误，他们哪里知道在蒙古西征大军还没有开拔之前，大批的细作就被铁木真派往花剌子模。这时，蒙古已经囊括了与花剌子模接壤的西辽，以及畏兀儿和中亚许多国家和部落地区，多的是可以利用的商队探听情报。

在开战之前，铁木真大施离间计，让耶律楚材写出了三封信。其中，第一封是给身处报达（今伊拉克巴格达）的伊斯兰世界宗教政治领袖哈里发的。

铁木真在给哈里发的信中说："摩诃末一直想推翻你，而且前年还向你的都城报达城进军过，如果不是天降大雪挡住行军去路，你已经完了。摩诃末倒行逆施，而且杀商劫财、杀使辱国，这已不再是你们伊斯兰世界内部的家事，而是必受天谴的大事件。所以，真主一定会站在我这一边，因为我是正义的。我需要你的支持，如果你实在不想和我这个异教徒合作，那也请你不要干涉。"

哈里发接到铁木真的来信大喜过望，回信道："摩诃末是个狗都不啃的畜生，你打他，我支持。虽然我不能直接帮你，但我不会让其他伊斯兰国家联合起来对付你，不会有圣战的，放心吧！"

哈里发的这封回信同样让铁木真大喜过望，如此一来他只用对付摩诃末和花剌子模就行了，巧妙避开了伊斯兰世界大联合的风险。

接着，铁木真又巧妙地利用了摩诃末和他的母亲秃儿罕太后之间的矛盾，用两封信对这对母子俩进行了非常成功的离间。

第二封信是给摩诃末的母亲秃儿罕太后的。秃儿罕太后是康里人，性格倔强，十分霸道。

康里人骁勇善战，在摩诃末四处征战的过程中立下大功，这样花剌子模上层就形成了一个以秃儿罕太后为首的康里人军政贵族集团。

这个康里人贵族集团只效命于秃儿罕太后，根本不买摩诃末的账。最有意思的是，摩诃末还是个大孝子，不管内心有多么不满，但对母命表面上还是言听计从。这样，秃儿罕太后在朝政上已有压倒摩诃末之势。据史书记载，当时，在花剌子模国政上，如果摩诃末与秃儿罕太后的命令同时到达一地且意思相反，官员则依照命令颁发日期较近的执行，而不敢以摩诃末为主。与此同时，摩诃末每攻占一地却又会挑出一个大邑作为其母秃儿罕太后的封地，因此秃儿罕太后更加骄横——她使用的徽号是"世界与信仰的保护者，宇宙之女皇秃儿罕"。题词则为"仅有上帝为我庇生之所"，并自称"世界女王"。

铁木真给秃儿罕太后的信中说："您与您的儿子常有政见和人事上的冲突，我无意进攻您的居住地玉龙杰赤。待我完成花剌子模各地征服后，当以富裕强大的呼罗珊（今伊朗东部阿姆河以南）奉献给您。"

秃儿罕太后没有回信，但铁木真确信这位老太后不会对其子摩诃末伸出援手，而后来的事实也证明了这一点。在铁木真发动河中战役中，蒙古军攻城夺地时，秃儿罕太后率重兵纹丝不动，让蒙古军避开了可能受到来自玉龙杰赤的背后袭击。

第三封信是铁木真伪造了一份秃儿罕太后写给他自己的信件。

这封信以秃儿罕太后的亲戚之名，向铁木真表示可以按其意愿行事配合蒙古军的行动，共同对付摩诃末。然后，铁木真派人将这份伪造的信件投放在花剌子模新都撒马尔罕军营的门口。

最后，铁木真又派出了在班朱尼河共同盟誓的大功臣阿三（哈散哈只），就是他在铁木真最困难的时候献上了自己的几千只羊，从而救了铁木真和蒙古军的性命。阿三利用自己花剌子模人的身份潜入撒马尔罕，用两百个金第纳尔（货币单位）的重金贿赂了花剌子模宫内高官，以经商需要为名看到了花剌子模的地理全图，而这幅地理全图绘出了花剌子模的主要城池、河流、高山。当时，十个金第纳尔就可以买下一个村庄，可想而知阿三这笔贿金有多重。随后，过目不忘的阿三回头凭记忆将这幅图用明矾水画在自己身穿的长袍向内一面，而明矾水干燥之后什么都看不出，但只要浸入水中地理图就会纤毫毕见。

就这样，大战尚未开始，铁木真已经把握了战争的主动权。

此时，无数的流言已经传遍了花剌子模，如"蒙古大军有百万之众，打下一座城池就要屠城、毁城，没有粮食就要吃人呢"，"他们英勇无比，视战争为新婚之喜，以战死疆场为最大荣誉"。

花剌子模到处人心惶惶，军政高层更对怎么打仗已经吵成了一锅粥。有的将领主张避开蒙古军锋芒，退往阿富汗的哥疾宁（伽色尼，今阿富汗喀布尔西南加兹尼）据险死守，如果再抵敌不住就干脆退往印度；还有的将领主张放弃河中地区退守阿姆河口，理由是河中地区乃新附之地，民心不稳；也有的主张集中兵力据守锡尔河岸，与蒙古军决战。

摩诃末制定的战略却让人目瞪口呆，他提出避免与蒙古军野外决战，分散兵力把四十万大军分到数十座城池依城坚守。

原来，前年摩诃末和其子札兰丁、大将帖木儿灭里率六万人马在乞里河、黑河之间，与术赤、者别、速不台所率荡平西辽的三万人马野战过一场，结果以优势兵力进攻却反被歼灭了四万人，最后在儿子札兰丁和猛将帖木儿灭里拼死救护下才侥幸保住了一条老命。

这一仗成了摩诃末的梦魇，也让他清醒地认识到蒙古军不仅来去如风、机动灵活，而且攻如尖刀、守如铁盾，若打野战则根本不是蒙古军的对手。因此，摩诃末失去了同蒙古军野战的信心和勇气，从一开始野战就被排除在作战计划之外。

相反，摩诃末认为蒙古军跋涉万里而来，跨越丛山峻岭与荒漠戈壁后一定人马疲乏至极，因此只要加强锡尔河沿线各个城池的防御力量，使这些城池能够独立持久抵抗，就能拖住蒙古人并阻挡蒙古人前进。同时，摩诃末自己则在撒马尔罕征集军队，打算待铁木真攻城不利陷入消耗战时就趁机转取攻势。摩诃末认为，由于花剌子模地形复杂，高山河流纵横，城池坚固险峻，而蒙古军善于野战，但骑兵必然拙于攻城，且万里迢迢长途跋涉而来必人马疲累、后勤困难且不能持久，只要据险守住坚固城池，待蒙古军劫掠一阵后必然退走，到那时或许可以以逸待劳穷追疲惫之敌而反败为胜。

于是，摩诃末将四十万大军分派诸城，大城数万，小城数千乃至千余，分兵把守。其中，最重点的都城撒马尔罕放了十一万人，蒙古军必攻之地——残杀了数百名蒙古商人的讹答剌城放了六万人，这是防守兵力最多的两个花剌子模城池，而机动主力五万人则放在正对蒙古军的锡尔河沿岸。这样一来，摩诃末就制定了一个各城自我为战、兵力极度分散的被动防御战略。

这时，摩诃末的长子札兰丁看出了其父这个战略的错误。札兰丁血勇很盛，他直言不讳地说："父王这个分兵守城的被动战略，将会被蒙古军各个击破。我军应该集中兵力拒敌于国门之外，把仗放到境外打，并以全力抗击蒙古大军主力。"但是，札兰丁的建议被摩诃末非常粗暴地拒绝了。

众人还在争论之时，一个花剌子模国中最有威望的星相学家站起来说："国王所说甚是。近日臣等夜观天象，见有一大星从东方君临我国之上，此厄运之星也！此星一直未见消散。在厄运的新星没有走掉之前，为谨慎起见不宜对敌人采取任何行动。"

花剌子模的天文学甚为发达，上至国君，下至平民，极其笃信星相之说。经星相学家这样一说，众人便再无异议，各按摩诃末所说去部署。

不过，摩诃末听完星相学家所言，则更加丧魂落魄。据史书记载，摩诃末亲眼看到敌人的强大和威力后，了解了此前发生的惹起灾难的原因，慌乱和忧愁的心情逐渐支配了他，其言语和行动中时常流露出后悔之意。由于摩诃末满心疑虑，已不能进行正常判断，更不得安眠和宁静，他便听凭不可避免的命运的支配——按照"我听凭安拉的决定"和他的预定战略采取行动。于是，摩诃末每天只要有空便不停地做礼拜，他已经忧愁慌乱到这种地步了。摩诃末下令改建撒马尔罕的城墙，但当他从城壕上走过时却说"前来进攻我们的军队只要每个人扔下自己的鞭子，这条壕沟一下就被填平了"，而这句话使他的臣民与军兵大为沮丧；他出行时无论走到哪里都说"你们自谋活命之计吧，蒙古军队是无法抵抗的"，都要问一问每一个大臣有什么办法能对这次灾难有所帮助。

实际上，大战还未开始，摩诃末的意志已经崩溃了，而这里面最重要的一个原因是摩诃末的内心深处深知自己就是引发战争的罪魁祸首。

就在摩诃末昼夜惊魂难定时，一个惊人的消息传来——蒙古军主力出现在南边的费尔干纳盆地，并在那里四处进击扫荡。

原来，这就是术赤和者别率领的两万五千骑的那支偏师，他们早在蒙古成吉思汗十三年（1218）冬季从喀什出发，沿着吉西列阿尔多和铁列古达巴干两条山路翻越海拔四千米至七千米的冰山雪岭进入阿赖山北麓，于蒙古成吉思汗十四年（1219）夏抵达费尔干纳盆地。这支队伍吃尽了千辛万苦，以惊人的坚韧毅力长途跋涉翻山越岭、爬冰卧雪几千里，甚至连最耐辛劳和寒冷的蒙古马都受不了而大批冻亡，于是蒙古军便用牛皮裹着马匹的腿脚，用羊皮包住马肚防寒，在齐腰深的冰雪中继续奋勇向前。最后，蒙古军以惨重的代价翻越了帕米尔高原和天山之间的谷地，其中沿路冻死和坠山而死的蒙古将士就有三千名之多，终于在渺无人烟的雪山冰岭中打开了一条通道，胜利抵达了费尔干纳盆地。

术赤和者别攻击的费尔干纳盆地又称"费尔干纳谷地"，是天山和吉萨尔—阿赖山之间的山间盆地，位于今乌兹别克斯坦、塔吉克斯坦和吉尔吉斯斯坦三国的交界地区。费尔干纳盆地东西长三百公里，南北宽一百七十公里，海拔三百三十米至一千米。直到今天，费尔干纳盆地都是中亚细亚人口最稠密的地区之一，人口有一千一百万之多；锡尔河、索赫河和伊斯法拉河从此盆地流过，大部分地区都是灌区，极是富庶，为棉花、水果、生丝的主要产区，也是中亚自然条件最优越的两个河谷盆地之一。

穿越雪山到达盆地之后，术赤和者别便指挥所部在费尔干纳盆地四处出击、纵横驰骋。费尔干纳几乎无兵防守，其守军早已被摩诃末调到锡尔河防守，因为花剌子模将帅从未想到过大后方的费尔干纳会遭到袭击。术赤和者别在费尔干纳如入无人之境般大打出手，仅短短十来天，就把费尔干纳打了个精光。摩诃末得知蒙古军出现在费尔干纳后大惊失色，误以为那是蒙古军的主力，便立即调遣防守锡尔河的五万机动精锐主力南下支援，与术赤和者别在费尔干纳北缘展开了一场会战。

蒙古军在敌众我寡的极不利情况下奋勇作战，以二万二千铁骑对阵花剌子模五万骑兵，先用箭阵大量杀伤花剌子模骑兵，然后刀阵冲锋劈得敌军尸横遍野，最后以少胜多，大获全胜。

蒙古军这一仗犹如伐金时的野狐岭之战，确立了对花剌子模军的野战自信——知道花剌子模军在野战方面无论如何都不是蒙古军的对手，从此蒙古军对征战中亚充满了自信。说到底，蒙古军当时征服中亚首先就是靠着单兵战斗力的强悍无比来实现的，以至于史学家认为"蒙古兵的战斗力，一人可抵十名花剌子模兵"。在冷兵器时代，战略战术再好，但胜利归根结底还是要靠一个个将士去拼出来。

当然，这一战也让花剌子模人罕见地取得了统一意见，那就是摩诃末是对的——花剌子模只能依托坚城打防御战，绝对不能跟蒙古军野战，因为野战完全不是对手。正因为如此，铁木真当时征战中亚基本就打成了攻城战。

术赤和者别打赢了这一仗，于是分兵两路：术赤带了一万五千骑沿锡尔河北上讹答剌城与父亲铁木真会师，而者别带五千骑转向阿姆河上游游击骚扰。当然，者别攻击的阿姆河上游更是摩诃末的大后方，连接着河中地区与阿富汗和呼罗珊三大板块的要害，可谓是攻敌所必救。于是，摩诃末只好苦着脸从防守都城撒马尔罕的大军中抽出两万人马前去救援，以至于兵力被再次分散调动。者别兵力少，便避开与花剌子模军决战，虚晃一枪后牵制着大量敌军兜圈子。由于者别的机动速度快，想打就打，想跑就跑，花剌子模军拿他毫无办法，而他就按战前计划在阿姆河上游四处游击，等着同铁木真会师。就在摩诃末和花剌子模军不明就里的时候，铁木真却率真正的蒙古主力出击了。

第三十四章　锡尔河霹雳

当摩诃末调集五万驻守锡尔河的机动精锐南下费尔干纳对付术赤和者别后，铁木真立刻结束长途行军后的休整，率主力大军挥军直进锡尔河中游的讹答剌城，而这一切摩诃末浑然不知。当蒙古军前锋察合台和窝阔台两部开始向讹答剌城发动进攻时，摩诃末还在盘算着怎么联合哈里发和母后秃儿罕太后，以取得这两人对他的支持。

此刻，最恐惧的是讹答剌城守将亦纳勒术，就是他因贪财杀害了近千名蒙古商人和驼工才引发了这场战争，而他已经看到蒙古大军在城下如翻腾的大海般声震云霄。

就这样，蒙古军劲旅把讹答剌城围了一圈又一圈。据史书记载，亦纳勒术当时用牙死死地咬住自己的手背以克服恐惧，他知道蒙古军绝对饶不了他，等待他的结局只有死路一条，而他唯一可以依靠的就是讹答剌城的坚固——其城墙高大坚固，分为内外两城，全是坚石砌成，可以说是一座真正的石头城；引来锡尔河河水的护城河又深又宽，城内粮食充足，而且守军六万人都知道守的是必死之地，所以人人皆怀决死之心。

九月中旬，铁木真率诸子、诸将来到讹答剌城城下试攻了两天。战斗一开始就极为激烈，蒙古军竖起投石机，准备好了一堆堆大石块和一罐罐黑色的火油。——这种投石机是蒙古军攻城的最主要兵器，其构造简单，走到哪里就能砍伐当地的大树由工匠营的工匠现场制作，不用把它拖着到处跑。

察合台和窝阔台一声令下，蒙古军便将一块块大石头和火油筒用投石机抛向城内和城墙，顿时天空中到处都是石块在飞舞，带着火捻的火油筒砸在哪里哪里就生出一团火焰。然后，蒙古军又用弩炮射出一排排弩箭——这是南宋的战争技术，是由张荣传到蒙古的——还有无数的蒙古神箭手对着城头的守军射去一支支羽箭，压得城头的守军抬不起头。

这时，蒙古军工兵已经在护城河上架起了一座座简易桥梁，然后一排排蒙古勇士呐喊着向城墙冲锋，他们背着兵器、扛着云梯冲到城下呼啸而上。不过，讹答剌城实在太坚固，蒙古军的攻击对城墙的破坏实在太轻微。守军依托着城墙，不停往下扔滚木礌石以砸断蒙古军的云梯，还泼下一盆盆热水、射下一排排羽箭，使得蒙古军遭遇了大量的死伤。

蒙古军凭借攻打金国时积累的丰富攻城经验，已经看出讹答剌城的坚固，知道其非短期强攻所能攻克。当然，铁木真也不可能犯全军主力被拖在一座讹答剌城下的错误，于是当机立断兵分四路。

铁木真对众将道："摩诃末在这座小城集结如此重兵，无非想把我们死死拖在这里，所以我们不会上这个奸王的当。摩诃末防守的最大重点，肯定一个是旧都玉龙杰赤、一个是新都撒马尔罕。如今，我们已到讹答剌城，当分兵扫清花剌子模玉龙杰赤、撒马尔罕这两个都城之外的城市，如此这般这两城皆为孤城，取之不难。"

铁木真分兵四路的具体部署是这样的：

第一路，察合台、窝阔台两人各率一个万人队，对讹答剌城久困长围，不使一人逃出。——这也是铁木真用心良苦，他让脾气暴躁的察合台和性格温和的窝阔台在一起，互相取长补短，避免兄弟失和。

第二路，由前来会师的术赤率两万人攻击锡尔河下游的毡的和养吉干两城。这两城位于讹答剌城的西北，在锡尔河流入咸海的下游，因此术赤的进攻路线是往西北。

第三路，由阿剌黑、雪客秃、塔孩率领五千人进攻锡尔河上游，主要攻击忽毡和别纳客忒两城，进攻路线是往东南。

第四路，铁木真和拖雷率领十余万主力，直捣讹答剌城正南的布哈拉城。布哈拉城处于花剌子模新都撒马尔罕和旧都玉龙杰赤之间，打下布哈拉城就能把花剌子模新旧两都截为两段。

铁木真分派完毕，众将顿时明白了他的意图。蒙古军被分为四路军，前三路军沿着正面的锡尔河发动全面大纵深进攻，他们由老将左翼万户长博尔术统一指挥协调，而第四路军则直切中亚名城布哈拉城，只要成功就可以把花剌子模切成两段，以割断新旧两都的联系。此举不但可以全面阻断摩诃末对河间诸城的增援，如果战事进展顺利，下一步还可以用第一路军、第二路军从北、东两面围攻旧都玉龙杰赤，用第三路军、第四路军从西北两面围困新都撒马尔罕。

众将欣然听令，不数日各自领兵离去，各攻其城。

铁木真率主力离去时，专门对围困讹答剌城的察合台和窝阔台说："此城坚固，守军众多，不要强攻损兵折将。不过，此城虽坚，却面积甚小，只是座小城，如今住进去这么多军队，再加原有城民，其粮食消耗必大，而在你们长围久困之下必不能持久，饿也饿死他们。"

察合台和窝阔台连连称是。

于是，铁木真留下察合台和窝阔台各率一个万人队围困讹答剌城，自己则亲率主力离去。为了不让讹答剌城守军知晓蒙古军主力已经离去，察合台和窝阔台虚设营帐一层层围住讹答剌城，然后每天用投石机投掷大量石块和火油筒不停轰击讹答剌城，又不断佯攻城墙以牵制杀伤城头守军。

如此，察合台和窝阔台一围就是半年。讹答剌城守军终于粮尽且百物齐缺，城内不得不开始抓老鼠充饥，同时城内六万守军也战死了三万，只剩三万疲兵在拼命抵抗。这时，讹答剌城城内的副将哈剌察要求亦纳勒术同意投降，说："我们已经抵抗到山穷水尽的地步了，什么都完了，连老鼠都吃光了，继续抵抗是没有意义的。我们投降吧！"

但是，亦纳勒术坚决不同意投降，因为他知道自己是引发战争的罪魁祸首，蒙古人饶谁也不会饶他。不过，亦纳勒术说出来的借口却是"摩诃末算端对他恩重如山，他不能背叛自己的恩人"。

哈剌察见亦纳勒术已经不可理喻，当晚便偷偷带着自己的一万人马出城投降，而蒙古军则趁机占领了讹答剌外城。

其实，哈剌察不知道的是，蒙古军是不会接受讹答剌城守军投降的，因为在蒙古人眼里"讹答剌就是一座罪恶之城，而且胆敢顽强抵抗半年，必须杀一儆百"。于是，窝阔台对哈剌察说道："你的君主以前对你有种种的恩惠，你却不忠于主人，因此我们无法接受你的投降。拖他出去砍了，把他的那些降卒也统统砍了！"当夜，这一万名花剌子模士兵全部被就地处决。

蒙古军占领讹答剌外城之后把所有的居民和牲畜都赶到城外，将城内劫掠一空，接着挑出了一万名各行各业的工匠送往工匠营做活，又挑出三万名丁壮组成"签军"——阿拉伯人将"签军"称为"哈沙儿"队，而其余数万老弱妇孺则统统被杀掉。所谓"签军"，就是打仗时充当炮灰的部队。"签军"每十人一队，打仗时被严刑峻法逼迫在前面开道，冒着矢石冲在最前面填战壕、架云梯。

这时，亦纳勒术带着两万士卒躲进讹答剌内城拼死抵抗。于是，这两万人分别以五十人为一队，然后一队队冲出去跟蒙古军肉搏拼命。起先冲出去的人，一出去就被蒙古军射成了刺猬一般，而后面的人就顶着木板挡住箭雨对着蒙古军猛冲，然后在靠近蒙古军后近身肉搏。就这样，两万守军整整又再战了一个月，给蒙古军造成了重大的伤亡。

此时，讹答剌内城已经只剩亦纳勒术和两个侍卫，以及一些妇女。不过，亦纳勒术却被恐惧逼成了英雄：当蒙古军把他包围在最后的古堡时，他登上屋顶就是不投降，仍在拼命抵抗。最后，亦纳勒术的两个侍卫也战死了，刀剑都已折断，然后一些妇女就把砖头递给他，他就用砖头砸向那些爬上来的蒙古兵。不过，亦纳勒术犯了一生中最大的错误，他已经失去了自杀的勇气，终于被蜂拥而上的蒙古兵扑倒并捆上铁链活捉。

当亦纳勒术被拖进大帐后，察合台、窝阔台和蒙古众将个个眼冒绿光，死死地盯着他。察合台说："你就是海儿汗，说说你为什么杀我们的蒙古商队！"

亦纳勒术横眉冷对，不发一语。

脾气暴躁的察合台毫不客气，冲上去噼里啪啦一顿大耳光，顿时扇得亦纳勒术口鼻出血。

窝阔台说："算了，二哥。这种无耻奸徒，理他作甚，把他送给父汗发落吧。"

在中军大帐中，铁木真狠狠地瞪着亦纳勒术，愤怒到胡须都在微微抖动。

亦纳勒术感受到了彻底的恐惧，他一下子崩溃了，烂泥一般瘫倒在地上，浑身发抖。

铁木真只问了众将一句："怎么处死这个无耻的奸人？"

众将中有的说千刀万剐，有的说下油锅，有的说剥皮抽筋，但忽兰皇后突然说道："大汗，这个奸人因为贪图金银财宝杀了我们那么多蒙古人，就让他死于金银吧。"

于是，铁木真下令将金银烧热熔化成滚烫的熔液，然后一滴滴灌进亦纳勒术的眼睛、耳朵、鼻孔、嘴巴，并让其穿着金银之服下地狱。

在察合台和窝阔台猛攻讹答剌城时，术赤也在由东向西横扫锡尔河下游的花剌子模的其他城池。术赤打得异常顺利，他的主力是一万畏兀儿骑兵。当时，有一件很奇怪的事，战斗力很一般的部队，只要交给蒙古将帅和军官统领就立刻变得非常能战，就像给这支部队灌注了"军魂"一样。

术赤率领的第二路军沿锡尔河向下猛冲，所到之处如入无人之境，直到抵达速黑纳黑城（今哈萨克斯坦奇伊利东南）才遇到了一点抵抗。速黑纳黑城是锡尔河下游一个不大不小的城池，居民约有四万人，而摩诃末之前认为这个小城没什么战略价值，便把守城的部队调到别处，只剩下了一支人数很少的民兵。当术赤率部抵达速黑纳黑城下时，由于极度的恐惧，这些民兵便一哄而散、不见踪影了。因此，术赤认为一个没有正规军守卫的城池，根本不必发动军事进攻。这时，术赤军中大将阿三（哈散哈只）主动要求入城劝降，而这个阿三就是班朱尼河盟誓的有名功臣，他本来就是花剌子模人，加入蒙古军以前是一个商人。当年，铁木真在班朱尼河陷入绝境时，阿三正好赶了几千头羊路过，便将几千头羊全部献给了铁木真并加入了蒙古军，以此救了铁木真和蒙古军的性命。阿三是跟铁木真盟誓的"班朱尼河十九英雄"之一，还在战前拿到了花剌子模的地理全图，可以说他是蒙古人家喻户晓的大功臣。由于阿三是军中的长辈，又是花剌子模本地人，所以铁木真便派他辅助术赤。

当阿三要去劝降，术赤非常担心他的安危，说："你就在城门口跟城内的百姓说说就行了，一旦发现不对劲，立刻转身撤回来。"

阿三安慰道："我自己就是花剌子模人，跟城内的百姓是乡亲，而且我跟他们一样信仰真主都是穆斯林，穆斯林是不会残杀穆斯林的。我到圣城麦加朝觐过，而能去朝觐麦加的人是极少的，去过麦加的伊斯兰教信徒都是最受尊敬的。放心吧，我不会有危险的。"

于是，术赤只好派阿三进城谈判，希望城内民众放弃抵抗，让蒙古军进入速黑纳黑城。

不过，阿三的自信却害了他。阿三进城后，就在城中央的广场高处向城内的百姓劝降："我也是你们的同胞，也同样是真主的信徒，我代表蒙古军和大皇子术赤前来奉劝你们投降，只要你们投降，大皇子术赤可以保证你们的安全。如果你们抵抗，后果不堪设想，真主也会放弃你们。"

但是，阿三的话激怒了许多城内百姓。于是，这些人大吼一声把他从高处拖下来，拳脚交加之下很快就一命呜呼了。然后，他们又把阿三的脑袋割了下来踢出了城外，以示他们对蒙古军的轻蔑。这样，蒙古军上下全爆炸了，而术赤更是暴跳如雷，直接下令立即攻城。

速黑纳黑城百姓杀了使者阿三后也情知不妙，都上城楼拼死抵抗。蒙古军昼夜狂攻，连打三天三夜，最后城内百姓到底不敌蒙古军正规军，速黑纳黑城就此陷落。术赤进城后，他首先下令把杀死阿三的那群人揪出来挖掉眼睛和鼻子，再剁手、剁脚砍断四肢，让他们在极度的痛苦中死去，最后下令屠城使其鸡犬不留。

就这样，速黑纳黑城成了一座死城。

最后，蒙古军离去时，术赤将阿三的儿子留下来，又给了他一队人马，让他到附近乡村招揽百姓重建这座城池。

蒙古军的残暴屠城起到了极大的震慑作用，在术赤接下来的进军中，沿路城镇纷纷乞降。不过，当术赤所部抵达额失纳思城（故址在今哈萨克斯坦克孜勒奥尔达市东南）时又遇到了强烈抵抗，原因是这座城的民风特别强悍，以至于波斯历史学家拉施特称"守城的军队是由各种流氓组成"。

于是，术赤下令总攻，并言明"城破后，鸡犬不留"。额失纳思城陷落后，城内百姓全部被屠杀，守军自然无一幸免。

话说蒙古军虽然以战绩而论无疑是人类军事史上最能战的军队，但屠城影响了它在世界军事史上的形象，其屠杀太过残酷。

额失纳思城攻下后，术赤此行攻击的最大目标毡的城就近在眼前了，而毡的城是一座历史名城，于是蒙古军人人都在准备着再打一场惨烈的攻城战。可是，就在术赤认真地到处检查督战作攻城的准备时，却传来了一个好消息：毡的城守军统帅忽都鲁汗，带着他的守城部队于夜间渡过锡尔河逃往撒马尔罕了。术赤大喜过望，派了一位极有才干的使者——哈剌契丹人成帖木儿到城中招降。成帖木儿对毡的城的民众说："主动投降吧，你们的生命不会受到威胁，财产不会受到损失，什么都不会改变。如果反抗，蒙古人肯定会破城屠杀，血流成河。"

毡的城失去了执掌大权的主官和守将，百姓们自然各有主张、各自为谋，都在寻求最好的出路。对于有些百姓大骂成帖木儿并跃跃欲试地要杀掉他，成帖木儿就冷静机智地把速黑纳黑城因为杀死使者而被屠杀得一个活物也不剩的事讲给他们以晓之厉害，又把几个主动投降城池的百姓得以保全性命、财产的情况告诉他们，最后成帖木儿才被另一些百姓安全送到城外。然后，成帖木儿急忙向术赤报告说城中没有正规军队，只有一群毫无战斗经验的民众吵吵嚷嚷、争论不休地准备死守，打下这座城池难度不大。

于是，术赤下令攻城。不过，当时的情景似乎不像打仗，倒很像一场闹剧：蒙古军开始填城壕，架设攻城锤、安装投石机和云梯，而毡的城的百姓全都拥上城墙看热闹，他们看着蒙古军忙忙碌碌的样子很是奇怪，不知道蒙古军在干什么，还感叹"这么高的城头，他们怎么能爬得上来"呢。

等毡的城的百姓终于弄懂云梯是用来爬上高高的城墙的时候，他们才开始大喊大叫，希望把蒙古军从云梯上震下去。于是，有些人根本不看目标，拉开弓箭乱射一通；还有一群人在城墙上发现了一架投石机，他们开动投石机投出了一块石头，但巨石并没有飞向目标，而是笔直飞出又瞬间垂直落下，直接把投石机砸了个粉碎，因为他们不懂得调整发射角度。

就在这些毡的城百姓看热闹和不知所措时，蒙古军已到处爬上城墙打开了城门，而毡的城就这样轻轻松松地被攻破了。

术赤和蒙古军简直不敢相信这是真的，一个如此重要的有名城池毡的城居然就这样唾手而得了。由于毡的城百姓没有抵抗，蒙古军未伤一人，所以术赤除杀了几个辱骂招降使者成帖木儿的人外，其他百姓都保住了性命和财产。

当术赤在毡的城中与部下们一起欢庆胜利时，他派出的一支偏师也攻占了军事重镇养吉干城（故址在今哈萨克斯坦锡尔河入咸海处）。这样，锡尔河下游的所有大小城池，统统被蒙古军占领。术赤不仅圆满完成任务，他还发现了一块新的美好天地——西面广阔的钦察草原，这是一块与呼伦贝尔草原一样富庶，但面积却要大好多倍的乐土。就这样，术赤在钦察草原找到了家乡的感觉并一直逗留在此，直到后来率军参加花剌子模绿洲攻坚战。

锡尔河攻击战最艰难的战斗发生在阿剌黑、雪克秃、塔孩的第三路军，因为第三路军的人数少得可怜，只有仅仅五千人。战前，铁木真认为五千人就已足够攻击锡尔河上游，因为沿途没有坚固的大城，都是一些小城镇。但是，没想到的是第三路军这一路打得最艰难，因为他们遇到了比坚城厚墙难打得多的花剌子模民族英雄——智勇双全的帖木儿灭里。

刚开始时，阿剌黑的攻击还挺顺利，五千人的第三路军一直推进到别纳客忒（今乌兹别克塔什干南）城下时才遇到有力的抵抗。当时，阿剌黑派去劝降的使者被别纳客忒城守将射成了筛子，令其气冲斗牛并下令攻城。当蒙古军正准备攻城时，令蒙古军大吃一惊的事却发生了：别纳客忒城守军居然打开城门疯狂地冲出来和蒙古军打起了野战，猝不及防的蒙古军被打得连连后退。不过，阿剌黑迅速反应压住了阵脚，击退了花剌子模军的突然攻击，但蒙古军却被击退了十几里。原来，别纳客忒城的守军人数虽少——只有八百余人，却是花剌子模战斗力极强的一支王牌精锐，守将亦是花剌子模军的一员名将。

接着，阿剌黑调整阵形再次攻城。等打到第四天时，阿剌黑盯住了城头一位四处督战的守将，心知这必是守军的一个大头目，便摘下铁胎弓觑得真切后一支穿云箭"嗖"地射了过去，当即击中这位守将面颊，顿时倒下断了气。别纳客忒城守军顿时一片混乱，原来射倒的这位守将正是守军主将。蒙古军为之士气大振，乘乱爬上城墙攻下了别纳客忒城。夺城之后，阿剌黑让蒙古军把士兵和百姓分为两部分，士兵则一个不留地全部杀光，而百姓中的工匠被硬塞入工匠砲（炮）兵部队，丁壮则被充当炮灰入了"签军"。

阿剌黑血洗别纳客忒城后，立刻攻击西北方向的忽毡城（今塔吉克斯坦苦盏，又称胡占德），但这次遇到了劲敌花剌子模第一名将——帖木儿灭里。

帖木儿灭里骁勇善战，曾在与术赤、者别、速不台交战时突破蒙古军包围圈救过国主摩诃末的命，是花剌子模军中公认的最能战的第一名将。在帖木儿灭里的激励下，忽毡城九千守军士气高昂，誓言"战到一兵一卒，也要决死守卫忽毡城"。

帖木儿灭里巧妙利用地形，先把全城百姓迁到内城以安民心，昼夜不停地筑城防守。然后，帖木儿灭里在锡尔河中间河水分流的地方，顶流建起了一座坚固的城堡，而这是个天才的防御设施——这座城堡居高临下，河边仰攻的蒙古军的弓弩和投石机无法对城堡造成伤害，但城堡守军的弓弩和投石机居高射远，却可以轻松地打击河边的蒙古军。

蒙古军的前锋部队刚到锡尔河边，高高的城堡上顿时乱箭如雨、巨石裂空，一时间蒙古军倒下了一大片，伤亡惨重。阿剌黑、雪克秃、塔孩发现了地形不利之处，根本不能马上组织进攻，而且人太少——五千人无论如何也无法攻击这座河中城堡，加之"签军"也不多，所以只好向铁木真请求援兵。

于是，铁木真只好把刚结束了讹答剌城战役的窝阔台和察合台率领的第一路军调到忽毡城。这下蒙古军士气大涨，阿剌黑一下得到了庞大的两万援军，还是两位皇子亲自带队前来，同时到来的还有被用鞭子赶来的讹答剌城的三万"签军"。

阿剌黑信心满满地下达了准备攻城的命令，首先要填平锡尔河边上的浅滩，然后再向河中心进发，而执行这个倒霉任务的自然是"签军"。四万"签军"被蒙古军用武器和皮鞭驱赶着排成一列列搬运石头欲填平锡尔河边的浅滩，只要他们填到进入弓弩和投石机的射程之内，蒙古军就可以对忽毡城发动猛烈的攻击。

帖木儿灭里不愧是花剌子模第一名将，他没有攻击那些可悲的"签军"，而是干脆以守为攻主动出击。于是，帖木儿灭里下令精选出十二条战船并上覆湿毡，湿毡上面再涂抹浸过蜡的黏土，只留下几个窗口作观察和放箭。——这可是原始的装甲战船了。

当太阳升起清晨到来时，帖木儿灭里便主动出击，亲率装甲战船驶近岸边，带着精选出来的神箭手对蒙古人乱箭齐放，由于距离近可谓真是箭箭咬肉。蒙古人当然会还击，但羽箭对帖木儿灭里的装甲战船毫无用处，只得连连后退。结果，帖木儿灭里不但向蒙古人射箭，还把填入河中的石头搬走了。就这样，每到夜晚时蒙古人的"签军"就在皮鞭的呼啸声中"嗨哟嗨哟"地拼命向河里搬运石头，但第二天早上就被帖木儿灭里的装甲战船清除，对此蒙古军十分生气。同时，趁着蒙古军疲惫，帖木儿灭里又发动了几次夜袭，蒙古军更是叫苦不迭。

帖木儿灭里虽然足智多谋、骁勇善战，但他毕竟人数太少——兵不满万，船只也少——不够百艘，而蒙古人则到处抓"签军"填河，石头越填越多。随着日子一天天过去，锡尔河沿岸终于被填平了，然后开始继续向前河中延伸，而蒙古人架起的投石机已经能将百斤大石抛上河堡，弩箭也常常能穿倒堡上的守军。帖木儿灭里知道河堡已经不可守了，当即决定突围：他把守军和辎重分装各船，自己则亲率一队最精锐的侍卫登上一只最大的装甲战船，然后在一个漆黑的夜晚燃起巨大的火把照明，编成严整的队形闪电般沿河而下。

蒙古军立刻动员追击，但他们根本没有料到帖木儿灭里会来这一手，事先也没有准备船只，所以只能策骑沿河追赶。但是，每当大批蒙古骑兵出现在岸边时，帖木儿灭里就在船上用弓箭射他们，由于船行平稳且花剌子模军箭射得又快又准，蒙古军被一片片射倒于马下。

帖木儿灭里让蒙古军如此狼狈可称英勇无畏，同时他居然在沿岸两万多蒙古军的夹攻跟随下一路冲杀到别纳客忒城城下。在这里，蒙古军为了阻挡帖木儿灭里的战船，拉起铁链封锁了河道。不过，帖木儿灭里见铁锁横江丝毫不惧，命令集中火把烧灼粗大的铁链，当铁链烧红后他双手抡起一把开山巨斧"嗨"的一声把铁链砍断，然后冲杀过去并一直到了毡的城境内，但蒙古军始终拿他没有办法。

在蒙古军围攻下，帖木儿灭里的船队却胜似闲庭信步地飞流直下数百里，直奔锡尔河下游的术赤而去。

当时，术赤正在锡尔河下游，听到阿剌黑派来的飞骑传讯，马上在锡尔河下游架设浮桥，又在浮桥上布下大批弩炮、火油筒，还在岸边设置了重兵和投石机守株待兔。

但是，帖木儿灭里再次证明了自己技高一筹，还没到达术赤的设伏点时他就率军弃船上岸，然后转向陆地折向西行。蒙古军蜂拥而至层层截杀，帖木儿灭里所部毕竟人太少，野战又不是蒙古军对手，最后全员战死，只有帖木儿灭里一人冲出重围。这时，帖木儿灭里枪断刀折，只剩了一张弓和三支箭，其中一支箭还断了箭头，身后还有三个蒙古兵穷追不舍。帖木儿灭里首先拔出那支断箭拉弓上弦，射瞎了一个人的眼睛，然后对另外二人说："我箭袋里还剩两支箭，刚够你们两人用，但我舍不得用，你们最好逃命去吧！"

两个蒙古人绕着帖木儿灭里转了几圈，只见帖木儿灭里凛凛神威状如天神，而他们畏惧他的箭法不敢上前，只能眼睁睁地看着帖木儿灭里逃走。

帖木儿灭里的英雄故事还将继续，他后来继续在花剌子模军中战斗，并在国灭后做了云游四海的苏菲教徒。晚年，帖木儿灭里思念家乡回归故里，结果却让那个被他射瞎一只眼的蒙古兵认出，最后不屈而死。

帖木儿灭里的逃走，标志着蒙古军三个军团都成功地完成了正面攻击锡尔河沿线的任务。现在，蒙古军完全突破锡尔河正式进入河中地区，下一个目标是布哈拉城。

第三十五章　震惊布哈拉

当三个蒙古军团在锡尔河的北中南三线发动全线进攻，以牵制花剌子模军全部的注意力时，铁木真率四子拖雷带领蒙古军主力突然出击，直插花剌子模旧都玉龙杰赤和新都撒马尔罕之间的布哈拉城，准备把花剌子模从腹心一刀切为两半。

首先攻打的是匝儿讷黑城。当蒙古十万铁骑在城下龙腾虎跃、人喊马嘶，匝儿讷黑城的守城军民看见战旗堵塞四野，马队扬起的尘土把天空变得漆黑如夜，全都惶恐万状地躲到城堡里不敢露头。

于是，铁木真派了一名伊斯兰教士答失蛮哈只卜进城劝降。

答失蛮哈只卜进入匝儿讷黑城中，但城中的主战派抽出阿拉伯弯刀就要杀掉他。

答失蛮哈只卜镇定地说："我是什么人？是一个穆斯林，而且是一个穆斯林的儿子。为讨真主的喜欢，我奉成吉思汗令出必行的诏命出使见你们，把你们从毁灭的深渊和血河中拯救出来。这次，前来的正是成吉思汗本人，带着几十万名战士。眼前战事迫在眉睫，若你们有丝毫反抗，一个时辰内你们的城池将被夷为平地、原野将成血海，可是若你们用明智持重之耳听从忠言和劝告，并且恭顺地服从他的指令，那么你们的生命、财产将固若金汤。"

答失蛮哈只卜持重冷静的态度打动了城中的百姓，多数人压倒了少数人，同意投降。面对蒙古军大军威压，匝儿讷黑城守军也只好遵循城中百姓的意见同意投降，遂派出使者去铁木真军中乞降，并得到了铁木真的善待。最后，铁木真赦免了所有人的死罪，然后命令所有军民出城并拆掉了那些阻挡战骑前进的城墙，又挑选了一批丁壮塞进"签军"，其余百姓则被遣回。办完这一切，铁木真环城一圈道："拿下这座城池，不管是我军还是敌军都未伤一人，这可真是座'忽都鲁八里'（意为"幸福之城"）。"后来，这座城便改名忽都鲁八里了。

在匝儿讷黑城，蒙古军找到一个真正的"带路党"。这人是个突厥人，受过花剌子模当权的康里人的欺负，一直怀恨在心想报复康里人，于是他给蒙古军指引了一条到达布哈拉城的近路。

这人带着铁木真所部直接穿越绵延七百里的红沙漠，少绕了一千多里路，而这条路一直以来罕有人行。行前，铁木真命令每人准备四个羊皮大囊装水，进入沙漠后昼伏夜出，晚间行军避开烈日，用十天的时间穿越了红沙漠，直接插到了摩诃末所在的新都撒马尔罕城的背后。后来，这条路被称为"汗路"。

前面就是进入布哈拉城的最后一道屏障——讷儿城（今乌兹别克斯坦努拉塔），而这座城一连向蒙古军纳了三次钱粮。

首先是蒙古军先锋官塔亦儿拔都儿派人进城劝降，经过激烈争执后，城内百姓决定打开城门投降。他们提出的条件是，贡献粮草屈膝称臣顺服蒙古人，但蒙古军不要进城。蒙古军先锋见能免于攻城也很高兴，便同意了城内百姓的条件绕城而去。

不久，蒙古军第二队人马速不台来了，但速不台就没有先锋官塔亦儿拔都儿那么好打发了，于是双方继续谈判。这样，双方又达成一条协议，城内百姓遵命交出城池免于性命危难，保留他们日常生活从事农耕所不可少之物如牛羊，但他们应到城外去，原封不动留下他们的屋舍让军队抄掠。

讷儿城百姓遵命出城，蒙古军入城后见到什么就拿走什么，但守约丝毫没有伤害他们的性命。对于蒙古军来说，这种不伤人的抢劫已经是他们最温和的行为了。

这次，讷儿城百姓又选出六十个人去充当"签军"援助蒙古人，连第三拨来的铁木真都感动了。铁木真问讷儿城百姓道："摩诃末从你们这里征收多少赋税？"

讹儿城百姓回答说："常赋是缴一千五百第纳尔。"

于是，铁木真让他们用现金缴纳这笔赋税，不再向他们多征。最后，讹儿城的百姓连妇女的耳饰都摘了下来，这才缴足了这笔款子。对此，中亚史学家说："讹儿城便这样摆脱了鞑靼人的束缚和奴役之路，讹儿城由此重获光辉和繁荣。"

铁木真同样很高兴，绕过讹儿城向布哈拉城进发了。

蒙古成吉思汗十五年（1220）三月末，蒙古军如神兵天降突然出现在花刺子模名城布哈拉城下。

布哈拉位于阿姆河东岸，而阿姆河是中亚最大的河流。"布哈拉"即"学术中心"之意，号称有一百零一所大学，内有上千座清真寺、神学院和其他祭祀场所。在整个伊斯兰世界，布哈拉城占据了崇高的情感地位，被视为"高贵布哈拉"。据史载，蒙古军在中亚征服过数以千计的城镇，但铁木真自己真正进入的城市仅仅提到一座——布哈拉。

布哈拉是著名的学术重镇，不仅是当地最为重要的城市，也是中亚封建时代最大的文明和宗教中心。据史载，"在东方郡邑中，它是伊斯兰的圆屋顶，那些地方的和平城，它的四周有教士和律师的灿烂光辉做装饰，它的周围有高塔和珍宝作点缀。自古以来，它在各个时代都是各教大学者的汇集地"。布哈拉城名，意为"学术中心"。

当时，布哈拉既是伊斯兰世界的圣地，又是军事重镇，其正好位于花刺子模新都撒马尔罕和旧都玉龙杰赤中间，像一根扁担一样挑着新旧两个首都，战略位置极其重要。因此，布哈拉设防坚固，分内外两城，开有十二个城门，护城河有两人深，由一支两万人的精锐军团守卫，士兵全是骁勇善战的康里人，守将名叫阔克汗。

蒙古军一抵达布哈拉城下就列阵发动猛烈攻击，昼夜不停地持续了两天，一时间布哈拉城的天空箭矢、巨石、火油筒到处飞舞。可以说，蒙古军所有先进的攻城器械统统派上了用场，以致布哈拉城的军民恐惧得个个面无人色。

第三天凌晨蒙古军还在酣睡时，布哈拉城守军突然打开东面城门向阿姆河冲去，他们的守城意志已经崩溃，只想着尽快逃跑。

被惊醒的铁木真伏地聆听了一阵，然后叫来四子拖雷："花剌子模军向阿姆河逃跑了，立刻带三万骑追上去将其全歼！"

当拖雷追到阿姆河畔时，两万余康里勇士正到处找船求渡。于是，拖雷下令放箭射击，然后千万支箭矢便密密麻麻地飞向了花剌子模军。到中午时分，两万余康里勇士全部被屠杀在阿姆河畔，阿姆河水一片血红。

守军被灭，布哈拉城中的穆斯林教长和长老们只好苦着脸将铁木真和蒙古军迎进这座圣城。

铁木真进城后先登上城墙巡视，见城墙极为坚固，说道："以如此坚固之城只守两天，摩诃末所用非人，气数尽矣。"

然后，铁木真率部来到城内规模第一的礼拜五大清真寺门前，只见这座建筑雄伟壮阔、气势逼人，那些雕梁画栋令人叹为观止。于是，铁木真问那些穆斯林教长和长老道："这里是摩诃末的宫殿吗？"

一名胡子花白的长老回答道："这是真主的庙宇！"

铁木真哈哈大笑，下马登上讲经的祭坛，喝道："野地里没有草了，快拿饲料来喂我们的马！"城内百姓恐惧，只好赶紧搬草运粟来喂马，希望能保住性命。

这时，蒙古军竟然从教堂内搬出了一只只装着经文的"神圣之箱"，将经文抛得到处都是，然后还用箱子当马槽装上饲料喂马。

然后，蒙古军将士还兴高采烈地干脆在清真寺酗酒高歌起来，一时满城都是蒙古人高亢的牧歌声，而地位崇高的教长们和长老们则被迫喂马、看马。

见此情景，一位以虔诚和苦行闻名的河中地区首领泪流满面，愤怒地对最有学问的学者莫剌纳伊玛目①说："这成何体统！这成何体统！这样的事，我是在梦中看见，还是在清醒中目睹？"

---

① 伊玛目，伊斯兰教教职称谓，指清真寺内率领穆斯林群众举行礼拜的领拜师。

莫剌纳伊玛目说："别出声；这正是真主吹动的万能之风，而我们无权发言。"——这番对答，后来成为穆斯林尽人皆知的经典。

不过，正兴高采烈的铁木真忽然看到一旁的耶律楚材面容凝重、沉默不语，便问道："大胡子，你在想什么？"

耶律楚材看着正当马槽使用的经文箱，缓缓道："大汗，这是他们的信仰。"

铁木真不禁一愣。

耶律楚材又说道："大汗还记得屈出律的故事吗？"

铁木真立刻明白过来了，西辽国主屈出律就是因为侮辱伊斯兰教信仰被百姓群起攻之，最后"天下之大竟无立锥之地"而惨死异乡。

铁木真知道耶律楚材这是在委婉地进谏，他赞许地朝耶律楚材点点头："大胡子，我知道了。"

于是，铁木真起身离开了清真寺，并命令蒙古军把所有的城中百姓带到城外的郊野。然后，铁木真登上高台，对着黑压压的人群讲了后来举世闻名的训谕。

铁木真满脸杀气地说："是的，是我侵略了你们，是我杀戮了你们，是我毁坏了你们的城墙，是我抢劫了你们的财产。不错，这一切全是我干的！"

然后，铁木真停顿了一下，又训斥道："我干这一切，是因为你们国王摩诃末罪孽如山。"

穆斯林长老们和城中百姓们听后只能低头叹息，他们都知道是摩诃末下令杀了蒙古商队才导致了这场战争。

接着，铁木真又说："你们中谁是富人自己站出来。"

看着杀气腾腾的蒙古军，布哈拉城的百姓把城内二百八十个最富有的人指认了出来。

铁木真看着这群富人道："不要告诉我你们是穷人，也不要说出你们在地面上的财富，去把你们埋在地下的东西告诉我。"这些富人只好回去到处挖掘，把金钱统统交出来。

不过，在富人们交出金钱后，蒙古军没有让他们丢脸出丑，也没有用酷刑折磨他们，或者再强征他们无力缴纳的钱物。实际上，这就是典型的拿钱买命了。

这时，布哈拉城守将阔克汗还带了八百名康里勇士坚守在内堡，拒不投降。铁木真十分生气，命令除留下礼拜五清真寺和几座宫殿外，将全城付之一炬。大火烧了七天七夜后，布哈拉成了焦黑的废墟。然后，铁木真又命令布哈拉城的青壮组成的"签军"攻打内堡。

十三世纪时的伊朗史学家志费尼在《世界征服者史》中记载了布哈拉城守军最后的奋战：

双方战火炽热，堡外，射石机（投石机）矗立，弓满引，箭石齐飞；堡内，发射弩砲（炮）和火油筒。这好像通红的炉子，从外往里添干柴，从炉膛往天空射火花。他们这样战斗了几天；守军出击围城者，特别是勇赛雄师的阔克汗，他参加多次战斗，每次攻击他都打倒好些人，并且独力打退一支大军。但是，他们最终陷入绝境，再无力抵抗了；在真主和人类面前，他们毫无愧色。壕堑填塞着死人活人，堆积着丁壮和布哈拉人。外垒被攻陷，火焰投入内堡；他们的汗、将领、名绅，这些都是当代的首领、算端的宠儿，得意时脚踏天顶，现在却变成贱俘，溺死在毁灭的海洋中。

所有比鞭梢高的康里男子一个都没有剩下，遇害者计三万多人；而他们的幼小子女，贵人和妇孺的子女，娇弱如丝帛，全部被夷为奴婢。

城镇和内堡的反抗被肃清，垣墙和外垒被荡为平川，城内居民不管男的女的、美的丑的，都给赶到了木撒剌草原。成吉思汗免他们不死，但适于服役的青壮年和成年人都被强征入军（指当"哈沙儿"，即"签军"），去随成吉思汗攻打撒马尔罕和答不昔牙。

有那么个人，在布哈拉陷落后从城里逃出来到呼罗珊，人们向他打听布哈拉的命运，他回答："他们到来，他们破坏，他们焚烧，他们杀戮，他们抢劫，他们离去。"明白的人听见他的描述，一致认为波斯语中没有比这番话更简明的了。

成吉思汗对待布哈拉城的残忍，震惊了整个花剌子模和伊斯兰世界。

蒙古军打下布哈拉城，开始朝以东六百里的撒马尔罕进军。撒马尔罕有二千五百年的历史，是中亚最古老的历史名城之一，是"丝绸之路"上重要的枢纽之城。

撒马尔罕意为"肥沃的土地"，西辽开国君主耶律大石曾平定此地并在此设河中府，后为摩诃末征服。撒马尔罕也是一个交通中心，连接着古代中国、波斯和印度这三大帝国，而善于经商的粟特人把撒马尔罕建造成了一座美轮美奂的都城。

耶律楚材曾在《西游录》中记叙了撒马尔罕的富饶：

> 讹答剌之西千里余有大城曰寻思干（撒马尔罕的音译）。寻思干者，西人云肥也，以地土肥饶故名之。西辽名是城曰河中府，以濒河故也。寻思干甚富庶，用金铜钱，无孔郭，百物皆以权平之。环郭数十里皆园林也。家必有园，园必成趣。率飞渠走泉、方池圆沼，柏柳相接，桃李连延，亦一时之胜概也。瓜大者如马首许，长可以容狐。八谷中无黍糯大豆，余皆有之。盛夏无雨，引河以激，率二亩收钟许。酿以蒲桃，味如中山九酝。颇有桑，鲜能蚕者，故丝茧绝难，皆服屈眴。土人以白衣为吉色，以青衣为丧服，故皆衣白。

由此可见，撒马尔罕在当时已是公认的"天堂之城"，其幅员最辽阔，土地最肥沃，石头是珍宝，泥土是麝香，雨水是美酒，花果遍地，青葱满园。特别是此地被中亚第一大河阿姆河三面环绕，得水源之利，以至居民营造园林成风，环城数十里都是园林，到处都是清池飞泉、桑林葡萄，自然风光与人工营造在这里完美呈现。

撒马尔罕三面环山，只有一面是平原，其护城河水深一丈。撒马尔罕是花剌子模的政治、经济、文化、宗教中心，是花剌子模的都城，也是花剌子模防御最坚固的一座城。撒马尔罕宽阔的城墙又高又厚，普通的云梯根本够不着顶，而且城门是钢铁所铸坚固无比，城外还有一些外堡防线做牵扯。另外，在撒马尔罕城中，有足够五十万百姓吃一年的粮食储备。

于是，所有的花剌子模人都认为撒马尔罕至少能够守三年，蒙古军诸将则认为需要三个月才能打下这座城，但是连铁木真也没有想到的是最后蒙古军仅仅用了七天就把这座城打下来了。

其实，原因很简单，摩诃末战前就从撒马尔罕逃走了，他带走的是守城军民的军心士气。

当铁木真攻下布哈拉城的消息传到撒马尔罕时，摩诃末如遭雷击般差点从马背上掉下来，而撒马尔罕当时已经只剩四万兵力了。那么，撒马尔罕原来的十一万兵力都去哪里了呢？

原来，半月前锡尔河各防线溃败的消息陆续传来时，摩诃末立即派出撒马尔罕守军三万人支援锡尔河防线，但这点兵力遇到铁木真的蒙古主力部队结果可想而知——全军覆没。几天后又传来消息，撒马尔罕东南方六百里处出现一支蒙古军，这就是正在阿姆河上游到处骚扰袭击的者别所部，当时正准备北上同铁木真的主力会合。由于者别所部的位置实在是要害，正当花剌子模的河中地区、伊拉克地区、呼罗珊地区三者交汇之地，摩诃末不得不调兵救援阿姆河上游，于是只好又抽调了撒马尔罕的两万兵力前去迎击。就这样，当铁木真兵临布哈拉城时，撒马尔罕的兵力就已经不到六万人了。

这时，摩诃末时时感到心惊肉跳。蒙古军的全线大纵深、多角度攻击，使摩诃末已经失去了判断蒙古军主攻方向的能力，而此时他实际上已经崩溃了。在督促军民挖战壕时，摩诃末见到百姓和将士就叹口气指着城壕说"蒙古兵来了，一人扔掉一条马鞭子，就会填平这条壕沟"，见到大臣就问"对付蒙古人你有什么好办法吗？我看是一点点办法都没有"，见到百姓就说"我无力保护你们了，大家都各自逃命吧。蒙古人是无法抵抗的"。

摩诃末的沮丧恐惧情绪像瘟疫一般传给了撒马尔罕全城的军民，本来士气高昂的满城军民都变得消极颓废了。

这天，撒马尔罕守城的士兵又在大路上捡到一封信，赶紧上交给摩诃末。摩诃末打开阅览，原来是母后秃儿罕太后属下的一些大将联名写给铁木真的，其大意是——"我们这些康里人跟随国王摩诃末，是因为他的母亲秃儿罕太后。我们战胜了好几个国家，我们为花剌子模开疆拓土，今天国王却忘记了母亲的恩德而怨恨其母。所以，我们要为太后雪恨，只等待您的大军到来，我们就一起追随您"。当然，这其实是铁木真的离间之计，但这对已经惶惶不可终日的摩诃末来说就更加令其杯弓蛇影了。

摩诃末走投无路之下又去请教星相学家，而那些花剌子模公认最厉害的星相学家对他说："巨蟹座的两个凶星已经汇合，大难已经临头，谁也无法挽救。"

星相学家的话击垮了摩诃末最后的心理防线，于是他决定弃城逃跑。摩诃末带着几个儿子和文臣武将以及两万军兵、五万百姓，准备从撒马尔罕逃往南边千里之遥的阿富汗巴里黑城。出城时，摩诃末还对着城墙高喊了四声："安拉万岁！"然后仓皇而去。

消息传来，撒马尔罕军民沮丧极了，斗志全无。

当然，摩诃末逃跑的消息也传到了铁木真这里，当时他正在向撒马尔罕进军的路上。得到这个消息后，铁木真立刻传来了刚与蒙古军主力会师的者别、速不台，说："我接到密报，摩诃末已经逃离了撒马尔罕向南方去了，你们各带一个万人队穷追不舍，一定要赶在花剌子模各地的军队和贵族聚集在他身边之前追上他们，消灭他们。摩诃末是挑起战争的元凶巨恶，一定不能让他跑了。就算摩诃末逃到天涯海角，你们都要穷追猛打，绝不放过他，而不抓住他，你们就不要回来。我给你们三年时间，三年之后你们可以通过钦察草原回我们蒙古老家。"

者别、速不台二将迅速点起两万人马，衔令而去。

这时，铁木真又感到不放心，便命令女婿脱忽察儿再率一万人马接应者别和速不台。

交代完这件事，铁木真迅速到了撒马尔罕城下，准备开始攻城。

花剌子模守军只坚持了七天，仅打出了两个亮点。第一个亮点，在蒙古军围城的当天晚上，一千名花剌子模先锋军对蒙古军进行了夜袭，虽然被全歼，但表现出了军人的勇气。

第二个亮点，花剌子模军放出了他们的秘密武器——二十头从印度赶来的战象向蒙古军发起了主动进攻，而蒙古军第一次见到大象，有些惊慌失措。这些披着五颜六色铠甲的庞然大物横冲直撞，踏死上百人，给蒙古军造成了一定损失。但是，蒙古军很快摸索出了对付战象的办法，他们集中神射手用弓箭射击战象的眼睛，而二十头战象因眼睛刺痛反而掉转身踏乱了花剌子模的阵营。

战象军失利后，花剌子模军队失去了主动出城作战的信心和勇气。蒙古军开始恶狠狠地攻城，投石机、带火把的箭、火油筒、弩炮、攻城锤、云梯统统都用上了，一时间撒马尔罕守城军民被打得头都抬不起来。

打到第六天早晨，撒马尔罕城内突然跑出来一群人要求见铁木真，而这些人是城里的伊斯兰教长和长老们。铁木真知道城内必然有变，立即命令接见他们，而他们提出投降的请求。

铁木真立刻应允，答应不杀他们并保全他们的财产。

当天下午，撒马尔罕的西北门被打开了。蒙古军立刻蜂拥入城，威逼带来的十万"签军"立刻拆除城墙和堡垒、填平壕沟，瞬间撒马尔罕的外城就没有了。还有抵抗意愿的两万守军知道外城已不可守，只好退到内城，准备与蒙古军决一死战。

第二天，铁木真大军入城，将城内百姓分为百人一群赶到城外，只有前来投降的那些人和与他们有关系的约五万人免于出城。

之后，蒙古军开始狂攻内城，有一名名叫阿勒巴的花剌子模勇将率三千勇士舍命突围，但血战之后只有几百人冲出了包围圈。

蒙古军攻入内堡，四处喷洒火油，然后点火将最后抵抗的两万花剌子模军全部烧死在了清真寺内，而二十头战象也全部被蒙古军缴获。

这时，有象奴前来请求铁木真调拨战象的粮草。铁木真问道："这些大象吃什么？"

象奴说："它们吃草。"

铁木真说："那就放了它们。"结果这二十头战象在旷野中陆续被饿死了。

然后，铁木真命令蒙古军在夜间将三万降兵和二十多名将领全部杀死，在百姓中挑出了三万名工匠分给了诸王、诸将军，还挑选了三万丁壮组成了新的"签军"，而其余的人则缴了二十万金币的赎金得以保全性命。

最后，铁木真巡视了伏尸遍地、浓烟滚滚的撒马尔罕，而这座一千多年的古老城市就这样在七天时间里变成了一座废墟。

这样，仅仅一年不到，蒙古军已占领河中地区几乎所有城市。大战之后，铁木真率蒙古军主力在撒马尔罕休整，准备进攻呼罗珊地区，并命术赤、察合台、窝阔台三位皇子去夺取花剌子模旧都玉龙杰赤。但是，铁木真此刻最关注的还是者别、速不台和脱忽察儿对摩诃末的追杀。

对于追击摩诃末一事，铁木真对者别、速不台和脱忽察儿下的是死命令："不擒到摩诃末就不要回来，即使他逃到天边，你们也要像他的影子一样对他紧追不舍。一路遇到的城镇，降者免死；敢抵抗者，全部消灭，不留一人。"

铁木真调给者别、速不台和脱忽察儿三人的是三个万人队，均是精选出来的百战精兵，个个都敌得过一千名摩诃末的军队，犹如狼入羊群、热炭烧枯柴。然后，铁木真又把一道用畏兀儿文写就的招降文告交给者别、速不台和脱忽察儿三人，命令其所过之地均广为张贴，其文告说："为告谕守将、贵人、平民，一体知悉，真主以大地之国自东至西赋我一人，降者保其家，抵抗者并其妻女家属杀无赦！"

铁木真还专门向三万将士发布了一道训令："朕令你们去追击花剌子模算端，直到将他追上为止。如果他带领军队来攻打你们，你们无力抵抗，可马上向我报告；如果他力量不大，可以与他对敌。我不断接到消息说他怯懦、害怕、心惊胆战，他一定敌不过你们的，我为你们向长生天的威力祷告，你们不擒获他就不要回来。如果他被你们打垮后带着几个人躲进陡山狭洞里，或者像伊朗神话中犯罪的天使一般躲过人眼，你们要像强风似的吹进他的国土上去，归顺者可予奖励，发给保护文书，为他们指派长官，而流露出不屈服和反抗情绪者，一律消灭掉。"

蒙古军对摩诃末的大追杀开始了。

据史书记载，为了减小目标避免被追踪，摩诃末把他的大部分军队及近卫军的将领分散到各村落和乡间，他身边只留下少数人，而他自己则惊慌失措、犹豫不决，没有一刻宁静。

南渡阿姆河后，摩诃末君臣的下一步战略计划分成了三派，形成了三个方案：

第一派，一些老将认为花剌子模本国河中地区、呼罗珊地区、伊拉克地区三地，两河之间的河中地区沦陷已成定局，现在应该全力保卫呼罗珊地区和伊拉克地区。"呼罗珊"是古波斯语，意为"太阳升起的地方"。呼罗珊地区指古代波斯的东部、阿姆河以南的地方，也就是今伊朗中东部阿富汗土库曼斯坦的大片地区，如果说河中地区是花剌子模的首脑部位，那呼罗珊地区就是其心脏。因此，当务之急是举国动员征集所有有战斗力的伊斯兰教徒扼守阿姆河一线，阻止蒙古军进入呼罗珊地区，否则花剌子模将土崩瓦解。

第二派，他们主张直接退到哥疾宁（伽色尼），也就是今阿富汗首都喀布尔以南的加兹尼城。他们的理由是此地险峻多山，不利于蒙古骑兵作战，正好在此整军备战，而万一蒙古军追来，还可以往南退向印度，回旋的余地很大。

第三派，他们主张放弃呼罗珊地区，远远地甩开蒙古军直接西退到伊拉克。当年，摩诃末攻克伊拉克以后，把这块地分封给了他的另一个儿子鲁克那丁，而出这个主意的是伊拉克的丞相阿马都——他是摩诃末最信任的亲信之一。

此时，摩诃末方寸大乱，失去了战略判断的能力，不知道该听哪一派的意见。其实，第二派和第三派的方案都是逃命的方案，只有保卫呼罗珊地区阻止蒙古军继续前进的第一派的方案才是真正可行的方案。

摩诃末的长子札兰丁是一个青年军事天才，智勇双全，早就对父亲只知保命的逃跑战略深恶痛绝。札兰丁站起来说："河中局面已无可挽回，现在我们要尽一切努力保住呼罗珊地区和伊拉克地区。我们必须召回分散各地的军队组成主力大军团，以阿姆河为城壕与蒙古军决战，或者把蒙古军甩得远远的直接退到印度休养生息，以图再举。"

这时，伊拉克的大臣、大将们都请摩诃末到伊拉克招兵买马、卷土重来，而摩诃末也觉可行。札兰丁则厉声说："一退再退，我们到底要逃到哪里为止？现在，最好的办法就是，在呼罗珊地区把各地的军队召集起来组成大军团与蒙古人决一死战。如果你们要去伊拉克，那请把军队交给我让我到边疆去夺取胜利，让我们在造物主和他的造物面前表现一下勇气！我们不应该让百姓鄙视我们，说我们以前只管向他们索取赋税，如今大难临头却没人管他们，把他们抛弃了。"

札兰丁反复向父亲摩诃末陈述自己的看法，但是此时的摩诃末早已心慌意乱、恐惧万分，竟认为札兰丁的想法纯属儿戏，并痛斥札兰丁年少轻狂、纯属无知。然后，摩诃末又搬出星相学说："现在水瓶座的福星已经陨落，灾星上冲，干什么都不中用了。天相如此，福星远离，灾星大来，如此横祸谁能抗击，只有在福星再次照耀巨蟹座有利于我之时，才能跟蒙古军交战。一切按真主的意旨行事吧。"

听完摩诃末此言，札兰丁目瞪口呆、羞愤交加，只得闭嘴。

就此，摩诃末丧失了最后一个反败为胜的机会。

就在摩诃末与大臣及众将举棋未定、争论不休时，"蒙古四狗"之一的骁将者别已经率领第一支追击部队渡过了阿姆河，"他们一溜烟地急进，追索和搜寻算端，像从山头涌入河谷的洪水"。者别军的一万骑很快冲到花剌子模军驻地，摩诃末的诸将奋起抵抗。由于花剌子模军人数多过者别军数倍，蒙古军初战不利，被压迫退到阿姆河河岸且危在旦夕。这时天色已暗，又一支"蒙古猛狗"速不台率领的第二支追击部队一万骑也已到达阿姆河对岸，而速不台见对岸者别军危险，马上下令军中将士每人都点燃三支火把往来穿梭于阿姆河岸边。花剌子模军见阿姆河对岸到处是火把飞舞，直如满天星辰，都以为铁木真的蒙古主力大军已经赶到，于是赶紧撤出战场保护着摩诃末连夜向巴里黑逃窜。

此时，者别虽然身经千百战，但也不禁浑身冷汗，暗叫侥幸。

逃到巴里黑后不久，撒马尔罕投降的消息传来，摩诃末更加手足无措，不知如何应付。摩诃末对着自己的领地接连喊了四次"安拉万岁"，便准备继续逃跑。

这时，花剌子模军又起了一次内讧。摩诃末母后秃儿罕太后的亲族想将摩诃末杀死，但其中有一个人将这事报告了他，虽然将信将疑，但他还是在夜里离开自己的帐幕换了一个地方休息。黎明时分，人们看到摩诃末的帐幕已经被箭射成了马蜂窝。在这种危急关头，花剌子模君臣还在自相残杀、争权夺利，这无疑更加削弱了抗击蒙古军的力量。当然，摩诃末经过此事件后更是越来越陷入了恐怖和焦灼之中，谁都不敢再相信，并赶紧离开巴里黑向呼罗珊地区的另一大城市你沙不儿①（今伊朗北部呼罗珊省内沙布尔）逃窜。据史记载，"他每到一个地方，先进行恐吓、威胁，然后就命令人们为城砦、堡寨建筑防御工事，因此人们的恐怖扩大了一千倍，算端来到你沙不儿后，为驱除命运的阴影，终日纵酒取乐"。

不过，摩诃末纵情声色、花天酒地的日子只过了十来天，者别和速不台又追上来了。蒙古军坐着羊皮囊，拉着马尾巴，很轻易地就渡过了阿姆河，突破了花剌子模军的阿姆河防线，向西直扑而来。消息传来，摩诃末推开怀中的美女，扔掉水晶酒杯，大叫一声后跳起来就跑。逃跑之前，摩诃末送了一封信给母后秃儿罕太后，告知旧都玉龙杰赤必不能守，请母后带着王族亲戚赶紧离开玉龙杰赤，到伊朗山区里的一个险要军事据点哈伦堡躲避。这次，秃儿罕太后终于第一次同意了儿子摩诃末的建议，准备带王族离开玉龙杰赤。此时，秃儿罕太后也接到了铁木真的来信，称"国王对太后不孝，他只打摩诃末，不想与秃儿罕太后敌对。她只要不敌对蒙古军，和平地交出玉龙杰赤，战后蒙古军将把整个呼罗珊地区交给她统管"。

不过，秃儿罕太后撕毁了铁木真的来信，带全部王族紧急离城而去。离城之前，秃儿罕太后将数百个以前俘获的小国国王和王侯统统塞进麻袋扔进

---

① 你沙不儿，又译作尼沙普尔，今译内沙布尔，呼罗珊地区历史名城。《元史》作"匿察兀儿""乃沙不耳""你沙卜里""你沙不儿"。

了阿姆河以除后患，只留了一个国王带路，等到地方马上将其斩首。

摩诃末逃出你沙不儿城后到了哥疾宁（伽色尼，今阿富汗喀布尔西加兹尼），他的次子鲁克那丁带领三万人马正等着他的到来。到这个地步，摩诃末和所有的大臣和大将都已惶惶不可终日，不但不思反抗，反而都认为应该先躲起来。摩诃末对这个主意很感兴趣，因为逃跑实在费心费力。于是，有人提议躲到山里去，跟蒙古军打游击战，但摩诃末亲自到山里考察了一番，说蒙古军只要放把火就全完了，又沮丧地回来了。

此时，摩诃末已彻底失去了抵抗蒙古军的信心。

当者别和速不台军团抵达你沙不儿城时，摩诃末坐立不安，向所有人甚至街上的工匠询问下一步的逃跑地点。

者别和速不台军团以每天一百公里的速度在呼罗珊地区扫荡推进，所到之处绝大多数城池都未抵抗就开门投降了。这样，蒙古军也未进城骚扰，只征收了少量粮食，张贴了铁木真所发的那张畏兀儿文告，并委派人员管理和监督投降之城。者别和速不台二人的目标很明确，那就是擒捉摩诃末，他们循着摩诃末的行踪昼夜追击。不过，对于那些抵抗的城池，者别和速不台二人还是直接举起了屠刀。

在匝维城下，蒙古军要城内百姓供应粮草，但百姓们紧闭城门不予理会。者别和速不台准备直接绕城而去，但匝维城军民见蒙古军远去后便敲起锣鼓痛骂，于是蒙古军回师对匝维城发起猛攻。三天后，匝维城被破，城内凡是活物被统统杀光，连鸡犬也不剩一只。这次屠城是蒙古军在呼罗珊地区进行的第一次大屠杀，对周围地区形成了极大震慑。

蒙古成吉思汗十五年（金兴定四年、南宋嘉定十三年，1220）六月，蒙古军终于攻击前进到你沙不儿城下。你沙不儿城百姓把蒙古人迎进城，还向蒙古军报告了摩诃末逃跑的路线。于是，者别和速不台分头扫荡附近的花剌子模城镇，两支军队在剌夷城（今伊朗德黑兰南郊）会师后用五天时间攻下了此城。剌夷城是哥疾宁的门户，它一失后哥疾宁就门户大开、无险可守了。消息传到哥疾宁时，摩诃末还未来得及上马逃跑，而他部下的军队已经一哄而散，同时他派去统治伊拉克的次子鲁克那丁从此便在历史上失踪了。

摩诃末只好带着长子札兰丁等几个王子和少数还愿跟从他的士兵跑出哥疾宁，逃往天险要塞哈伦堡。者别和速不台紧紧追击，相隔路程只有半天到一天，在哥疾宁到哈伦堡中途蒙古军追上了摩诃末，但没有认出他，只朝他射出一阵乱箭并射伤了他的坐骑。摩诃末侥幸逃脱到了哈伦堡，但与母后秃儿罕太后只待了一天蒙古军又追了上来，只好如丧家之犬般又出逃。

这次，摩诃末长了个心眼，来了个金蝉脱壳——他散布消息说要逃去报达城，请哈里发对蒙古人发动圣战——但实际上他半路马头一偏，藏匿进了卡兹文山区。蒙古军向报达城方向追了两天，不见摩诃末半点音信，知道受骗后马上返回追进了卡兹文山区。

就这样，摩诃末只得到了两天喘息时间，又得上路逃跑。这时，摩诃末知道在陆地上已不可能逃过蒙古军的追杀，只好乘船逃入里海。当蒙古军前锋追到海边，摩诃末乘坐的船只刚刚离岸，蒙古军连放乱箭却阻不住船只前行，而几个特别彪悍的蒙古军将士策骑入海想跳上舟船，俱淹死海中。

摩诃末找到了一个岛安定下来，这时他身边跟随的人已很少，每日三餐都需要自己动手。于是，摩诃末终日寄情于宗教，每天至少要做五遍礼拜，祷告道："万能的主！如果有一天我能光复旧物，一定按正义的原则治理我的国家！"

摩诃末心情晦暗，很快就生了病，并经常看着陆地方向悲叹："我消灭了那么多国家，占领了那么多土地，现在连块做坟墓的土地都没有！"

不过，对摩诃末最后的致命一击终于到来了，蒙古军攻下了哈伦堡，擒获了花剌子模全部王族成员。摩诃末的几个幼子均被斩杀，几个女儿也被铁木真赏给了察合台及手下，而其中一个后来被嫁给了叶密立（今新疆额敏县东南额敏河南岸）的一个染匠。后来，秃儿罕太后被带回蒙古，于蒙古窝阔台五年（1233）死在蒙古哈剌和林。

摩诃末知道这些消息后便一病不起，他知道自己命不久矣，弥留之际做了唯一正确的选择——他将长子札兰丁和几个儿子叫到身边，对着几个随从说："诸子之中，只有札兰丁有勇有谋、敢作敢为，最有见识。现在，只有札兰丁能挽救国家。"

摩诃末取下象征着权力的佩刀挂在长子札兰丁的腰带上，说："我现在改立你为太子。我马上就要死去，花剌子模国国王就是你了，完成你的使命去吧！"

札兰丁流着泪说："我接受父王的命令接管花剌子模帝国，我要在黑暗笼罩的夜里发出最大的光明，召集国家的勇士同赴国难！"

摩诃末也流下泪来："去吧，让蒙古人在战场上领教真正的花剌子模男人的血性！"

就此，摩诃末、札兰丁父子二人永诀。

蒙古成吉思汗十六年（1221）十二月十六日，摩诃末在病痛和精神的双重折磨下死在荒凉的里海岛屿上。摩诃末死后，连殓衣也没有，只能用几件破衣衫包裹后下葬。

第三十六章　狂飙卷大地

　　者别、速不台追击摩诃末，犹如一阵狂暴的旋风卷过呼罗珊地区，当地百姓来不及反应便纷纷投降。但是，在蒙古军走后，呼罗珊地区的百姓清醒过来，便纷纷杀掉极少数留驻当地的蒙古官员，并降而复叛。不过，呼罗珊地区的百姓不知道的是，铁木真和四子拖雷率领的蒙古军主力在攻陷撒马尔罕后一直在其郊区避暑以养精蓄锐。

　　此时，铁木真已年过花甲，身体已大不如前，但其对世界的征服欲却更加强烈。

　　从报达、大马士革、耶路撒冷、维也纳、巴黎、罗马等遥远的地方过来的无数宗教徒和商人、使者，他们带给了铁木真无数新的世界的讯息，而这使得铁木真恨不得能穷尽世界的尽头。可是，铁木真发现他征服的地方越多世界就越大，他知道只要长生天给自己时间就会想去努力征服那无边的世界，无尽的雄心还在他心中熊熊燃烧，而他还想做世界的战神和世界的君王，但无奈的是他的头发、胡子都已经白了。

　　于是，铁木真决定继续向西征伐，同时招来身边的四子拖雷道："我从诸军之中每十人挑选一人，加你的本部三万人马，给你凑齐五万大军，由你带领越过阿姆河攻击呼罗珊的西北部，哪怕敌人是高山，你也要把他们踩在脚下。"

　　拖雷的眼里闪动着兴奋和激动的光芒："父汗，放心吧，我将用血淹死那些反抗者。父汗又何往呢？"

　　铁木真说："现在西南面还有一座忒耳迷城（今乌兹别克斯坦泰尔梅兹）

一直没有投降，这是玉龙杰赤之外河中地区唯一一座没有投降的大城。我将对它发动进攻，然后攻略呼罗珊东部。我听说呼罗珊南部还有个印度国极其富饶，那里人口稠密、物产丰富，之前我们在撒马尔罕遇到的象军就是从那里运过来的。我想到那里去看看。"

就这样，铁木真、拖雷父子两人分道而行。

进攻之前，铁木真派人进城劝降忒耳迷城军民，只有一句话："我来了，投降免死，抵抗杀光。"

不过，忒耳迷城守军很快从城墙上扔下了蒙古使者的人头。

攻城开始，双方展开了十日惨烈的攻防战，最后忒耳迷城城破，蒙古军对城内军民进行了三天的屠杀和劫掠。后来，忒耳迷城在几十年后才逐渐恢复元气。

蒙古军对忒耳迷城的屠城过程，残酷至极。有一名即将被杀掉的忒耳迷城老妇人向蒙古军求饶："不要杀我，我给你们一颗大珠子。"蒙古军向老妇人索取，她回答："我吞进了肚子。"于是，蒙古军就活生生剖开老妇人的肚子，然后取走珍珠。正是因为这件事，蒙古人认为忒耳迷城所有人都有把宝贝藏到肚子里的嗜好，于是还活着的人被剖腹，已死去的人也被剖腹。

忒耳迷城屠杀事件是蒙古军在中亚残酷行为的一件实例，几乎后世所有书写这段历史的史学家都有提到这件事。

至此，忒耳迷城变成了一片废墟。然后，铁木真又攻略了附近的城镇，所过之处皆是鲜血和焦土侵袭着每个城镇。

此时，拖雷已经进入呼罗珊地区，开始毫不留情地平叛——呼罗珊大屠杀开始了。

拖雷渡过阿姆河后，派成吉思汗的女婿脱忽察儿为前锋。脱忽察儿是德薛禅之孙、孛儿帖大皇后之外甥，聪明而机警。铁木真把秃满仑公主嫁给了脱忽察儿，他就成了蒙古的驸马。脱忽察儿本来率领一个万人队跟在者别、速不台之后扫荡，但花剌子模国王摩诃末被追逼而死后，他奉调回师了。由于马鲁是座大城，前锋兵力不够，脱忽察儿绕过马鲁城（今土库曼斯坦马里）

直攻纳撒城（今土库曼斯坦尼萨），结果脱忽察儿的先锋大将中流矢身亡。脱忽察儿暴怒之下令全军猛攻，十五日后纳撒城被拿下，然后蒙古军开始屠城。进入纳撒城后，蒙古军屠杀居民达七万人，离城后全城一片死寂。

然后，脱忽察儿继续向前挺进来到了你沙不儿城。不过，在你沙不儿城，脱忽察儿的好运到头，被守军一箭贯脑坠马身亡，而蒙古军将士只好带着他的遗体赶紧撤回到拖雷主力所在。

此刻，拖雷正在攻打马鲁城。马鲁城的百姓曾经投降过，后来反叛并杀害了蒙古派来的行政官员。见到脱忽察儿的遗体后，拖雷怒火中烧，把怒气全部发泄到了马鲁城。据中亚史学家称，"马鲁城是呼罗珊地区幅员最广阔、文明最先进、百姓生活质量最高的城市，也是花剌子模历代国王的驻跸地和大小人物活动的中心，境内飞翔着和平、吉祥的鸟儿。它出产的首领人物之多，不下于四月的雨滴，土壤可与天堂媲美"。

拖雷先野战消灭了城外一万康里人守军。

马鲁城长官到拖雷营中请降，拖雷诘问道："为何杀我蒙古官员？"

这位长官回答："他激起了民愤，是百姓杀了他。"

拖雷说："你回去告诉那些杀害蒙古官员的人，凡是和蒙古人作对只能死。我不接受你的投降，回去准备守城和后事吧！"

马鲁城长官把这个噩耗带给了守城军民。听说连投降都不许，马鲁城守军和百姓顿时精神崩溃、情绪低落，无奈只得坐以待毙。就这样，蒙古军只用了一天时间，就攻陷了马鲁城。拖雷把马鲁城军民统统赶出城，又命令把妇女和男子分开，然后从百姓中挑选了四百名工匠，将很少一部分童男童女掠走为奴，而其余所有的百姓包括妇女、儿童被统统杀光。

离开马鲁城后，拖雷昼夜兼程直扑你沙不儿城为脱忽察儿复仇。你沙不儿城军民知道蒙古军必会前来复仇，也料到蒙古人不会轻易再接受他们的投降，所以大家都准备和蒙古人决一死战。

为此，你沙不儿城为"迎接"拖雷的到来，准备了发弩机三千架、投石机五百台、油锅三千口、沸腾的油一万斤，以及檑木无数。与此同时，拖雷也为这座城池献上了一份"厚礼"——发弩机六千架、投石机六百台、火油筒一万个、云梯六千架，又从附近山上运来巨石无数。

看着城下拖雷的阵势，你沙不儿城军民惶恐至极，便派了几个长老到拖雷营中再次请降。

拖雷不但拒绝受降，连这几个长老也扣住不许回城。

蒙古成吉思汗十六年（1221）四月七日，拖雷所部对你沙不儿城发动总攻。蒙古军猛攻了一天一夜，投石机抛出的巨石将你沙不儿城城墙砸裂了七十多个口子，然后大举冲锋入城；又经过两昼夜的血腥巷战，蒙古军才彻底消灭了你沙不儿城的抵抗力量。最后，拖雷对秃满仑公主说："妹妹，你可以进城去了。"

于是，秃满仑公主带了一万军兵进城开始屠杀，她指挥蒙古军杀尽了你沙不儿城满城的人口。据说，由于你沙不儿城有些百姓躲在死人堆里装死逃命，蒙古军割下死去军民的头颅，然后又把这些头颅按男人、女人和孩童区分，在城外堆成三个不同的人头金字塔。随后，秃满仑公主又下令处死你沙不儿城内一切有生命的动物，这座城彻底变成了一座死城。后来，这座悲惨的城市消失了，变成了人们播种大麦的地方。

在你沙不儿城屠城后，拖雷分兵一支去扫荡呼罗珊地区的中小城池，而他本人则率主力向东围攻名城也里（今阿富汗赫拉特）。也里城的地理位置非常重要，是中亚、南亚与西亚各地区往来的交通中心和贸易的枢纽。拖雷派人到也里城中劝降，但使者被杀，最后拖雷又开始了新一轮的攻城、屠城。不过，这次拖雷只屠杀了也里城中的一万多守军，放了全城百姓一条生路，而之所以如此是因为铁木真命其迅速回师合攻巴里黑城以东的塔里寒（今阿富汗东北部塔利甘）。

这时，铁木真已经对巴里黑城进行屠城。巴里黑城实在太重要了，它不仅是阿姆河以南的第一座大城，还是蒙古军进入河中地区的通道，是一个真正的战略要地：如果要进攻，蒙古军的后续部队都将从这里投入战场；如果战事不利，蒙古军也必须从这里向北退却。尽管巴里黑城的百姓没有抵抗，铁木真还是进行了屠城，因为他不敢保证城中百姓以后不反叛。于是，铁木真以查验人户为名，将巴里黑城的百姓驱赶至郊外屠戮，然后纵火焚城，甚至连郊野的园林也没放过。就这样，又一座中亚名城毁灭了。

随后，铁木真攻向塔里寒城。此城位于巴里黑城之东，在今阿富汗的东北部，是一座山城。塔里寒城民风彪悍，士兵作战极其勇猛，城中军民依靠地形之利奋勇抵抗。最后，铁木真在这座小城攻打了六个月不能得手，最大的原因是此时铁木真身边的兵力已经极少。由于拖雷攻打呼罗珊地区带走了五万人，者别和速不台追击摩诃末带走了两万人，术赤、察合台、窝阔台三位皇子攻打玉龙杰赤也带走了五万人，失吉忽秃忽攻打死灰复燃的札兰丁带走了三万人，再加上各地分兵留守，铁木真此刻身边只剩下两万人，所以他急令四子拖雷速来增援。铁木真、拖雷父子两人合兵后，果然声威大震，迅速攻下了塔里寒城。由于铁木真恼恨这座小城拖住他这么长时间，下令铲平塔里寒城。这样，铁木真、拖雷父子几乎毁灭了呼罗珊地区所有的重要城池。

对此，阿拉伯史家悲叹道："霎时间，一个遍地富庶的世界变成荒芜，土地成为一片不毛之地，活人多已死亡，他们的皮骨化为黄土，俊杰被贱视，生罹毁灭之灾。……可以说自亚当出世迄至今天，没有任何帝王完成过这样的征服，类似的事也不见于任何史书。"

这时，拖雷那支偏师也取得了重大战果，把呼罗珊所有的小城池也全部攻陷，使得整个呼罗珊地区尽被蒙古人掌控。

但是，蒙古成吉思汗十六年（1221）年初，铁木真却大发雷霆，原因是术赤、察合台和窝阔台三位皇子进攻花剌子模旧都玉龙杰赤的围攻战打得糟糕极了，即使蒙古军在玉龙杰赤城下积尸如烂木，却无论如何也打不下这座坚城。

当时，术赤、察合台和窝阔台三位皇子正在联合攻打旧都玉龙杰赤。玉龙杰赤和讹答剌是花剌子模抵抗蒙古军最激烈的两个城池，蒙古军在玉龙杰赤城下更是血流成河。

玉龙杰赤位于咸海的南端，阿姆河的入海口。咸海是个巨大的咸水湖，而花剌子模就是咸海的古名。玉龙杰赤是个特别的城池，横跨阿姆河，中间由桥梁相连。伊朗史学家志费尼用夸张的笔墨赞叹玉龙杰赤道："时运变化以前，它属于地诚人善、主诚仁慈一类地方。它是世界众国王的宝座所在，人类诸名人的驻地。它的四角供当代的伟人作歇息之用，它的领域是容纳现代奇珍的府库，它的宝邸放射各种崇高思想的光芒……你期望的一切，精神的和物质的，都在其中。"

由于咸海是个巨大的咸水湖，它周围大部分地区都不适合耕种，只有阿姆河两岸是肥沃富饶的冲积平原。花剌子模众多的百姓都在阿姆河两岸农耕，这里阡陌相连、城镇密集，而玉龙杰赤自然繁华至极。

但是，当蒙古人占领河中地区后，玉龙杰赤就暴露在外失去了屏障，"像是绳子被割断后倒塌下来的帐幕般暴露在中央"。

秃儿罕太后从玉龙杰赤出逃后，城内有精兵七万人、百姓五十万人，他们一时之间都成了乌合之众。在人心惶惶之际，曾在忽毡城让蒙古人吃尽苦头的花剌子模英雄帖木儿灭里来到玉龙杰赤城中，他因战功在身、威望卓著而勉强统一了军队，还主动攻击了养吉干城，杀掉了蒙古驻守官员。养吉干城之后，各个沦陷的花剌子模城池都掀起了反抗蒙古人和诛杀蒙古官员的风暴。

这时，花剌子模新国王、摩诃末的长子札兰丁带着两个弟弟来到玉龙杰赤，并且做了激动人心的动员。见到三位王子回到玉龙杰赤，城中的百姓欢天喜地，认为有三位王子率领很快就能赶走蒙古人，但玉龙杰赤军队却不这样想。

玉龙杰赤的将军们瞧不起新国王札兰丁，因为他们是秃儿罕太后的人，而札兰丁不但是摩诃末的人，他的生母更是身份低微的印度人。秃儿罕太后和摩诃末母子始终不合，她的部下自然而然地就极力排斥摩诃末的这个儿子，于是他们开始阴谋想干掉札兰丁。帖木儿灭里在军中有一定地位且消息灵通，他得到消息后立即通知了札兰丁。为了避免丧身内乱，札兰丁选择只身离开，而在情况如此紧急之下他甚至连两个弟弟也未及通知。

帖木儿灭里被札兰丁感动，带了三百亲随骑兵追随札兰丁而去。如此，这可真算是天灭花剌子模了——国难如此，尚还陷入派系内斗，不灭亡是天理不容。

札兰丁出走仅仅三天后，蒙古军就开始向玉龙杰赤推进。这时，玉龙杰赤又成了一盘散沙，勉强推出一个王族成员主持大局，但即使这样玉龙杰赤守城军民也让蒙古军流够了血。其实，如果札兰丁国王和花剌子模第一名将帖木儿灭里在玉龙杰赤城中主持大局，虽然不能说让整个战争翻盘，但肯定会让蒙古军遭受重创。

玉龙杰赤之战打得惨烈至极，蒙古军用尽了一切手段攻城。由于玉龙杰赤所在是沃土平原，蒙古军找不到攻城投石机用的石头，就砍下当地的古老大桑树截成段，再浸水增重当石头投出去。就这样，蒙古军登云梯、挖地道以及诱敌战等都用尽了，也死了不知多少人，但穷尽一切办法就是攻不下玉龙杰赤，其问题的根源是术赤和察合台兄弟失和、互相拆台。

原来，铁木真曾告诉术赤，平定玉龙杰赤以后，花剌子模和以西所有土地都归他所有。但是，这就引起了察合台的极度嫉妒，他知道玉龙杰赤有多富庶，因此他的想法是把玉龙杰赤打成废墟，让术赤什么也得不到。

然而，术赤已经把玉龙杰赤看成自己的封地和财富，他极力想保存这座完好的城池。为此，术赤甚至专门派使者几次到玉龙杰赤城中劝降，并郑重承诺："只要玉龙杰赤军民投降，他保证不杀一人，不伤一物，不取一财。"

有趣的是，摩诃末也曾给玉龙杰赤守军去信，让他们和百姓一起投降以保存城池，但守军根本不听他的。

结果，在攻城的过程中，术赤、察合台兄弟两人各自率领的军队互不配合，甚至互相拆台：察合台所部登上城头，术赤所部就吹收兵号；术赤所部挖地道，察合台所部就停止进攻，并提醒守军注意。如此作战，后果可想而知，蒙古军有一次竟然被玉龙杰赤城中守军全歼了三千精锐。

两个主帅如此钩心斗角、号令不一，手下将士自然兵疲将沮、军心大乱，一连攻击了七个月都未能拿下玉龙杰赤，反而导致蒙古军伤亡重大。消息传到铁木真那里后，铁木真勃然大怒，派出老将博尔术率五千怯薛军前往督战。

博尔术赶到战场，只见四郊蒙古军的尸骨堆积如山、积如烂木，但玉龙杰赤却依旧巍然屹立在阿姆河边，不禁痛心疾首。博尔术痛斥了术赤、察合台和窝阔台三位皇子，而三位皇子都是博尔术看着长大的，被骂也不敢吭一声。博尔术骂完后，立即下令取消三位皇子各领一军、互不统辖的多头领导，任命窝阔台为主帅统领术赤、察合台两军，三日之内必须破城。

窝阔台只好和两位兄长协调作战行动，同时博尔术手扶刀柄坐在他身后，于是术赤和察合台只好握手言和，制订了总攻玉龙杰赤的计划。

见三位皇子和老将博尔术一齐督战，蒙古军不禁士气大振，一齐向玉龙杰赤发起了总攻。窝阔台按计划先在西门发动猛攻，把玉龙杰赤守军吸引了过来，然后术赤趁势在东门架起大批云梯爬城。这样，蒙古军很快就登上城头撕开了一个缺口，与守军战成一团。接着，混乱之中南门又被察合台军的攻城锤冲破城门，顿时蒙古军大举拥入城中——玉龙杰赤破城了！玉龙杰赤的守军和百姓知道已是死路一条，不抱任何幻想地奋起反抗，与蒙古军展开了殊死巷战。

蒙古军进入玉龙杰赤城中见人便杀，同时四处纵火焚毁城内房屋。十天激烈的巷战后，抵抗终于停止了，玉龙杰赤陷落并被屠城。

玉龙杰赤那些在城中躲过屠杀暂时活下来的百姓都被驱赶到城外，按人头分给蒙古兵杀戮，顿时阿姆河水一片赤红。

蒙古军又掘开河堤引水灌城，以致玉龙杰赤全城无一人生还。

看着玉龙杰赤变成一片废墟，察合台在心里笑了——"术赤什么也没得到，这太称意了"。

术赤则满脸铁青，"父汗亲许的封地中一座最富饶的城池就这样毁了，毁灭得如此彻底，什么都没剩下"，于是独自领兵向北方退去返回了自己的领地。

玉龙杰赤城就这样灰飞烟灭了。中亚史学家称，"玉龙杰赤，这斗士的中心，游女的汇集地，福运曾降临其门，鸾凤曾以它为巢，现在则变成豺狼的邸宅，猫头鹰出没之处"。

当术赤、察合台、窝阔台三兄弟围攻玉龙杰赤时，从玉龙杰赤出走的札兰丁和帖木儿灭里正日夜奔驰逃亡。从玉龙杰赤逃出来时，帖木儿灭里问札兰丁去哪里，札兰丁坚毅地说："我们去哥疾宁（伽色尼），那里是我的封地。我们在那里招兵买马、重整旗鼓，如果还是挡不住蒙古军，就后撤退过申河（印度河）到印度去休养生息。"原来，札兰丁的母亲是印度人，地位低下，极不受宠，故其父摩诃末把他封在了花刺子模最穷困的吐火罗地区（今阿富汗北部阿姆河上游），而哥疾宁就是今阿富汗喀布尔西南加兹尼。

札兰丁和帖木儿灭里带着三百骑兵历尽艰辛成功穿越了黑沙漠，但又与七百名正在巡逻的蒙古骑兵突然遭遇，他们毫不畏惧地呼啸着向前冲锋。最后，由于这三百骑兵都是花刺子模军队中最精锐的敢死之士勇不可当，猝不及防的七百蒙古军被冲得七零八落、死伤大半，余者只得匆匆而逃。

这一仗札兰丁完胜蒙古人，而这也是蒙古西征以来花刺子模军第一次战胜蒙古军。

札兰丁和帖木儿灭里顿时信心大增，坚信复国有望，同时也坚定了他们与蒙古军正面野战的信心。札兰丁和帖木儿灭里认为，花刺子模之所以败到如此地步，最大的原因就是分兵守城、惧怕野战，结果一个城池也没守住。

札兰丁离开玉龙杰赤时，由于匆匆逃命没有来得及通知自己的两个弟弟，结果这两个弟弟发现大哥已离城出走后急忙赶来，却正好遇上了为之前巡逻的七百骑兵报仇的蒙古军大队人马，最后两人皆奋勇应战并战死沙场。当时，蒙古军还不知道两人的身份，俘虏告诉蒙古军后才知道他们击杀了两个花刺子模王子，于是砍下两人的头颅插在矛尖上巡视四方。

札兰丁和帖木儿灭里匆匆赶路，夜里路过已成废墟的你沙不儿城时，只见那曾经繁华的都市已经黯然无光，城里到处是野狼的嚎叫和各种野兽眼睛里的绿光。这座你沙不儿城原本是花刺子模四大城之一，但现在则像一个废弃了几百年的古老遗址，札兰丁和将士们不禁泪流满面。

日夜奔驰中，札兰丁和帖木儿灭里遇到了一个地方武装将领，他跪求札兰丁留下来："我有一座极其高大坚固的城堡，蒙古人不可能攻进来。"

札兰丁看着他说："你必须到开阔的旷野上和蒙古人决一死战，躲在城堡里是战胜不了蒙古人的，无论怎样坚固的城堡，都挡不住蒙古人。"札兰丁说的是经验之谈，也是他万里奔驰中所见到的事实。

终于，札兰丁和帖木儿灭里带着这队勇敢的骑兵顺利地来到了哥疾宁。

哥疾宁本是独立的哥疾宁王国的都城，在十三世纪初被摩诃末收入花剌子模版图。由于哥疾宁战略地位十分重要，此地战乱频仍，所属军队都十分能战。

札兰丁一行抵达哥疾宁，惊喜地发现这里还有十万余兵马，不禁大喜过望。由于哥疾宁这里有前马鲁城守将阿明灭里率领的突厥人和康里人战士三万人，札兰丁即纳阿明灭里之女为妻以笼其心，又许以重诺。同时，又有白沙瓦地区守将赛甫丁和阿黑剌黑所率四万人，再加上哥疾宁原驻军和札兰丁沿途收集的兵众，已经算是一支浩浩荡荡的大军了。札兰丁势力陡增，于是厉兵秣马地渴盼着和蒙古人全面开战。

蒙古成吉思汗十六年（1221）夏，札兰丁率领七万人马从哥疾宁北上，在八鲁湾（今阿富汗喀布尔以北）与铁木真派来围剿他的失吉忽秃忽率领的三万骑兵相遇。失吉忽秃忽率领的这三万骑兵中有五千蒙古骑兵作为核心，其他的是一万畏兀儿军和在花剌子模临时招募的一万五千人杂牌军。失吉忽秃忽骑着一匹神骏高大的白马在队伍最前头，准备前去消灭札兰丁。

札兰丁的七万人马和失吉忽秃忽的三万蒙古军在八鲁湾迎头相撞，当即列阵展开大战。这场厮杀是蒙古帝国和花剌子模帝国交锋以来第一次大规模的野战，双方厮杀了两天两夜，仍是胜负未分。札兰丁的花剌子模军人数是蒙古军一倍还多，而蒙古军主力太少，多是畏兀儿军和杂牌军，战斗力不强，于是双方约定来日再战。

第三天，八鲁湾之战进入了决胜日。这一天开战前，花剌子模军大惊，对面蒙古军竟然徒增了一倍。

花剌子模军惊慌失措地说："蒙古人的援兵来了，我们完蛋了！"

原来，这是失吉忽秃忽的疑兵之计。由于蒙古军每人皆备有双马甚至更多，失吉忽秃忽便令蒙古军将士扎草人捆扎在马上，希望以疑兵之计打败札兰丁。

但是，札兰丁没那么好骗，他鼓励道："那些都是蒙古人的诡计，我们人数要比他们多出一倍，打败蒙古人以雪我国耻就在今朝！"

顿时，花剌子模军士气大振。

札兰丁立刻抓住机会将军队分成两队，一队骑兵在两翼隐藏起来，另一队下马改作步兵徒步作战。

原来，八鲁湾地区根本不适合骑兵作战，地面不但凹凸不平，还到处是大坑小洞，战马在这里根本跑不起来，动不动就蹩马断足，但特别适合步兵进击。因此，失吉忽秃忽的骑兵接战后，大批马匹陷入坑洞不得前行，蒙古军只好纷纷下马步战，结果变成了步兵对步兵作战。

这样，蒙古军的骑射优势发挥不出来，只能与札兰丁军的士兵肉搏厮杀，就此战事陷入胶着。札兰丁见时机已到，顿时下令击鼓吹号将三万余骑兵投入战场，从两翼包抄穿插到蒙古军身后并将其合围。

失吉忽秃忽知道，如果硬抗下去，蒙古军的三万人会死得连一个回去报信的都没有，只得下令撤退。撤退过程中，那些绑了草人的战马无人驾驭，在战场上胡乱跑来跑去，而这更加打乱了蒙古军撤退的速度，结果蒙古军被札兰丁猛烈追击，大批击杀。当失吉忽秃忽逃出生天后清点人数，发现只剩下三千余人，十成大军去了九成，连自己骑的白色神骏也丢了。这就是著名的八鲁湾之战。

八鲁湾之战，是铁木真西征以来所遭受的唯一一次战役失败。在这之前，蒙古军在广阔的花剌子模大地上尽情纵横驰骋，连战术失败都极少有。

八鲁湾之战胜利的喜讯很快传遍花剌子模各地，花剌子模又开始民心动荡，而铁木真更是痛心疾首。

此时，铁木真知道绝不能再拖延下去给札兰丁坐大的机会，否则札兰丁真有死灰复燃的能力和可能。于是，铁木真决定御驾亲征，亲自带领蒙古军主力十万铁骑去捕捉札兰丁。大军抵达八鲁湾时，铁木真率蒙古军众将巡视了旧日战场，而满脸羞愧的失吉忽秃忽汇报了当时的全部作战经过。当失吉忽秃忽讲完后，铁木真指着地上无数的大坑小洞说："你这次失败，主要是败在地形不利。这样的坑洞地形，我们的骑兵根本无法跑起来，而且布阵上只想着从中央突破，把主力集中在中路，从而忽视了两翼，一旦敌军包抄你的两翼，你就必然失败。"

失吉忽秃忽听得面红耳赤、垂头不语，铁木真叹道："你以前当大断事官，单独领兵作战的机会少，作战经验不多，以后就不要带兵了，还是当大断事官吧！"

众人知道，铁木真这是原谅了这个义弟，却也是对他的惩罚。在那个时代，蒙古男子谁不想在铁木真麾下带一支军建功立业啊。

铁木真又赞叹道："札兰丁如此善用地形，称得上一员名将！我们这就去会会他。"

当铁木真以雄鹰搏兔之势猛扑过来时，刚做国王且在政治上还很不成熟的札兰丁却犯了个极大的低级错误：八鲁湾之战后，札兰丁军缴获大量蒙古军战利品，包括失吉忽秃忽的那匹阿拉伯神骏大白马，而札兰丁的岳父阿明灭里和部将阿黑刺黑为抢这匹马大打出手。最后，札兰丁却把这匹马赏给了岳父阿明灭里，对部将阿刺阿黑却毫无表示，以致气冲斗牛的阿黑刺黑当夜就率领所部四万人出走。

接着，铁木真又大施反间计，结果又有两支部队也离开了札兰丁。就这样，札兰丁的十万人马转眼间只剩岳父阿明灭里的三万人和哥疾宁内城少量的花剌子模军，加在一起也不超过四万人。

札木丁得知铁木真亲自领兵前来攻打后，他知道自己万万不是对手而只能后退，于是准备逃往印度。

不过，当札兰丁惶惶不安时，铁木真也沉浸在痛苦之中。在围攻范延堡（今阿富汗巴米安）时，铁木真最喜欢的孙子、察合台的儿子木阿秃干率先爬城，不幸中流矢贯脑而死。同时，木阿秃干还是察合台系下一代的家主、接班人，他的死实在是损失太大了，因此铁木真悲愤不已。范延堡陷落后，铁木真命令"不赦一人，不取一物，概夷灭之"，即不得掠夺任何财物，所有人畜杀光，将此地毁为荒漠，连猫狗也尽屠之，并为它起名为"卵危八里"，意为"歹城"。据说，这座被彻底毁灭的城堡在百年之后仍无任何生命迹象，甚至连动物都不敢接近。

接下来发生的事，深刻地说明了当时蒙古贵族如何看待战争中亲人的生死。

蒙古军屠尽范延堡后，结束了玉龙杰赤之战的察合台和窝阔台回到了铁木真身边。但是，察合台不见爱子木阿秃干前来迎接，便问父亲铁木真道："父汗，我的儿子在哪里？"

铁木真突然勃然大怒，把察合台大骂了一通，最后吼道："你们都不听我的话！"

察合台吓得跪倒在地："父汗，儿子从来不敢违背您的旨意！"

铁木真说道："是真的吗？你说的是真的吗？"

察合台连连磕头："父汗，长生天做证，我说的是真的。"

此时，铁木真的眼眶里渐渐盈满泪水，他板起一张冷酷的脸说道："你儿子死了，木阿秃干战死了！我现在命令你不许哭！"

跪在地上的察合台顿时浑身颤抖起来，伏在地上无声地抽搐，却不敢哭出半点声音。

铁木真转过身，两行老泪也在脸上流淌着。

在察合台和窝阔台率军归来后，蒙古军声势更加浩大，大军直扑哥疾宁。到哥疾宁时，札兰丁已经向申河逃走，准备过河到印度去休养生息。

蒙古军抵达哥疾宁后，铁木真围着哥疾宁骑行一圈，然后下令毁掉城墙、填平城壕，因为哥疾宁是花剌子模最后的堡垒，其地处偏僻且"天高皇帝远"，弄不好就成了造反的老窝。不久，哥疾宁城便成了野兽的乐园。

札兰丁逃到申河后，意想不到的事发生了：他只找到几条小船，一条小船只能坐五六个人，其四万大军根本无法渡河。原来，印度的土王们为防止来自中亚的入侵，只在申河建造了最少数量的小船摆渡。札兰丁只能望着对岸的印度兴叹，然后命令赶紧制造大船，等待渡河。不过，札木丁还没等大船制造完毕，铁木真就追上来了，就此申河大战开始。

申河大战是一场没有悬念的战役。

花剌子模军的每个战士都知道这次是必死之战，都抱着拼死一个蒙古军算一个的决心投入战斗。但是，谁也没有想到，申河大战的主角竟然不是胜利者铁木真，而是失败者札兰丁。

黎明的晨曦照耀着大地，两军将士贪婪地呼吸着清晨的空气，他们都知道空气中马上就会充满了血腥味。申河岸边，札兰丁率领的花剌子模军背水列阵皆怀必死之心，其中札兰丁自领中军两万骑，岳父阿明灭里领一万骑为左翼，勇将帖木儿灭里领一万骑为右翼；而对面蒙古军，铁木真和四子拖雷率六万骑为中军，察合台领三万骑为左翼，窝阔台领三万骑为右翼。

这是西征以来铁木真第一次在野战的战场上兵力占据绝对优势，他看着对面的札兰丁军就像老鹰看着小鸡一般。

走上申河战场的每一个花剌子模军战士都是无畏的勇士，他们知道这是自己的必死之战，是为了花剌子模最后的荣誉而战，而自己和同伴们倒下后花剌子模永远不会再有一支这样的军队可以反抗蒙古人了。

马蹄声、传令声、号角声、牛皮鼓声混杂在一起，将花剌子模战士心中的杀意越催越高……终于，札兰丁再也控制不住心中的战意，拔刀怒吼："为了花剌子模，杀！"

四万花剌子模军，顿时如潮水漫卷一样主动向蒙古军发起了冲锋。

不过，蒙古军却岿然不动！

等花剌子模军冲到一箭之地时，蒙古军的几十面牛皮大鼓顿时咚咚地震天动响起来。刹那间，一层层箭雨布满空中，花剌子模军瞬间就倒下了一片又一片，但是只要活着的花剌子模将士没有一个后退半步的，仍然喊杀着拼死向前。花剌子模军终于冲过了蒙古军的箭阵，仿佛两股大浪迎头相击，而蒙古军将士也狂呼着向前同其展开殊死肉搏。

战场上，一边背水死战，一边衔威而来，双方杀得昏天暗地，地上的尸体倒了一层又一层，而札兰丁勇猛无比地带着七百名勇士从东杀到西，又从西杀到东，所到之处锐不可当。铁木真站在高处，看到如此情形，不禁战意顿起，竟欲催马参战亲自冲锋陷阵，但被左右死死拦住了。

当然，战场上的蒙古军毕竟是花剌子模军的三倍还多，花剌子模军的左翼阿明灭里首先顶不住了，伤亡得只剩下四五千人。阿明灭里便欲退走却哪里来得及，只见窝阔台挥军直上死死地缠住了阿明灭里，瞬间便击溃了花剌子模军左翼，阿明灭里战死。

花剌子模军左翼覆灭后，蒙古军便把全部的压力施加到札兰丁率领的中军和帖木儿灭里率领的右翼身上。眼见不敌，勇将帖木儿灭里连杀数十人后冲到札兰丁身边，喊道："国王快走！我在此阻住蒙古人，保你脱险！"

此时，札兰丁满身皆是血污，只是拼命厮杀，却未回头答应一声。

帖木儿灭里知道札兰丁不愿独走，长叹一声后独自又杀进蒙古军阵中，竟穿透重甲得以逃生，离开了申河战场。后来，帖木儿灭里见复国无望，心灰意冷之余看透世情，竟堕入空门。至此，一代名将成为一个苏菲教徒，常居叙利亚，晚年因思乡心切回到故乡忽毡城，最后被窝阔台汗的儿子合丹射死。

战场上，札兰丁的花剌子模军人数已经越来越少，但他仍是锐气不减，拼命冲杀。由于铁木真下令"须得活捉此人"，蒙古军不敢放箭杀札兰丁。

终于，战场上只剩下札兰丁和他的掌旗官，只见札兰丁仍然奋勇向前，身后仅跟着一面孤独的军旗。札兰丁左冲右突连续砍死了四五个蒙古兵，当蒙古军的攻势稍稍一顿时立刻回马对着申河河岸奔去，一把抓过了身后掌旗官擎着的军旗，然后脱下铠甲将盾牌负于身后，直接冲向了七丈高的山崖，只见其连人带马画出一道弧线后跃入申河之中。

蒙古军将士皆看得呆住了，只见片刻工夫后那匹骏马又带着札兰丁浮出水面向着申河对岸游去，马上的札兰丁仍然高擎着那面湿透了的军旗。

蒙古军将士便欲张弓搭箭射死札兰丁，铁木真阻止道："这是英雄，不应该死于乱箭之下！"

然后，铁木真又对察合台、窝阔台和拖雷说："不料犬父竟有虎子，生子当如此人！"

札兰丁浮马上岸，他面向对岸的蒙古军"哈哈哈"狂笑了一阵，然后挥动大军旗，又举刀猛劈，最后转身走入密林消失不见了。

申河河畔成了修罗场，花剌子模就此灭国。国王札兰丁逃到印度后，虽奔走复国，却大势已去，再难有所作为。后来，札兰丁被库特山区一无名猎人所杀。

申河大战，虽放走了札兰丁，却俘获了他的妻儿。铁木真下令斩草除根，命令将札兰丁子嗣中的男丁全部杀绝，妻女分给了众将为妾为奴。

这时，有兵丁报告汉军郭宝玉将军身中数矢，行将气绝。铁木真闻言大惊，急忙来看，只见郭宝玉胸中数矢，面色惨白。郭宝玉自投降蒙古以来，率汉军多立奇功，极为铁木真所重。见此情景，铁木真急令："牵一头公牛过来。"

片刻工夫，蒙古兵牵来一头大牯牛。铁木真下令破开牛腹、掏出牛肚，拔去郭宝玉身中箭矢，然后将郭宝玉塞了进去。半个时辰后，铁木真令人取出郭宝玉，只见郭宝玉胸口微微起伏，脸上已有血色，被成功救活了。原来，铁木真所使法子为游牧民族传下的救命秘方，名为"腹罨"。此后，郭宝玉的汉军更是对铁木真效尽死力。

大战之后，铁木真来到札兰丁跃马跳河的地方，看着脚下波涛汹涌的申河，久久不语。然后，铁木真说道："这真是勇士所为！札兰丁能在这样的战场逃生，他日必成大事，必须斩草除根，以绝后患。"

回帐后，铁木真立即命令八剌、朵儿伯两将率两万骑南渡申河追踪札兰丁的下落，并侦察印度的情形。

于是，八剌、朵儿伯两员蒙古军大将渡河搜寻札兰丁，但是札兰丁早已走远，未见影踪。蒙古军受不了印度的暑热而疫病横生，以致弓箭失灵，只好再渡申河北退。

蒙古成吉思汗十七年（1222）七月，扫荡完申河流域的铁木真回军八鲁湾避暑，不久回到撒马尔罕，而他终于可以见到期盼已久的老神仙——长春真人丘处机了。

第三十七章　君王与道士

蒙古军西征前，也遂皇后的一席话让铁木真确定了继承人，却也让他第一次觉得老之将至，不禁动了长生之念。这时，耶律楚材向铁木真推荐了当时最有名的道士、闻名天下的长春真人丘处机，说其有长生之术。当时，丘处机的一个汉人弟子刘仲禄更说丘处机已有三百余岁，却仍如六十岁一般。铁木真听到世上竟有如此人物，不禁大喜过望，便赐刘仲禄虎头金牌一面前往寻访长春真人丘处机。

丘处机时年七十二岁，是早已名满天下的道教宗师。丘处机少即不凡，年幼时为锻炼毅力从山峰往树林扔铜钱，不找到不罢休；二十岁入山跟随王重阳修道。王重阳是不世出的奇才，儒释道三家通贯，将儒教忠孝节义、佛教戒律心法和道教丹鼎修身融为一体，创派全真教。后来，全真教成为道教中最鼎盛的一派。

王重阳门下最出色的弟子有七人，这就是道教史上著名的"全真七子"，而丘处机就位列其中。

丘处机也和师父王重阳一样儒释道三教皆通，满腹经纶。金国皇帝和南宋皇帝都派人来请过丘处机，但他不为所动，拒绝前往。其实，丘处机早就看破金国的腐朽没落和南宋的懦弱无能，二者皆不可交。

且说刘仲禄寻访丘处机，一路也是历尽千辛万苦。有个道士甚至对刘仲禄说："师之有无，未可必也。"意思是，丘处机还在不在，都未可知。

刘仲禄既奉命而来，找不到丘处机是不能回去的，只得跋山涉水四处寻访，最后终于在山东栖霞的一处道观找到了丘处机。

丘处机看着铁木真相请的诏书，一代天骄睥睨天下的豪气和耶律楚材的大手笔都让他不禁深为感动，当即应允并带着十九名弟子随刘仲禄往见铁木真。

当晚，一名弟子问丘处机道："师父，为什么金朝皇帝、南宋皇帝相请师父皆不去，而蒙古皇帝一请师父就要动身呢？"

丘处机缓缓作了一句诗道："我之帝所临河上，欲罢干戈致太平。"

然后，丘处机说道："我们是出家人，但不是出世人。我们生当衰乱之世、华夏丘墟，以民间讲学论道的姿态，尽力保存华夏文化的元气和精神，苦己利人，济世救民，乃我全真龙门派的宗旨之一。当今华夏，蒙古与金国和南宋鼎足而立，虽仍三分，但大势已明：金国腐朽暗弱，南宋懦弱无能，如夕阳西下，皆大势已去，不可复生，而唯有蒙古生机勃勃，如朝日初升，前途无量。然我观蒙古，杀戮太重，动辄杀人屠城、伏尸千里，今已得华夏北方，即将入主中原。我之所以愿面见成吉思汗，是为劝诫其少伤黎民，少杀乃至止杀，尤其宣扬华夏文化，冀其改武功为文治，以救中原百姓于刀兵之劫，以存华夏道统于乱世之中。再者，以此因缘，成吉思汗万里来使折节下交，为师岂可顾惜残躯，故作姿态？"一众弟子皆感喟。

丘处机带了十九名弟子在刘仲禄和蒙古军的护送下上路，这一走就用了两年时间，而这就是历史上著名的"长春真人西行"。不过，丘处机一行一路上除了艰苦跋涉，也有几件趣事可以观。

一行人先来到了留守漠北怯绿连河（今克鲁伦河）大营，铁木真的幼弟铁木格在那里留守。铁木格见闻名天下的老神仙——长春真人丘处机到来，不禁大喜过望，硬是要求丘处机给他讲讲长生之道。丘处机慨然应允，但要求为敬天地之德铁木格需斋戒十五日，铁木格同意吃素十五天。不料，铁木格刚要请丘处机登坛讲道却忽然天降大雪，铁木格只好出去巡视牲畜，上马时忽然醒悟道："老神仙是我大哥请来讲道的，怎么能大哥还未闻道我就先听呢？"

于是，铁木格马上送丘处机继续西行，还赠送牛马数百、大车十乘，并遣军兵一千护送。

一行人继续西行，不久来到了乃蛮部故地。这里有铁木真一个斡儿朵，俗称"公主斡儿朵"，由一位铁木真抢来的西夏察哈公主和一位金国的歧国公主主持。这两位公主汉化极深，喜爱汉族文化，熟知中原有道高士丘处机之名，见其到此不禁欢呼雀跃，并送了御寒之具和黍米等食物作为礼物给丘处机。丘处机见草原之上如此偏荒之地，竟有这么多莺莺燕燕的美人，也不禁咋舌。

　　这时，公主斡儿朵也正好挑选了一百名美少女要贡献给铁木真，就交给刘仲禄一行带上同行。谁知丘处机很不乐意道："我一个出家人，跟这么多女人同行，太不像话！"

　　刘仲禄只好把这些美少女安排在后队，离丘处机远远的。

　　接着，往前翻山越岭，就来到了战略位置极重要的镇海城，此城在今蒙古科布多以南。镇海城既可扼西夏北上，又可保护蒙古西征大军后路，故铁木真令镇海在此筑城。镇海见丘处机一行要去谒见铁木真，说什么也要同去："已经六年没见大汗了，实在想念！我头发都白了，再不看看大汗，只怕就再也见不到了。"于是只好让镇海也跟着。

　　走到别失八里城后，丘处机问到达铁木真的行宫还要多久，当地人答还得向西南走上万余里。当夜风雪大作，丘处机感慨万千，遂作诗道："夜宿阴山下，阴山夜寂寥。长空云黯黯，大树叶萧萧。万里途程远，三冬气候韶。全身都放下，一任断蓬飘。"诗中满是凄楚之感。

　　一行人继续沿蒙古西征故路前行，路途虽然遥远，但是很方便，因为这时铁木真已经逐步建立起了蒙古帝国的驿站。其实，古代中国虽然在商周时期就有驿站的记录，但是真正四通八达形成驿站网络却是从铁木真开始的。为了保持通信联络的畅通，蒙古军首先组建了号称"箭速传骑"的当时世界上最好最快的通信系统。这些通信兵依靠沿途设立的驿站不停地换人换马，最快可日行八百里。据说，当时铁木真从中亚里海前线传信到漠北怯绿连河的大本营，箭速传骑只需用四十天，而驿站也可为来来往往的商人和客旅提供休息、住宿的地方。这应是铁木真对东西方交流和贸易往来做出的一个非常重大的贡献了。

丘处机一行人正是依靠蒙古驿站穿过今新疆、哈萨克斯坦、乌兹别克斯坦，最后终于在阿富汗的大雪山（兴都库什山）见到了铁木真。这时已是蒙古成吉思汗十七年（1222）四月初三，距离丘处机从山东莱州踏上西行之路已经过去两年多了。

铁木真见到丘处机十分高兴，见其虽然须发皆已银白，然身轻体健、行动敏捷、精神抖擞，很是欢喜，便令赐座并开口问道："大家都称呼您为真人，是自称呢，还是别人对您的称呼？"

丘处机答道："只是人们这样呼叫。"

铁木真又找来镇海问道："应该给真人一个名号，你看应该是什么名？"

镇海答道："有人尊称为巴格西，有人敬之为神仙真人。"

于是，铁木真下令说："从今以后，就尊称真人为老神仙。"

铁木真看着丘处机银白须发问道："人说老神仙有三百岁了，是真的吗？"

丘处机坦然一笑："大汗，哪有三百岁，贫道今年七十四岁。"

铁木真不禁欣赏起丘处机的坦率诚实，不虚夸、不浮躁，确实是有道之人。

铁木真又问道："老神仙万里而来，可给朕带来了什么长生不老的药吗？"

丘处机微微一笑："古今所有的皇帝都喜欢这个，天之骄子也不能免俗。"

丘处机又说道："大汗，世上哪有长生不老的药物，只有延年益寿的方法。"

听到丘处机这么一说，铁木真不禁略感失望，却更钦佩丘处机的坦荡了。其实，铁木真却不知，丘处机的道法最核心要旨就是一个"实"字。曾有人劝丘处机用些奇门神通传道可收事半功倍之效，但丘处机当即大笑："我修行五十余年，就修得一个'实'字，怎么可以丢掉它呢？"

铁木真笑道："金国和南家思（南宋）多次相请老神仙，但老神仙皆不愿往。今天朕得见老神仙真是有幸，那老神仙为什么愿意到我们这儿来呢？"

丘处机答道："山野之人能见到大汗，这是天意！虽远隔万里，不敢辞焉。"这话说得铁木真极为高兴。于是，铁木真执起丘处机的手带其到专门的斋帐为丘处机设宴接风，然后请其沐浴安睡。

第二天用过早饭，丘处机便来到铁木真的御帐，两人面谈了整整一天，连午饭都是边谈边吃的。

这一天，丘处机主要是劝告铁木真在战争中要爱惜百姓，不要乱杀滥屠。丘处机告诉铁木真"天道好生而恶杀"，并告诫铁木真"凡欲得天下者，必不嗜杀人。而欲治天下者，更是必须以敬天爱民为要"[①]。

铁木真问："如何统一天下？"

丘处机答："不滥杀一人。"

铁木真问："如何治理天下？"

丘处机答："敬天爱民为本。"

铁木真问："如何长生？"

丘处机答："清心寡欲为要。"

铁木真深以为然，说："天赐仙翁，以寤朕志。"

至于铁木真所关心的长生之道，丘处机告之以清心寡欲最为重要。其实，丘处机的意思是，铁木真若能遵照"不滥杀一人""敬天爱民""清心寡欲"这三点，便霸业可成、天下可安，亦可延年益寿。

铁木真笑道："老神仙所言，便是以民为要，但朕以为天下之人已复太多，杀一点也不算什么。"

丘处机心中暗暗叹息，但又劝解道："大汗差矣，须知民为天下之本，有民方有天下。若今大地之上万户萧疏，则谁来执大汗之命，为大汗生产粮食、布匹和一应什物呢？"

铁木真是何等聪明的人，一点百通，已经明白了丘处机的意思。当即，铁木真对左右说："老神仙之言，使我心胸顿开，甚合我心。天遣神仙来对我授道，可速令人记下，你们都要时时刻刻谨记于心。"

后来，蒙古军屠城滥杀的行为确实减少了许多，特别是征金国下南宋的过程中，虽然仍然杀戮甚重，但比起在中亚动辄屠城确实有霄壤之别，而此皆长春真人丘处机的功德。

到了清朝时期，乾隆皇帝对丘处机劝诫成吉思汗"止杀"一事十分佩

---

① 转引自叶童《战神家族：成吉思汗纵横天下纪实》，四川人民出版社，1995 年。

服，并为其撰联曰："万古长生，不用餐霞求秘诀；一言止杀，始知济世有奇功。"可见其对长春真人丘处机真是推崇备至！

丘处机和铁木真朝夕相处，给他讲老子、讲庄子，讲道家的吐纳养生之术。经过丘处机的日夜讲经论道，铁木真眼界大开，并与丘处机结下了深厚的友谊。当时，铁木真正准备追击札兰丁，便让丘处机先回撒马尔罕，说："等我平定花剌子模最后的残余力量，回到撒马尔罕再与老神仙畅谈。"

蒙古成吉思汗十七年（1222）八月，铁木真在申河大战后胜利班师撒马尔罕，再见到丘处机时两人都甚是欢喜。

《丘处机传》一书记录了三件事——

这年冬天，冬雷震震，铁木真向丘处机询问是何征兆。丘处机道："我听说大汗国内之人，夏天不在河里洗澡，不在河源洗衣、洗羊毛，禁止采食山林野地之间的蘑菇，这是惧怕上天的惩罚，而不是奉行天道。我知道不孝是众罪之中最严重的、不能饶恕的罪行，若人们不孝，上天就会警示。大汗国内的蒙古人大多不孝敬父母，您应该利用自己的强大影响力，改变这种不好的习俗。"

这时，铁木真已是老人，自然对丘处机所说的孝道很看重，听其如此说也非常高兴。然后，铁木真马上召来各皇子、各王、各大臣、各大将参加集会，说："汉人尊重神仙，就像你们敬长生天一样，丘真人正是天上的仙人。"然后详细地告诉了他们丘处机所说的有关内容，并说"上天派神仙对我说了这些话，你们每个人都要牢牢地记住"。

此时，铁木真忽然想起术赤来，他高兴的脸色便立刻低沉了下来。术赤在攻下玉龙杰赤后，便与察合台、窝阔台分手，径自带兵去了花剌子模西边的钦察草原，再也没有回到铁木真身边。对此，铁木真又气又恨却又不知如何是好，毕竟他从来没有把这个儿子当外人看，不知术赤为何如此忤逆。其实，铁木真不知道的是，察合台在众人面前侮辱术赤是篾儿乞野种，但作为父亲的铁木真却没有给察合台任何惩罚，而这极大地伤害了术赤的自尊心——他可以随时为父亲去死，但却无脸回到大营，再去见家族那些兄弟、亲戚和大臣大将。

铁木真想到这里，长叹了一口气。

过了两个月，又发生了一件事。当时，铁木真打猎正追射一只大野猪，突然马失前蹄将其摔了下去，而野猪也似乎吓呆了没敢上前咬人。当侍从赶来保护好了铁木真，野猪这才狂奔而去，于是铁木真便罢猎还宫了。听到这一消息后，丘处机又入帐向铁木真奏道："好生恶杀是上天之德。大汗现在年事已高，应该少打猎。坠马是上天发出警告，而野猪不敢上前咬人是上天在保护大汗。"

铁木真闻言连连点头："我已深刻领悟老神仙的话，只是我们蒙古人自幼就养成了骑射的习惯。少成若天性，习惯成自然，不可能马上改正。虽然如此，我会牢记老神仙教诲的话语。"

接着，铁木真又对臣下说："只要是老神仙劝我的话，以后到处都得照办。"自此，铁木真半年没有打猎，而其与丘处机两人的关系紧密一然如斯。

蒙古成吉思汗十七年（1222）初冬，丘处机请求铁木真放他回中原，毕竟他是道家宗师且酷爱自由，不喜军营杀伐。丘处机对铁木真说："我是个道士，喜欢静处独坐，如今总和军队在一起精神不爽，所以还是离开为好。"

铁木真真诚挽留，要丘处机等着他一起回去。

蒙古成吉思汗十八年（1223）三月，丘处机实在等不下去了，再次请求回中原。这次，铁木真欣然应允并提出赐以牛马等，但丘处机谢绝并认为只需配备驿骑就够了，而这却让铁木真有些为难。

据《丘处机传》一书记载，这时一位名叫阿里鲜的翻译发挥了关键的作用。当年，这位阿里鲜就被派往宣德州礼请丘处机，以后一直随侍丘处机左右，对丘处机的道家宗师地位非常了解。当铁木真询问阿里鲜"神仙在桃花石（中原）有多少弟子"时，阿里鲜做了一个关键性的回答："真人弟子甚多。当真人从德兴府启程时，当地的官员正向全真教道徒们催交钱粮和差发。""差发"是一种蒙古赋税，大约是一种类似上贡皇帝的赋税。其实，阿里鲜一直陪同丘处机并形成了良好的关系，他这是在明显地给铁木真以暗示。

于是，铁木真当即决定免除全真教道徒们的所有赋税，以此作为对长春真人丘处机的赏赐，同时颁赐诏令一通并钤以御宝，赋与丘处机随身携归以明圣意。

诏令的内容是：

"成吉思汗皇帝圣旨道与诸处官员：丘神仙在各地所建道观，系逐日念诵经文之地，为天下人祈福，为皇帝祝寿，以求万万岁。今后，全真道教的所有大小差发应该全部免掉，对那些敲诈嫁祸于出家人、暗中贪占捐税的人一律加以治罪，案犯及其主谋者斩首，妻子充公并没收其财产。"

铁木真送的的确是份大礼，他的诏令相当于是从"官方"的角度奠定了丘处机作为道家大宗师的地位，也奠定了全真教在道家各宗中独特的江湖地位。至此，全真教遂在中国北方大兴，并成为中国道教第一大派。

铁木真又为丘处机修建了白云观，这就是今天中国道教协会所在地——北京白云观，而至今观内后殿仍绘有《丘处机与成吉思汗论道图》。不但如此，铁木真还多次派人问候丘处机。

蒙古成吉思汗十八年（1223）十一月十五，铁木真写给丘处机一封信：

> 丘神仙，你春月行程别来至夏日，路上炎热艰难来，沿路好底铺马得骑来么？路里饮食广多不少来么？你到宣德州等处，官员好觑你来么？下头百姓得来么？你身起心里好么？我这里常思量着神仙你，我不曾忘了你，你休忘了我者。癸未年十一月十五日。[1]

由此可见，铁木真确实对丘处机关怀备至，友谊深厚。当然，全真教也为蒙古统治安定中国北方起到了重要作用。

据道教传说，蒙古成吉思汗二十二年（1227）某日，丘处机正在讲道，忽然下座沐浴，然后说："我的那位好朋友走了，我也要去陪他。"于是上座驾鹤西去。不久，传来铁木真驾崩的消息，时间正是丘处机归真的那一天。

---

[1] 李志常：《长春真人西游记校注》，尚衍斌、黄太勇译，中央民族大学出版社，2016年。

第三十八章　关山度若飞

丘处机走后不久，铁木真已有归意，但他还在等待者别和速不台的消息，而他们已经中断联系半年了。者别和速不台实在打得太远了，他们已经从西亚打过了高加索山，一直打进了欧洲，正在迦勒迦河与斡罗斯[①]联军大战。

者别和速不台的远征是蒙古第一次西征。

蒙古成吉思汗十五年（1220），者别和速不台追击花剌子模国王摩诃末，一直穷追到今伊朗中部，并活活逼死了摩诃末。但是，摩诃末死在里海一个小岛上的消息是当时花剌子模的最高机密，仅有极少数人知晓。者别和速不台找不到摩诃末的下落，便在今伊朗中部摩诃末最后出现的地方四处寻找，并打下了剌夷城（今伊朗首都德黑兰）、哈马丹城（今伊朗西部城市）。哈马丹城主动投降，城中军民献出金银，于是蒙古军连城都没进就离开了，只派了一名蒙古行政长官进行管理。接着，蒙古军又打下卡兹文城，此城因敢于抵抗被屠杀四万人，后又被蒙古军夷为平地。当时，这一带皆属于伊拉克哈里发的领地，蒙古军的强悍无敌和冷酷无情令当地百姓极为震惊和恐惧，纷纷翻越今伊拉克、伊朗之间的扎格罗斯山脉进入西南的美索不达米亚平原躲避兵灾。

[①] 斡罗斯，蒙古语 Oros 的音译，又译为"鄂罗斯"，指 13 世纪初期基辅罗斯公国。蒙元史集如《蒙古秘史》《元史》称"罗斯"为"斡罗斯""鄂罗斯""斡罗思"，清代史集如《大清统一志》《异域录》《清史稿》则称"俄罗斯"。

扎格罗斯山脉是伊朗第一大山脉，绵延一千二百公里，平均海拔三千米。于是，伊拉克国王立即命令，尽起国内之兵扼守住扎格罗斯山脉的各个山口通道，以阻止蒙古军进入两河流域。这一招果然奏效，蒙古军虽然勇猛，但毕竟只有两万人，要他们进到人口稠密、文明发达的西亚两河流域，这是者别和速不台这样的蒙古名将不可能的选择。

果然，者别和速不台商议后决定不攻扎格罗斯山脉，还是避实就虚地前去攻打阿哲儿拜占国。阿哲儿拜占国就是今阿塞拜疆，都城帖必力思（今伊朗的大不里士）。据说速不台和卫队不停换马驰骋，用五天五夜赶了四千里路——真正的日行八百，赶回来参加铁木真的御前军事会议，汇报了他所了解的西亚和高加索各国的情形，以及一直没有找到花剌子模国王摩诃末的情况，并请求铁木真让他们继续追击摩诃末——"活要见人，死要见尸"。

铁木真一听花剌子模以西还有那么多国家，不禁又惊又喜——这可真是"天外有天"，于是当即命令速不台尽量把那些地方侦察清楚，如有哪些国家以及其国信仰、地形、人口、幅员等都要弄清楚，然后绕道钦察草原回蒙古草原。

速不台衔命而去。

于是，者别和速不台率领的两万蒙古军如洪水一样涌进了阿哲儿拜占国。阿哲儿拜占国的国王名叫月即伯，在位已经二十多年，人称"突厥王月即伯"，时年已七十余岁。月即伯垂垂老矣，每天醉生梦死地生活在醇酒和美人之间，早已没有了胆勇和血性，见蒙古军势大，连半点抵抗的心思都没有，赶紧派大臣犒劳蒙古军队投降了。

看着月即伯送来的几万头牛羊、几万套棉衣和大批的金银珠宝，者别说："你们的国王有见识，很好！我们对你们国内一定秋毫无犯，但必须借道你们国境北上过冬。"不过，者别和速不台两员蒙古名将也不是特别高兴，认为月即伯这样的选择很正常，而他们早已习惯了征服。

月即伯闻言求之不得，立刻命令让路，于是蒙古军穿过阿哲儿拜占国来到了穆甘草原过冬。在穆甘草原，他们过了一个几十年不遇的寒冬，每天大雪狂风不止，纵然蒙古军个个都是最好的牧人，但牛羊还是被冻死了不少。

穆甘草原在高加索山脉南部，里海西部，地处阿哲儿拜占国、曲儿忒国、谷儿只国（今格鲁吉亚）、设里汪王国四国之间，是个军事要地。蒙古军驻扎于穆甘草原，周围各国都高度紧张。

当时，统领谷儿只国的君主是个叫鲁速丹的女王，女王见蒙古军横槊国门，惊恐之余又复大怒，于是派出使者前往阿哲儿拜占国约定明年开春攻击蒙古人。但是，万万没想到的是，这个使者被蒙古军截获，而得知消息的者别和速不台不禁大怒。

这时，不断有谷儿只国的突厥人投奔蒙古军。原来，这一带全是伊斯兰国家，全都信仰伊斯兰教，而唯独格鲁吉亚信仰天主教，和周边各国乃至其国内部各族之间的矛盾都很深。于是，蒙古军将前来投奔的突厥人编为前锋，将蒙古军列为中军和后军，于蒙古成吉思汗十六年（1221）二月冒雪出征，直扑谷儿只国都城梯弗利思（今格鲁吉亚第比利斯）。

谷儿只国当即派出万余人迎战。不过，蒙古军的突厥人前锋虽然勇往直前、奋力血战，但毕竟是临时编成的军队战力有限，眼看将不敌。就在这时，蒙古军的中军和后军突然从两翼包抄，一举击败了谷儿只军且斩杀过半，大获全胜。但是，此战蒙古军折损亦大，便主动退至阿哲儿拜占国都城帖必力思附近休整，而国王月即伯则只好无奈地第二次拿出金银犒军。

春天到了，者别和速不台向南打下了马拉盖（今伊朗西北部大不里士城南），准备侵入黑衣大食（阿巴斯王朝）武装侦察。此时，不幸的消息传来，曾投降蒙古的哈马丹城反叛了，而且城中百姓还杀了蒙古派驻哈马丹城的行政长官。

这下蒙古军十分愤怒，掉头用三天时间重新打下了哈马丹城，并将这座历史名城夷为平地。之后，蒙古军北上第三次进入阿哲儿拜占国都城帖必力思，而国王月即伯的所有金银都已被蒙古人勒索光了，再也拿不出什么像样的东西犒军了，只好一走了之逃跑了。于是，蒙古军将帖必力思城搜刮了一番后离去。

接着，蒙古军北上到了"阿兰之地"，而阿兰人极其骁勇善战，经常与谷儿只国对攻。蒙古军在"阿兰之地"勒索了一些金银之后离去，然后再次进入谷儿只国。这时，谷儿只国鲁速丹女王已准备了三万十字军迎敌，而这支十字军原本是为教皇准备的，他们正准备启程前往巴勒斯坦加入欧洲十字军共同作战。当蒙古军来袭，鲁速丹女王只好动用这支最精锐的三万十字军与蒙古军作战，其统军大将军名叫伊万涅。

这时，蒙古军因补充了一些突厥人战士共计有二万五千人，于是两军在梯弗利思城以东相遇并展开会战。

战场上，速不台领军一万五千骑和谷儿只军血战，不久败退。谷儿只军士气大振，穷追不舍，但就是追不上蒙古军。当谷儿只军追到一个谷地时，忽然号声大起，原来蒙古军乃是诈败将谷儿只军引入伏击圈，只见者别一马当先与左翼的蒙古将领扎拉、右翼的突厥将领马日古斯奋勇向前，顿时把谷儿只军截成了数段。

蒙古军先是打败了谷儿只军的步兵，然后发起总攻歼灭了谷儿只军的精锐骑兵。这一仗，谷儿只国的三万十字军几乎全军覆没，而伊万涅大将军逃回都城梯弗利思城内后不敢再战。

此战在战争史上极为有名，称为格鲁吉亚之战，又名乔治亚之战。

这一战之后，由于谷儿只国是个多山的国家，其树高林密不利于骑兵作战，于是者别和速不台放弃进攻梯弗利思城，开始转攻高加索山脉以北地区。

当时，蒙古军仿佛进入了"陆上大航海时代"，冲进了一块又一块广袤的陌生土地。这些辽阔的土地，远远地超出了蒙古人的地理认知范围，于是他们就靠着胯下的骏马和手中的战刀去了解这些陌生的国家以及所属的高山、土地和河流。这时，者别和速不台已经从当地百姓那里了解到高加索山脉背后就是钦察草原。当然，这是个具有极大战略意义的重大发现，因为铁木真的长子术赤就分封在钦察草原。

钦察草原极为广阔，东起西伯利亚西部，南至今乌克兰北部。此时，术赤的势力范围还只到钦察草原东部，若能证实翻过高加索山脉就是钦察草原，这对蒙古便具有了极大的战略意义。

高加索山脉长约一千二百千米、宽两百千米，山势陡峻，海拔大都在三四千米。其中，大高加索山脉是亚洲和欧洲的地理分界线，那里生活着许多骁勇善战的山地民族。

但是，高加索山脉地势险峻，难以通行，唯山中有一过山隘道，并在山隘口处有一险关，名为打耳班（今达吉斯坦捷尔本特）。这个山隘口是古波斯防御北方游牧民族南下所建的雄关，因为在亚历山大大帝时期建有打耳班城，又被称为"亚历山大大铁门"。

过这个山隘口是一定要有人带路的，于是者别和速不台采用了一个蒙古式的方式过关。蒙古成吉思汗十七年（1222）初，蒙古军东进攻入小国设里汪（今里海西北境内），令其国王交出十名贵族。当设里汪的十名贵族来到蒙古军帐内后，速不台二话不说就先斩下一名贵族的首级，其他九名贵族见此吓得顿时瘫倒在地。然后，者别又恶狠狠地说："要死要活？想活命就好好带路，等我们过了打耳班就放你们回来。"

这样，剩下的九名设里汪贵族只好老老实实地给蒙古军带路。高加索山脉风景奇绝，一边是风光秀丽的黑海，一边是悬崖峭壁，路越来越险。为此，蒙古军只好忍痛烧掉了所有笨重的攻城器械后轻装过山，好在一路并无意外。此时，打耳班关口还控制在设里汪手中，所以心惊胆战的九名设里汪贵族很顺利地叫开了关城。于是，蒙古军轻轻松松地过了打耳班天险进入欧洲，然后才放走了带路的九名设里汪贵族。

过了打耳班雄关就是下山路了，其地势渐渐平坦，山路两侧开始出现牛羊最喜爱的牧草：先是一株株，然后是一丛丛，之后是一大片一大片碧绿的草场，中间还点缀着五颜六色的各种野花。于是，狂喜的情绪在蒙古军队伍里蔓延，突然一个蒙古兵唱起了辽远的牧歌，接着仿佛传染一般整个队伍都唱了起来，甚至连者别和速不台也一起放声高歌。

很快，蒙古铁骑驰下高加索山帖雷克河（又译为捷列克河）流域，这里基本是草原了。在这里，当地英勇善战的阿兰人、剽悍的阿速人、无畏的奇儿科斯人、骁勇的钦察人，基本上当地所有的部落民族都联合起来准备阻击蒙古人。

帖雷克河之战就这样开始了！

这时，蒙古军经过艰难翻越高加索山脉的长途行军后已十分疲惫，又突然撞上数量上占压倒性优势的当地的联合武装，形势对蒙古军来说相当不利。不过，者别和速不台半步不退，毫不犹豫选择了开战。这场遭遇战，双方你来我往、刀光剑影，互相冲锋陷阵，喊杀声响彻云霄，以致帖雷克河的河水一片殷红。直到红日西沉，双方才不得不收兵，约定明日再战。

就在这天夜里，一队蒙古兵牵着驮着鼓鼓囊囊大包袱的马匹来到钦察首领的营帐内。领头的蒙古副将札剌打开了那些大包袱，只见一袋袋金银珠宝在牛油烛下闪动着耀眼的光芒，一匹匹美丽的丝绸光润无比，看得钦察首领的眼睛都绿了。

看着钦察人贪婪的神情，札剌满意地笑了："我们蒙古人与你们钦察人本是同一个祖先，我们都属同一个种族，我们说的语言都有相似之处，总之我们是兄弟。为什么你们要帮着阿兰人、阿速人那些外人来攻打自己的兄弟，而不一起发财呢？这点财宝只是一点小意思，只要钦察人退出战场，我们抢到的所有财宝全部分你们一半。"蒙古人和钦察人不是同一种族，这只不过是札剌的说辞而已。

钦察人并不相信蒙古人的说辞，但他们相信蒙古人的财宝，何况他们与阿兰人、阿速人关系并不和睦，平时也经常开战，这次只是为了共同对付外敌才勉强达成一致。

当天晚上，钦察人连夜拔营起程，带着蒙古人给的财宝往北方退走了。

第二天，阿兰人、阿速人等一些高加索小民族列阵完毕，却迟迟等不到他们的绝对主力钦察人。就在阿兰人、阿速人军心大乱之时，蒙古人已经如狼似虎地猛扑过来，当即打得他们哭爹叫娘地鼠窜而逃。

这时，由于不断有突厥人和一些希望加入抢劫的小部落加入蒙古人的队伍，者别和速不台手下已经有三万多人了。于是，者别和速不台把他们分成了几百个小队并令其分头出击，从而横扫了整个北高加索地区。蒙古军所到之处，阿兰人、阿速人等北高加索地区的小民族皆人头滚滚，家园更是黑烟冲天，给当地百姓留下了难以磨灭的恐怖记忆。

就这样，者别和速不台打赢了进入欧洲后的第一场战争——北高加索之战。

据历史记载，当时曾有一个蒙古的女兵杀进一家有几十口人的大户，然后一个一个地屠戮这户人家，直到这家剩下的人认出其是一位女子才敢反抗并杀了她。还有一个蒙古兵单人杀进一个村庄，命令村民一个接一个绑住双手，之后举刀开杀。

当时，宋人记载，蒙古军"其俗，出师不以贵贱，多带妻孥而行，自云用以管行李衣服、钱物之类。其妇女专管张立帐篷，收卸鞍马、辎重、车驮等物，事急能走马"。由此可见，蒙古军中有很多妇女从事后勤工作，紧急时也能直接参战。

等扫荡完了北高加索地区，者别故意问速不台道："下一个打谁？"

速不台说道："当然是打钦察贪财鬼！"

然后，者别和速不台两人哈哈大笑起来。

这时，背叛了盟友的钦察人早就解散了军队，正望眼欲穿地期盼蒙古兄弟送来抢劫自阿兰人、阿速人的一半财宝，结果却等来了蒙古人的屠刀。

由于没有任何战备，雄踞当地数百年的钦察人被蒙古军闪电般的攻势打得七零八落，很快溃散向西落荒而逃。一时间，钦察草原上到处是拖儿带女的逃难人群。然后，者别和速不台一边穷追一边通告——"钦察草原已被成吉思汗分封给了大皇子术赤，从此这片土地和这片土地上所有民族全部归大皇子术赤所有，都要接受术赤的统治"。

由于钦察草原的十一部游牧百姓亡命西逃，蒙古人认为他们是不服管制而叛逃，于是跟踪追击渡过顿河到了亚速海北岸以西之地。

当时，为了互相借力，钦察人和斡罗斯人一直保持着联姻通婚，其中钦察大首领迦迪延便将女儿嫁给南部基辅罗斯公国的密赤思老大公。然后，迦迪延逃到了基辅，请求女婿密赤思老出兵相助。就这样，者别和速不台尾随迦迪延进入基辅罗斯公国境内，蒙古人和斡罗斯人就不可避免地遭遇上了。

十三世纪，斡罗斯（基辅罗斯公国）的领土只限于东欧平原，包括今乌克兰、白俄罗斯大部以及俄罗斯的一部分。斡罗斯的王公称为大公，但也只是名义上的，因为当时统一的罗斯公国已经不存在，分裂成了十多个独立的小公国，彼此之间经常互相攻伐。就这样，斡罗斯的实力在内耗中逐渐削弱。当然，斡罗斯人当时也尚不知蒙古人的厉害，他们决定与远方来的蒙古人较量一番，结果却导致了后来被蒙古人统治近二百五十年之久的历史。

不过，斡罗斯人知道，如果钦察人被打败了，下一个肯定就会轮到他们。于是，斡罗斯所有的大公王侯罕见的快速达成了一致，决定同蒙古人开战。斡罗斯人杀了十名蒙古使者，集结了十万人组成罗斯联军正面迎击蒙古军。

迦勒迦河之战打响了。

罗斯公国的王公们在第聂伯河集结了十万左右的军队，所有的小公国和城邦都参加了联军，如斯摩棱斯克公国、伽里赤公国、契尔尼果瓦公国、基辅公国、沃里尼亚公国、库尔斯克公国、苏兹达尔公国、波罗维茨公国、加利西亚公国都参战了，另外还有两三万钦察军也自愿加入了罗斯联军，共计有十二万人之多。当时，罗斯各小公国经常打内战，所以这些士兵倒是久经沙场的老兵，但大部分是农民出身的步兵。关于罗斯公国的士兵，美国蒙元史学者、人类学家杰克·威泽弗德在《成吉思汗与今日世界之形成》一书中说："俄罗斯的士兵大部分都是从谷场和乡下招募而来，他们都是农夫。在身体健康、营养充足的情况下，他们在俄罗斯偶尔发生的短暂战斗中表现顽强、富有经验，但他们几乎不可能被看成是职业军队，特别是在冬季之末，缺乏足够的食物来补充营养，与其说善于使用武器，他们中的大多数人其实更擅长挥舞镰刀割草或是扬起鞭子驱策公牛。贵族军官们人人确信很容易就会取得胜利，农夫们忠实地在盾牌后面列好队形，除了手中的农具，权且当作一把剑、一支矛、一个重锤、一根棍棒以外，每个人还拿着他们所能找到的任何武器，小部分训练有素的弓箭手站在附近。高级军官骄傲地骑在战马上，矗立在步兵的后面。"①

罗斯公国主要是农业区，只有一小部分地域是牧区，所以罗斯联军中大部分是农民。罗斯联军的参战人数虽然至少是蒙古军士兵的两倍，但步兵至少有六七万人，剩下的五六万人中有四万是轻骑兵、两万是重骑兵。基辅大公密赤思老的实力是罗斯公国中最强的，又是他发起此次联合，所以各公国公推密赤思老大公为罗斯、钦察联军的主帅。

这时，蒙古军在加入了一些希望共同抢劫的多民族将士后已有三万多人，罗斯、钦察联军四倍于蒙古军。

罗斯、钦察联军集结完毕后决定主动进攻，把战争推到钦察草原上面去打，以免战火烧到斡罗斯本土。于是，十二万罗斯、钦察联军迅速渡过第聂伯河，向东寻找蒙古军主力作战。

过河后，罗斯、钦察联军碰到了一个在前面侦察的蒙古军百人队。这场小战斗没有什么悬念，敌我双方力量对比太悬殊，蒙古军的百人侦察队被打散，甚至带队的队长也受伤被擒，并被斡罗斯人交给了钦察人斩首示众。

战争刚开始，者别和速不台一边派飞骑急速到术赤处求援，一边又派了两名使者到密赤思老大公处正式宣战："你们杀了我们十名使者，还攻击我们的前卫部队，你们要给蒙古人战争，蒙古人就给你们战争！长生天将给你们应得的下场！"

这次密赤思老大公没有杀使者，而是让两名蒙古使者带回应战的口信，然后率军猛扑向钦察大草原上的蒙古军。者别和速不台见敌众我寡，当即决定诱敌深入，会合术赤大军后再与罗斯、钦察联军决战。

于是，蒙古军开始后退，罗斯、钦察联军则对蒙古军穷追不舍，一连追了十二天。在钦察大草原上，罗斯、钦察联军中有来自波罗维茨公国的弓箭手、来自基辅公国的步兵、来自加利西亚公国的轻骑兵以及莫斯科公国的重装骑兵，而莫斯科公国的重骑兵挥舞着圣"十"字旗帜，身上披着锁子甲，

①[美]杰克·威泽弗德：《成吉思汗与今日世界之形成》，温海清、姚建根译，重庆出版社，2006年，第149页。

戴着铁皮头盔和包住鼻子的铁制面具，配备着长剑、长矛，狼牙棒、流星锤等大威力武器，甚至骑的战马都披着铁甲。其实，这种全副武装的重骑兵走不了多远就会累得头晕眼花，但他们比步兵还好一些，毕竟步兵是全靠两条腿走路的，他们更是追得筋疲力尽。与此同时，罗斯、钦察联军的辎重则与蒙古军一样由大车运送，还带着一大群牛羊随军前行——这也是军粮的一部分。

蒙古军仿佛钓鱼一样往后退，速不台带三万人先快速远退到了准备战场，者别则带五千精骑且每人备马五匹充当钓饵，拖着罗斯、钦察联军在后面走。当罗斯、钦察联军轻骑兵一追近，者别就往后再退——蒙古军每人有五匹马，罗斯、钦察联军是不可能追上的；而当这些轻骑兵停下来不走时，者别马上扭转马头回身一阵箭雨，引得罗斯、钦察联军继续追赶。就这样，者别把罗斯、钦察联军连拖了十二天，每天拖一百里左右，把联军肥的拖瘦、瘦的拖病、病的拖死，甚至有三四万人还掉了队。这时，罗斯、钦察联军那些轻骑兵弓箭手走在最前面，筋疲力尽的重骑兵在中间，后勤部队则赶着大车气喘吁吁地跟在最后，整个联军已经队形散乱、疲惫不堪。

者别就这样成功完成了诱敌任务，而这时速不台已带领三万主力退到顿河以西地区集结。这时，术赤已经带了两万铁骑赶到与速不台会合，等着罗斯、钦察联军自投罗网。

罗斯、钦察联军猛追蒙古军十二天、上千里，一直追到了迦勒迦河——这条河从北方流进亚速海。此时，罗斯、钦察联军看到，蒙古人在迦勒迦河对岸严阵以待。

于是，罗斯、钦察联军在迦勒迦河畔分为南北两部，南军主力是基辅军、契尔尼果瓦军，北军主力是伽里赤军和钦察军。

蒙古军则分为三军与其对峙，中军是术赤率领的两万人，右军是者别率领的一万五千人，左军是速不台率领的一万五千人。

蒙古成吉思汗十八年（1223）五月三十一日，蒙古军与罗斯、钦察联军在迦勒迦河畔展开了大会战。

当天早上，加里奇侯率罗斯、钦察联军北军率先渡河，密赤思老大公率南军扎营在河畔高地上做接应，而蒙古军故意后退三箭之地，为的是将罗斯、钦察联军的主力全部引诱过河予以全歼，不使其逃跑。

果然，当罗斯、钦察联军的北军大部队都过河后，术赤立刻命令者别的右军出击，直攻罗斯、钦察联军中最弱的钦察军。者别的大帅旗冲在最前方，无数的箭支像雨点一样插在钦察军阵形之中，使得钦察战士一片片倒在箭雨下。此时，早已被打怕的钦察军终于支撑不住回头溃退逃跑，却直接冲乱了伽里赤军的队形。术赤见形势有利，命令速不台率左军迅速出击，而他自己则亲率中军发起了对罗斯、钦察军的全面进攻。

蒙古军的重骑兵身披重铠，挥舞着马刀、铜锤、长枪、大刀、狼牙棒等直接从正面冲进了罗斯、钦察联军的阵中，所到之处如开水化雪，到处都是惨叫声。由于阵形混乱，罗斯、钦察联军的北军在蒙古重骑兵的冲击下溃乱了。

加里奇侯见势不妙，扔下北军独自乘船渡河逃跑了，同时他为了避免被蒙古军追击放火烧掉了迦勒迦河的所有船只。结果，北军无路可退，在迦勒迦河边被蒙古军肆意杀戮，全军覆没。

密赤思老大公带领的南军在迦勒迦河西边还未反应过来，蒙古军已乘胜在上下游浅滩渡河，彻底包围了南军。南军用大车围成圈做工事，凶猛抵抗了三天，但三天后弹尽粮绝只好投降，密赤思老大公被擒。

这样，迦勒迦河之战以蒙古军大捷告终，而这一仗罗斯公国有六个大公和七十名贵族被擒。据俄罗斯史学家讲述，迦勒迦河之战后活着回到罗斯公国的将士不到十分之一。

蒙古军将密赤思老大公与那些被擒的罗斯公国的大公和贵族捆得结结实实地摆在地面上，然后拆下大车木板铺在他们身上，直接在木板上欢宴娱乐、庆祝胜利。天亮时，这几十名罗斯公国的王公贵族都被活活压死了。

不过，在迦勒迦河之战中，蒙古军也有巨大的损失。者别在率队冲过迦勒迦河的时候不慎受凉，战后又脱下铠甲吹了冷风，得了绝症解甲风，当夜即瘫倒不起，天明时即去世。

从者别和速不台两将奉铁木真之命率两万余骑追击并逼死花剌子模国王

摩诃末始，他们两人率领蒙古铁骑扫荡了高加索山脉南北，大破罗斯、钦察联军，前后转战三年，征服十四国，破城四十余座，歼敌十七万人，行程八千余公里，打败了花剌子模人、波斯人、谷儿只（格鲁吉亚）人、高加索人、钦察人、斡罗斯人等，综合运用了追击战、伏击战、围城战、袭击战、运动战、歼灭战和分化瓦解、各个击破等各种各样的战略战术，以极小的代价取得了极大的战果。他们胜利完成了蒙古在高加索地区和罗斯公国南部的进攻作战，成功实施了战略武装侦察，带回来的有关西亚、东欧诸国的战略情报为后来术赤西征欧洲奠定了胜利的基础。后来，者别和速不台都成为威震古代军事史的世界名将。

罗斯、钦察联军的覆没使罗斯公国南部无兵可守，但速不台只前进侦察扫荡了一下罗斯公国边境，因为这时铁木真的传令军使终于追上了他们。

一个雨后的清晨，在伏尔加河畔，几十名护卫簇拥着一个传令军使，他向速不台等西征军诸将宣读了铁木真的命令——"大汗已经开始从花剌子模撤军，西征军立即经钦察草原东归回蒙古与大汗会师"。

蒙古西征军三年未洗征尘，将士们听到要回家乡顿时欢呼不已，甚至有人高兴得在草地上打起滚来——终于要回草原了！

第三十九章　日暮鹰纷落

从见到长春真人丘处机始，铁木真就一直在犹豫是否班师回蒙古。这时，铁木真已经出兵西征五年了，中亚已经基本平定，十万将士更是人心思归，但谁都不敢向铁木真提出来。铁木真知道，一旦撤军东归就不会再回来了，因此他想尽力多留一段时间以巩固在花剌子模的统治。这天，忽兰皇后找到耶律楚材要他想办法劝说铁木真撤军班师，耶律楚材也只好答应找到好机会后一定劝说。但是，铁木真之所以最终决定从中亚班师，实际上是与一件奇事有关。

据史书记载，铁木真当时率领一群侍卫近臣在申河边围猎，忽然狂风大起、林木摇动，并卷起一阵烟尘。突然，烟尘中冲出了一只怪兽，只见此兽生一独角、高如大象、尾巴像马，全身布满绿色鳞片，而且口中喃喃似人声道："汝主宜早还！汝主宜早还！"众侍卫赶紧抢在铁木真身前，但又见一阵狂风卷起烟尘，怪兽已不见踪影。

铁木真赶紧问耶律楚材道："大胡子，你书读得多，见多识广，可知这是什么动物？有什么征兆？"

耶律楚材立刻意识到这是个好机会，说道："大汗，我见过一本古书记载过这种神兽。这是一种祥瑞之兽，名叫角端，能说各种语言，好生恶杀。这是天降吉兆于陛下，陛下乃天之子也；天下之人，乃陛下之子也！希望陛下上承天命，爱护这里的国家和百姓的生命，尽早班师。"

铁木真听后久久不语。

接着，大皇后孛儿帖写的信也到了，信上说："老鹰已营巢于大树之巅，若老鹰长久逗留远方，难保贱雀不会飞来食巢中卵或雏鹰也。"

铁木真知道这是孛儿帖提醒他后方空虚、情况复杂，于是决定班师。

但是，从哪条路回蒙古草原呢？

这时，铁木真打听到有一条路可以从印度、吐蕃回蒙古，于是决定试试这条新路。其实，这条路就是翻过喜马拉雅山，从青藏高原下青海回蒙古。不过，这条路几百年来闯过个把探险的旅行家还行，但走大队人马至今都难于登天。果然，蒙古军行走数日，便见前面一座座雪峰高耸入云，完全无法攀登，而山脚下到处都是茂密的森林，长满了荆棘刺丛，根本无路可行。蒙古军无法可想便踟蹰不前，众将、众臣也一起劝阻，于是铁木真只好取消前令原路返回，还是走西征军故道回蒙古。

蒙古成吉思汗十八年（1223）冬，铁木真率蒙古军主力撤回到撒马尔罕，并在此收到了者别的死讯，不禁大恸。

铁木真又诏令长子术赤来见，这时，术赤已在迦勒迦河之战后返回钦察草原东部，但他自悲身世拒绝前来，仅仅驱赶来大批野兽供父亲打猎，还为父亲献上了两万匹白马。于是，铁木真只好强装笑颜打了次大猎。耶律楚材写《扈从冬狩》诗记下了这次壮观的打猎场面：

> 天皇冬狩如行兵，白旄一麾长围成。
> 长围不知几千里，蛰龙震栗山神惊。
> 长围布置如圆阵，万里云屯贯鱼进。
> 千群野马杂山羊，赤熊白鹿奔青獐。
> 壮士弯日殒奇兽，更驱虎豹逐贪狼。

蒙古成吉思汗十九年（1224）春，蒙古军起程班师，十万铁骑、上百万匹战马前后拉了一百余里长，中间还夹杂着五十里长的大车车队，载的全是从花剌子模劫掠的金银财宝。在撒马尔罕城外，数百名以秃儿罕太后为首的花剌子模王公贵族哭号得惊天动地，他们被迫同蒙古军一起回草原做奴隶，"故国从此别矣"，不禁个个痛彻心扉。

蒙古大军开拔踏上回程，但行动极其缓慢，一天只行得二三十里路。这时，铁木真又两次召见长子术赤，但术赤却推托重病在身不能骑马，无法前来。对此，铁木真怒火万丈，但只能隐忍不发。

铁木真自认为对长子术赤不薄，这时他已对"四子"做了分封。历史学家说，长子术赤分到的是钦察人的广大地盘，还有玉龙杰赤以及呼罗珊地区；次子察合台分到的是西辽故土；三子窝阔台分到的是今新疆天山以北地区，西至伊犁河流域；而蒙古本部与乃蛮部、克烈部故地都给了四子拖雷。当时，金国被攻占的领土，因为仗还未打完，所以暂未分配。在"四子"之中，术赤分到的地盘最大、最富庶，发展前途最大；相较而言，察合台分到的封地最小、最贫瘠，最没发展前途，故铁木真认为他没有亏待这个儿子。

这天，有一个官员从术赤部来到了铁木真这里。铁木真问道："术赤病得很重吗？"

这个官员回答："术赤没有病啊。我来的那天，还看到术赤在打猎，猎到的狗熊、野狼堆成山。"

铁木真顿时气炸了："术赤孽障，你要造反吗？"当即点兵聚将，便欲亲征术赤。

就在大军要出发时，一行人哭号着奔进大帐，来者是术赤的长子拔都。拔都抱住铁木真的双膝哭道："祖汗，我额赤格归天了！"

铁木真如遭雷击、呆若木鸡，说道："你额赤格怎么就殁了，他才三十九岁啊！"

拔都哭道："自从我额赤格离开祖汗，便天天郁闷不乐、日日大醉。前一段攻打斡罗斯时，他便已有病在身，千里奔波后病已甚重，回来后愈加狂饮不已，终于病重不治。"

铁木真立刻命令那个谎报术赤打猎的官员进帐，但此人已不知去向，遍寻不着。

铁木真顿时放声大哭，他虽从未亏待术赤这个儿子，但这个儿子因身世问题而心中总有一道隔阂，而蒙古大汗之位也因此未能传给术赤（其次子察合台首先表示反对）。术赤一生郁郁寡欢，在三十九岁便盛年去世，实在是可怜可叹。

见铁木真哭得悲伤，帐中众人顿时也哭声四起，而当术赤归天的消息传出后全军皆是一片哭声。

哭过之后，铁木真令报丧的孙子拔都回钦察草原承袭术赤之位作为北方之主，拔都拜谢后离去。后来，拔都率蒙古贵族长子西征欧洲所向无敌，杀得欧洲骑士抱头鼠窜，一直打到饮马多瑙河，并被欧洲人称为"拔都汗"。这就是著名的"长子西征"。

蒙古全军再次踏上归程，不多久又一个噩耗传来，太师国王木华黎在伐金征程中病死在山西闻喜。

六年前，铁木真西征花剌子模时带走了蒙古军主力，包括木华黎所率的左翼军——这是蒙古军三大主力之一，而只给木华黎留下了一万二千名蒙古各部骑兵和一万名汪古骑兵。这二万二千名蒙古骑兵是木华黎所率蒙古军的核心，另外还有五万反正的契丹军和三万左右的汉军，木华黎必须用这十万杂牌军对抗近百万金军，责任不可谓不重大。结果，木华黎以情感人、以义动人，放手大胆地招揽河朔群雄，壮大了蒙古军的实力。当时，河北、山西、山东各地汉人地主豪强为了自保，创建了大量的地方武装。对于那些率众来归、献土纳降者，木华黎都根据功劳和能力大小封官统军，许其世袭，自招僚属。其中，最早前来投降的是史秉直、史天倪父子，刘伯林、刘黑马父子，还有石天应、李守忠、田雄、严实、张柔等大批河朔豪杰。结果，木华黎以战养战，越战越强。数年间，木华黎攻下了河北、山西、山东数十州，上百座城池，打得金军几无还手之力，占领了金国三分之二的土地。

木华黎连取河北、山东之后，便挥军向西夺取潼关，进而进攻关西诸地。不过，关西之地民风强悍，金军拼死防守，如延安守将完颜合达、凤翔（今陕西宝鸡）守将完颜仲元皆是极为善战的金国名将。这时，木华黎积劳成疾，身已染病，仍带病围攻凤翔，因为只要攻下凤翔就能切断西夏与金国的联系，但月余不下。木华黎叹道："我奉命专征，不数年，取辽西、辽东、山东、河北，不劳余力。前攻天平、延安，今攻凤翔，都不能攻下，岂是我命将尽吗？"此时，金军已集结数十万大军进援凤翔，木华黎只得撤军。

走到山西闻喜时，木华黎终于一病不起，遂将其弟带孙一起叫到病床前嘱咐道："我为国家铸成大业，擐甲披锐垂四十年，东征西讨，无复遗恨，第恨汴京未下耳！汝其勉之。"然后，木华黎又嘱咐其子孛鲁道："西夏正当我蒙古胸腹要冲，实为我蒙古大害。转告大汗，欲伐金国，必除西夏，方可全力南下！"言毕喷血而亡，时年五十四岁。

木华黎的去世，再次给了铁木真极大的打击。木华黎是铁木真的手足股肱，分担了他一半的重担，而其去世令铁木真不禁痛彻心扉。

在爱将（者别）、爱子（长子术赤）和兄弟（木华黎）的接连去世后，铁木真感到了死亡在逼近。铁木真令前来报丧的孛鲁回去承袭木华黎的职位，继续指挥蒙古军攻打金国。然后，铁木真率军继续回归蒙古，他也需要回到三河源头的大营休整了。

这一日，蒙古大军走到乃蛮部故地，迎面走来一彪人马，原来是四子拖雷一系前来迎接铁木真，而领头的正是拖雷的妻子唆鲁禾帖尼。唆鲁禾帖尼是一个非凡的女子，她是克烈部脱里汗的弟弟札合敢不的小女儿。当年，铁木真平定克烈部后，札合敢不将三个女儿献给铁木真，而铁木真将其小女儿唆鲁禾帖尼赐给了拖雷为妻。

唆鲁禾帖尼温柔贤惠，为拖雷生了四个儿子。后来，拖雷这四个儿子都称了帝，按照长幼顺序分别是蒙哥、忽必烈、旭烈兀、阿里不哥。其中，蒙哥是蒙古帝国大汗，忽必烈开创了元朝，旭烈兀为伊尔汗国（又称伊利汗国）皇帝，而阿里不哥则曾与忽必烈争夺帝位并一度占了上风，也称了蒙古帝国大汗近四年。因此，唆鲁禾帖尼又被称为"蒙古大汗之母"。

铁木真看到四个生龙活虎的孙子，不禁心怀大畅。然后，铁木真带着四个孙子打了一次猎，结果忽必烈猎到一只小兔，旭烈兀猎到一只小鹿。按照蒙古族习俗，铁木真将猎物的油脂涂在两个小孙子的中指上，寓意"祝他们一生狩猎好运"。随后，铁木真对拖雷说："我观忽必烈，眼中有火，须重待此子。"此时，忽必烈十一岁，旭烈兀九岁，两人亲吻了铁木真的手背以示感谢。据说，忽必烈亲得很庄重，旭烈兀则亲得很痛，而这也使得铁木真自收到木华黎的死讯后第一次笑了。铁木真释然，知道前辈英雄虽已渐渐逝去，但蒙古后继有人。

接着，前锋传讯，东辽王耶律留哥王妃、监国太后姚里氏带着四个子孙求见，而铁木真立刻传令接见姚里氏。

见到貌美如花的姚里氏后，铁木真不禁惊叹："王妃还和当年一样。你能找到这老鹰都飞不到的地方来见我，可真是女中豪杰。你来找我有什么事吗？"

姚里氏带四个子孙一起给铁木真施礼后道："我丈夫耶律留哥福缘浅薄，等不到再见大汗面授机宜，已于半年前因病死去。启禀大汗，这是我与耶律留哥亲生的三个儿子和一个长孙，恳请大汗收下他们为大汗效力，也恳请大汗让耶律留哥的长子薛阇回东辽承袭辽王之位。"原来，当年薛阇被耶律留哥送给了铁木真做怯薛军护卫，实际上是做人质。

铁木真非常感动，但也有些迟疑，说："薛阇在西征军中屡立大功，甚至救过皇子，如今他已是我蒙古威名赫赫的大将。现在，他就是蒙古人啊。"

姚里氏眼中含泪："大汗，薛阇是留哥和结发元配的长子，他承袭东辽王位才能服众归心。我不能让我的儿子去做辽王，那百姓都会唾弃我有私心的。"

铁木真感慨万千，遂改以姚里氏的亲生子善哥及王太孙收国奴为质，并给了极厚的赏赐让姚里氏带回。当然，姚里氏这个巾帼英雄也是铁木真一生最钦佩的女子之一，薛阇既得东还，旋于辽阳承继辽王大位，东辽遂成蒙古帝国的半自治藩国。

近了，越来越近了，三河源头的牧草青得发紫，五颜六色的野花在怒放并发出扑鼻的幽香，一条条河流在草原上蜿蜒伸展，宛如一道道白练，而远处的地平线上甚至出现了隐隐约约的青色山影，那是不儿罕山在召唤它的孩子……

远征六年的蒙古将士沉默前行，他们似乎还承受不了如此巨大的喜悦。突然，大军中冲出了一名士兵，策骑飞奔大叫道："回草原了！回草原了！"

就这样，钢铁的队伍瞬间混乱了，一名名蒙古将士都跳下马来在草地上奔跑并亲吻草地，到处都在狂叫着"回草原了！回草原了"……

六年漫长的西征结束，蒙古将士们终于回到了日思夜想的草原。

第四十章　魂归长生天

夜幕下，浩瀚的银河横越天穹，星光灿烂的草原闪烁着月华的银光，勾勒出牧草清晰的轮廓，微风中摇曳着野花的芬芳。铁木真单骑奔驰在草原上，怯薛勇士们远远地拉成一个圆圈，这样既能保护大汗又不打扰大汗的行动。

铁木真西征凯旋已经三个月了，但一直放松不下来，神经一直绷得紧紧的。从父亲也速该去世，一直到西征，铁木真在血腥的征战中奋斗了五十年，多少次一败涂地，又多少次东山再起，直到把所有的敌人送进地府，或者打倒在地奄奄一息，而最让人惊叹的是在这无数的血战中，他一直都是以寡敌众、以弱胜强，从孤儿寡母的九人九骑奋斗成了横跨欧亚的世界最强者。

铁木真的胜利不能用奇迹来形容，而是神迹。特别是铁木真的西征，以十余万骑远征万里，灭敌近百万，以武力征服了一个有着辉煌灿烂文明的新世界，而这在当时看来完全是不可能的事，历史上从未听说过。伊斯兰历史学家将铁木真的胜利归功于"万能的真主"，而铁木真自己则认为"自己是上帝之鞭，胜利是因为长生天的护佑"。

但是，无休止的征战也让铁木真的身体和精神紧张到了极点。铁木真在年轻时常常用美酒和美人强行麻痹自己，但现在年老时对美酒和美人的渴求早已大不如前，可与之相反的是他对征服敌人、无限扩张的欲望却更加的强烈，而这使他尽管回到三河源头的大营已经三个月却还是完全无法松弛下来，纵使他睡在大皇后孛儿帖的身边，午夜醒来却还以为自己是在战场。

这天夜里，半夜惊醒的铁木真再也没有睡意，干脆出帐在大草原上驰骋。

天渐渐亮了，铁木真驰上一个高坡立马东望，只见东方的天幕已经现出了鱼肚白，大营的大古列延里无数林立的蒙古包一直延伸到天边，白色的炊烟正四起。此时，铁木真闻到了一丝丝熟悉的味道，那是牛羊粪火和马奶、羊奶的味道。铁木真一次又一次地尽情吮吸这味道，而这是草原牧民的味道，是草原的味道。铁木真的眼睛渐渐润湿了，他仿佛回到了四十年前和孛儿帖新婚燕尔的时候——

孛儿帖每天晨起煮茶，弥漫在蒙古包里的满是奶香味。铁木真喝完孛儿帖煮制的早茶就去牧马，他本来以为会和孛儿帖过一辈子这样安宁祥和、美满幸福的日子，但长生天却让他成了成吉思汗……

一滴泪水悄悄地滑下了铁木真的脸颊，就在这一刻他紧绷的神经终于彻底放松了下来，他再次感到了宁静的快乐和美好。

"举行一次那达慕吧！"铁木真喃喃自语。

举行那达慕的消息传出后，蒙古草原彻底沸腾了。

草原已经好多年没举行那达慕了，精壮的小伙子们这些年一直在跟着铁木真远征，打垮了金国又去打花剌子模，而草原上剩下的都是老弱妇孺和孩子。如今，草原上的汉子们回来了，亲人们欢天喜地；而且要举行那达慕，草原上更是喜上加喜。

据史料记载，那达慕是蒙古族最盛大的集会。"慕"是蒙古语的音译，意为"娱乐、游戏"。

那达慕在蒙古人心中是古老而又神圣的大会，它是铁木真创造的。其中，最早记载那达慕活动的，是蒙古成吉思汗二十年（1225）用老蒙文铭刻在山崖上的"成吉思汗石文"。早在蒙古成吉思汗元年（1206），铁木真被推举为蒙古大汗时，为了巡检部队以及维护和分配草场，他每年七八月份都要将各个部落的首领召集在一起举行那达慕，以示团结友谊和祈庆丰收。

那达慕的固定比赛项目是射箭、赛马、摔跤，又称"男儿三艺"。

铁木真提前一个月就通知草原各部要举行一次规模空前的那达慕，比赛时间连续十天。

这十天就是草原上的狂欢节，有的百姓拖儿带女奔驰大半个月、赶上千里路前来参赛，特别是那些刚刚结束远征的精壮汉子，他们个个都想在赛场上展示武艺。于是，草原成了一个大集市，那些牛羊肉、马奶酒等随意吃喝，可以直接吃到撑、喝到饱。这些年，铁木真抢到草原上的绫罗绸缎可当真不少，以至百姓的衣物都是花枝招展、五颜六色的。据资料记载，那达慕上摔跤手身上的衣服华贵至极：坎肩多是用最好的香牛皮或者鹿皮、驼皮制作，肩上有泡钉且是用铜或者银子制作，皮坎肩的中央部分还有精美的图案，既有龙形、鸟形、怪兽形又有花蔓形，充满了凝重华贵的威严感；套裤用十六尺长的白丝绸或者各色绸料制成，前面的双膝部位绣有别致的图案，底色鲜艳，图呈五彩；足蹬马靴，腰缠一巴掌宽的皮带或绸腰带。

赛马手的穿着也是五颜六色的，鲜艳至极。蒙古族对马有特殊的感情，他们从小就在马背上长大，驯服烈马是蒙古族牧民的绝技，也是鉴别一个优秀牧民的基本标准。赛马场上彩旗飘飘，鼓角长鸣，热闹非凡。赛马的项目主要是快马赛，这是直线赛跑比拼马的速度，赛程一般为四十里、六十里、八十里。

蒙古族赛马，不分男女老少均可参加，少则几十人，多则上百人一起上阵。为了减少马的负荷量，参赛选手不论老少都不备马鞍、不穿鞋袜，只着华丽的彩衣，配上长长的彩带襟飘带舞，显得格外的英武。

那达慕最热闹的比赛项目当数射箭。射箭是蒙古族猎取野兽的生产手段，更是他们沙场杀敌的主要战术。蒙古铁骑能纵横天下，骑射箭术可谓厥功至伟。当时，蒙古军中的神箭手车载斗量，但敢参加这次那达慕的神箭手并不多，因为参赛的最基本条件首先是要能射到二百庹远。"一庹"，是指铁木真伸开双臂，从右手中指尖延伸到左手中指尖的长度，大约相当于两米，就是说参赛的条件是四百米。

在狂热的欢呼声中，那些后来名扬世界的神箭手如博尔术、者勒蔑、速不台、察合台、窝阔台、拖雷纷纷上场比试。铁木真被这热烈的气氛所感染，说道："谁拿了今天的第一，我亲自给他颁奖！"

这下草原更是沸腾了！

但是，射到三百庹也就是六百米时，场上只剩下不到十个箭手；射到三百三十庹时，场上只剩下唯一一个箭手，这就是铁木真的侄儿——合撒儿之子移相哥，而他曾经为伯父铁木真立下过大功。

当年，铁木真反攻克烈部脱里汗时，合撒儿将妻子和移相哥等三子送到脱里汗大营做人质，以此取得了脱里汗的信任并成功麻痹了脱里汗父子，从而让铁木真偷袭成功，这才终于一统蒙古草原。后来，移相哥出任铁木真宿卫首领，专门负责铁木真的安全，深得铁木真信任。

合撒儿是蒙古最有名的神箭手之一，而移相哥尽得其父真传，其射术甚至"青出于蓝胜于蓝"。在这次那达慕射箭赛上，移相哥已是仅剩的最后一名箭手却要求将靶子再往前移五庹，也就是三百三十五庹即六百七十米。当时，所有人都屏住了呼吸，只见移相哥"嗨"的一声搭箭开弓，然后拉满强弓后喝一声"去"便松开了弓弦，于是一支利箭便闪电一般正对靶子而去。一会儿工夫后，一个骑手举着箭靶奔驰而回，众人皆惊得目瞪口呆，原来移相哥射出的这支箭在飞驰六百七十米后正中靶心。

大家回过神来后，顿时一片欢呼。铁木真也激动地说道："大家看到了吧，这就是我蒙古的射术，这就是我蒙古的神箭手！我们蒙古铁骑纵横天下，就是因为有这样的战士！我今天要给移相哥最重的奖，我要给他在草原立块石碑记录下他的成绩，让后世子孙永远记住他的名字！"

铁木真在那达慕后为侄儿移相哥立下了一块石碑，其碑文以老蒙文刻写，译成汉语为"成吉思汗讨掳萨尔塔兀拉人还师，大蒙古国全体那颜聚会于不哈速只忽之际，移相哥射，矢中三百三十五庹远"。这就是后来举世闻名的、迄今为止所发现的最早的回鹘蒙古文石碑，因其碑文以"成吉思汗"起首，称为"成吉思汗石碑"（又称"也松格石碑"），现藏于俄罗斯圣彼得堡冬宫博物馆。

早晨，铁木真和孛儿帖悠闲地漫步在草原上。这时，孛儿帖已是雍容华贵的老妇人，她比铁木真还要大一岁，但面容依然风韵犹存，身段依旧挺拔，而她就是今天蒙古族的女祖。

在这么多年里，这是孛儿帖第一次感觉不到铁木真身上凛冽的杀气，仿佛只是一个温和的牧人。于是，孛儿帖满足幸福地叹了口气："这样多好。"

铁木真明显听懂了孛儿帖的意思，伸出左手紧紧握住了孛儿帖的右手。

就在这时，一骑飞速而至，来人下马禀报："大汗，孛鲁国王报告，西夏和金国结盟了！"

孛鲁是木华黎之子，承袭了木华黎的太师国王封号。

就在来人报告完这一刻，孛儿帖敏锐地感到杀气又重回到了铁木真身上，那个温和的牧人又重新变回了杀伐果断的大汗。孛儿帖深深地叹了口气："又要打仗了。"铁木真也深深地叹了口气："敌人就是这样，你不杀他，他就要杀你！"

清晨的阳光透过松林照在不儿罕山山顶，铁木真正带着他的三个儿子和一些将帅祈祷长生天护佑蒙古大军出征西夏大获全胜。

攻打西夏，从铁木真到蒙古所有的将帅都空前一致地没有任何异议，原因有二：

一是西夏的战略位置太重要，大蒙古国的版图从东边的中都（今北京）一直延伸到西域的撒马尔罕，绵延万里，而西夏正位于帝国正中间的下方。如果西夏军北上，可以毫不费力把帝国从正中切为两段，威胁实在太大了。

二是西夏在求和和挑衅之间反复折腾令蒙古愤怒。当蒙古大军逼近时，西夏总是卑躬屈膝地求和称臣，给蒙古开出的条件中送上的贡品远比打仗所获更多；但蒙古一放松不给予其压力，西夏又马上就搞一些小阴谋、小动作。

铁木真西征之前，因兵力不足曾派使者到西夏调兵，但西夏权臣阿沙敢不则当场挖苦说"实力不够就不要称汗，兵力不够就不要打仗"。实际上，前任西夏皇帝李安全在蒙古军兵临城下时曾经说过"愿意做铁木真的左右手"，因此铁木真要求西夏兑现承诺，派兵共同出征。当铁木真得知阿沙敢不的话后，他只冷冷地说了一句——"等我们西征回来了再算账"。

特别是这次西夏与金国联盟，在铁木真和蒙古将帅看来就是严重挑衅蒙古。当时，蒙古正和金国打仗，而西夏在名义上是蒙古的一个属国，而这样一个属国却与蒙古的敌国结盟，就是彻底地跟蒙古翻了脸，并明确地表明要做蒙古的敌国。

面对一致请战的几个儿子和蒙古将帅，铁木真简短地说了一句："跟西夏算总账的时候到了。"说完这句话后，铁木真望着山下的美景久久不语。

良久，铁木真方问耶律楚材道："大胡子，这景色怎么说？"

耶律楚材叹道："江山如画。"

铁木真也叹了一声："好一句'江山如画'！"

然后，铁木真看着三个儿子说道："我给你们打下的这个江山，从国之中点到四面极边均须快马奔驰一年，可谓旷古未有如此广大之国。你们若想保有如此大国，兄弟之间就一定要团结如一人，更要善待这些老臣、老将和我的怯薛军，要把他们当成你们的福神一样看待。你们要永远记住阿兰豁阿老祖训子的故事——'一支箭易折，一捆箭难断'，当年我额客曾无数次给我讲过这个故事，而我希望你们也能够和我一样记住这个故事。从前，草原上有一种蛇有九个头，到冬天时要入洞冬眠，但是一个头一个主意，都要去自己选中的洞口，最后争来吵去哪个洞也进不去，寒冬到来时就在洞外活活冻死了。所以，你们一定要记住九头蛇冻死的教训。蒙古虽大，头脑却只能有一人，否则一人一个主意，就一定会像九头蛇一样冻死。你们一定要记住，在我死以后窝阔台就是你们唯一的头脑，你们都要听从他的号令，就像听从我的号令一样。"

于是，察合台和拖雷二子及众将帅纷纷立誓将听命于窝阔台。

铁木真非常满意地笑了，他又想起一个人来，问道："兀孙老人现在在哪里？"

博尔术答道："大汗，好几年没人见过兀孙老人了，但草原上偶尔又会流传他为百姓驱鬼治病的传说，没有人知道他在哪里。"

铁木真眼望白云，留恋地说道："真是位可敬的老人，真想再见见他。"

沉默半晌后，铁木真恋恋不舍地道："我们下山吧，打平了西夏以后还要来的。"

铁木真就这样离开了不儿罕山，但再也没有回来。

八万蒙古大军行进在戈壁滩上向着西夏进发，个个都充满了必胜的信心，因为他们相信带领他们前进的大汗成吉思汗是战无不胜的。这次出征西夏，拖雷率两万精骑做前军，铁木真自领两万骑做中军，窝阔台率两万骑做后军，速不台率两万骑绕道畏兀儿准备大迂回到西夏侧后杀进去，而速不台也最擅长这种大迂回突袭。不过，这次出征蒙古军没有全军出动，剩下来的八万骑由察合台率领镇守后方并作大休整。

蒙古军将士认为，这次灭掉西夏出动八万人就足够了。

这时，前线由孛鲁率领的蒙古军已经在攻打西夏了。

蒙古成吉思汗十九年（1224）七月，太师国王孛鲁从东面对西夏发动进攻，攻陷西夏的银州（今陕西横山东），之后屠城杀掉西夏军民数万人。这次进攻是一次测试西夏战力的战略侦察，铁木真对侦察结果极为满意，知道西夏军的战斗力极为有限。

此时，西夏皇帝是李德旺，此人是个庸才，甚是昏庸懦弱。西夏的朝政由那位最好说大话的权臣阿沙敢不把持，而皇帝李德旺就是个活一天算两个半天的傀儡。

当年秋天，铁木真率领蒙古大军从蒙古草原的三河源头出发，到冬初时便来到了蒙古和西夏交界的地方。

多年征战后，这里一个个绿洲和一块块牧场少有人烟，到处都是各种兽群。见此，铁木真的狩猎心大起，突然想打一次大围猎。不过，随行的窝阔台和拖雷二子及众将帅觉得铁木真年事已高，都劝他不要如此剧烈运动，可他却固执不听。同时，陪同铁木真出征的塔塔尔姐妹花中的也遂皇后也苦苦劝阻，但还是没用，似乎一切都有种不祥的征兆。当时，铁木真已经六十四岁，已算是高寿了，而其时蒙古男子的平均寿命还不到四十岁。另外，铁木真一直在服用长春真人丘处机留下的药丸，又练习其传授的呼吸吐纳方法，颇感身体康健、精力旺盛，认为打一次围猎没有任何问题。

不过，众人最怕的意外还是发生了。在大围猎时，一群被追得无路可走的野驴——这种贺兰山野驴身体高大，凶猛异常——突然冲向正在指挥围猎的铁木真，使得铁木真的坐骑受惊并"咴"的一声人立而起。在猝不及防之下，铁木真被甩到地上摔得不能动弹，但幸亏那群野驴在最后关头又掉转了方向，这才让铁木真侥幸捡了一条命。

这时，众将已团团围住铁木真，只见铁木真躺在地上痛苦呻吟，他不但摔伤了坐骨，而且头脑和内脏也受到剧烈震荡，浑身的骨头像散了架一样。当天夜里，铁木真就发起高烧来，烫得睡在一旁的也遂皇后就像挨着一个火炉一样。也遂皇后心知不妙，赶紧叫来窝阔台和拖雷，众将帅也都纷纷惊起，匆忙赶到大帐商议。

老将博尔术和者勒蔑建议道："暂停攻打西夏。大汗的健康才是大事，先回草原让大汗养好伤才最重要。西夏不是游牧国家，它的城池不能长脚跑掉，今天在那里，十年后还在那里，什么时候打都一样。"

众将均觉有理，但烧得昏昏沉沉的铁木真心有不甘道："我们这次兴师动众，西夏人皆已知晓，如果我们就此退军，必遭他们耻笑。我们不如先派个使者前去问罪，看看西夏人的答复再做计较。"

蒙古使者来到西夏都城中兴府（今宁夏银川），在朝堂上对西夏皇帝李德旺说："当年，我们大军攻到你们都城中兴府城下，你们西夏人向我们大汗发过誓，要做我们大汗的左右手，但我们大汗西征之时前来调兵，你们不但不派兵，还讥讽我们大汗'实力不够就不要称汗，兵力不够就不要打仗'。今天，我们大汗已经腾出手来了，让我特地来问问你们是何道理。"

西夏皇帝李德旺年轻，不知当年事。那权臣阿沙敢不一向骄横跋扈，蛮横地说道："不错，这话是我说的，那又怎样！成吉思汗想打仗，我就在贺兰山上等着你们！你们想抢金银珠宝、绸缎财物，尽管到西凉银川一带来好了，只要你们抢得到。成吉思汗说那么多空话、大话有什么用呢！"

阿沙敢不又对西夏皇帝李德旺说："我西夏立国两百余年，也是堂堂一个大国，岂能被蒙古几句大话吓到！只要皇上有决心与蒙古一战，我愿亲自带兵上阵与成吉思汗决一死战！"

西夏皇帝李德旺年轻气盛，阿沙敢不说的这些话甚觉入耳，便大声对蒙古使者说："说得好！蒙古实在是欺人太甚，今我西夏已经与金国、宋国结盟，怕谁来着。你去告诉成吉思汗，不怕死就整军来战！"蒙古使者遂赶回蒙古大营。

此时，铁木真仍然天天高烧不退，也遂皇后正替他擦拭额头的汗水。听到使者的回报，铁木真强撑起半个身子以手捶床，怒吼道："长生天做证，不是我挑起的战争！西夏竟敢出此大言，我岂可退兵！冲着西夏人这些狂言，我就是死，这次也要把西夏灭掉！"

西夏与四国接壤，北面是蒙古，东南是金国，西面是畏兀儿，西南是吐蕃（今青海、西藏境）。当时，西夏军的主力在北面防守蒙古，后方极度空虚，结果速不台率领的两万精骑直接绕道女婿巴尔术的畏兀儿从西面破了玉门关，连下沙州、肃州、甘州并逼近凉州，一路所向披靡，直接在西夏腹地上狠狠地插了一刀，搅得西夏后方山河残破。接着，北面的蒙古军主力直下黑水城，在贺兰山与阿沙敢不率领的十万西夏精锐展开决战。其时，铁木真已无力骑马，只好由怯薛勇士抬在椅子上坐镇指挥。蒙古军与西夏军的决战从清晨开始，到中午即已结束，十万西夏军横尸疆场，而终于知道厉害的西夏权臣阿沙敢不被活擒，随后被割掉舌头后斩首。这是一场没有悬念的战斗，而在整个十三世纪世界上没有一支军队能在野战中战胜蒙古军。

这时已是夏天，天气一日热似一日，铁木真的病势毫无好转。于是，窝阔台、拖雷二子及众将苦劝铁木真在贺兰山避暑度夏，由他们接着扫荡西夏各地。此时，铁木真已浑身无力，只好答应。

蒙古成吉思汗二十一年（1226）七月，在蒙古军狂飙一般的席卷攻击下，西夏皇帝李德旺悔恨、惧怕而死，他逞一时口舌之快而导致国破家亡，实在是个庸人。随后，李德旺的侄子南平王李睍被众臣扶上龙椅称帝，但没有一个人羡慕他，都知道他是末代皇帝、亡国之君。

到了这年秋天，蒙古军已将西夏三分之二的国土扫荡一空。于是，铁木真令各军齐集灵州（今宁夏吴忠）。灵州距西夏都城中兴府仅三十公里，是中兴府的门户，"灵州若失，中兴不保，西夏即灭"。

西夏也知道灵州的重要性，但西夏皇帝李睍已找不到可用之将。这时，有人推荐老将嵬名令公统军，而时年嵬名令公已年过七旬。嵬名令公曾在铁木真攻打西夏克夷门时被俘虏，而铁木真当时念其忠勇且年事已高遂将其放回。接到皇帝李睍的诏令后，嵬名令公对其家人说："我此去必死无疑，国家危难，事已难为。我家累世夏臣，食君之禄，忠君之事。我只好勉力为之，你们好自为之。"

于是，嵬名令公领兵十万救援灵州。到底是老将，嵬名令公到得前线后说："我们不可拥进灵州，否则又会被蒙古军死死围城，活活饿毙。现在，黄河已经结冰，我们分三万人马进灵州充实城防，而我带七万人马过黄河扎营做灵州前哨，与灵州互为掎角之势，能多挡得蒙古军一日是一日吧。"

铁木真得知嵬名令公再次出任西夏军统帅，派遣使者对嵬名令公说："我念你忠心耿耿已经放了你一次，这次就不要再打了，你归降于我，我必厚待于你。"

嵬名令公对使者泰然说道："转告大汗，大汗对我有饶命之恩，我亦有报国之忠，但求战场速死罢了。"

铁木真闻报连连点头道："好汉子！"

于是，双方在黄河岸边和冰面上展开大战。西夏军知道这是最后的战斗，国家存亡在此一战，甚至连皇帝李睍也御驾亲征在后督战。于是，西夏军人人奋力向前，与蒙古军拼死决战，战况异常激烈，以至于连铁木真都被抬到前线指挥进攻。

这是西夏的最后一战，七万军兵全军覆没，而蒙古军也伤亡惨重。

西夏皇帝李睍在看着战场上最后一面西夏军旗被砍倒后逃回了中兴府，而所有人都知道西夏已经亡了。

老将嵬名令公战死沙场，与军偕亡。战后，铁木真命令找到嵬名令公的尸体，以西夏军旗包裹，厚葬于黄河岸边。

这一战消灭掉了西夏最后的机动野战主力后，蒙古军开始攻击灵州，但灵州的西夏守军已无抵抗意志。于是，蒙古军轻松进入灵州，迅速包围了西夏都城中兴府，而二百年的西夏也只剩下这唯一的城池了。

中兴府被围得铁桶一般，但铁木真却没有亲临前线，而是计划去攻打金国。铁木真对诸将说："西夏举国之土只剩一个中兴府，灭亡只是旦夕之间，不需要再去强攻伤损士卒。我们现在可以从西夏迂回进攻金国，这也是我们蒙古人多年来的计划，现在实施这个作战计划的时机成熟了。"

于是，在蒙古成吉思汗二十二年（1227）正月，铁木真只留下一支小部队继续围困中兴府，而把主力分为三路分别由窝阔台、拖雷、速不台率领进攻金国，他自己则由怯薛勇士抬着随拖雷军前进指挥。

到当年五月，蒙古军如风卷残云般在四个月内攻下了金国的积石府、临洮府、河州、西宁等地，木华黎之子、太师国王孛鲁也从北面和中原地面向南猛攻夹击金国，可以说金国西北的半壁江山已经是残破不堪了。蒙古军眼前就是长安和潼关，只要打破长安和潼关，离金国最后的一点地盘唐州、邓州、开封——"河南之地"——已经不远了。

铁木真不停向长生天祈祷，希望再给他一年时间能灭掉金国。但是，铁木真此时已病入膏肓，仍然日夜高烧不退，终于不得不停止进攻金国。这年五月，天气酷热，铁木真病体难支，不得不率军进入六盘山（今宁夏固原境内）。六盘山有巨大的高山草场，可以喂马，且天气凉爽，正好避暑。铁木真希望在六盘山养好身体，然后在秋天再大举进攻金国。

这时，铁木真不知道的是，他在人间的时间只剩下区区两个月了。

铁木真的病越来越重了，终日高烧不退，睡着后做着一个又一个的噩梦：浑身漆黑被毒死的父亲也该死不瞑目的眼睛，被泰赤乌人困在不儿罕山九天九夜差点被饿死的痛苦和抓去游行示众的死亡恐惧，篾儿乞人抢走了新婚妻子孛儿帖，与义父脱里汗、安答札木合的生死恩怨和纠缠不休，西征中一个个中亚繁华的城池瞬间变成死城与那满地的头颅和白骨扑将过来……铁木真在噩梦中惊醒后，立刻开始剧烈地咳嗽，然后在昏昏沉沉中度过难熬的时日。终于，铁木真明白归期已近，他很快就要回到长生天的怀抱了。于是，铁木真开始为大蒙古国做最后的筹划。

这时，金国不断派使臣前来求和，但是每赶走一批后金国便又马上派来一批新的使臣。这次，金国使臣完颜合周和奥屯阿虎献上了一大玉盘宝珠，而铁木真强撑着身体斜靠在高高的软榻上不让金国使臣看出他已重病在身。这一次，铁木真同意了金国的求和，同意停战，说："你们回去要宣扬我的慈悲之心，是我同意停止战争。"

金国的两名使臣欢喜不尽，唯唯诺诺一番后退去。使臣走后，铁木真静静地看着金国献上的这盘宝珠，只见宝珠颗颗都有手指头大，更难得的是都一般大小，在阳光下闪烁着一层白润的光芒。铁木真在以前自然也是喜欢这些宝珠的，但此刻却意兴阑珊，说道："纵有明珠千颗，也难续我一日之命！"说罢挥手打翻玉盘，宝珠纷纷撒落草丛。然后，铁木真又对身边的怯薛勇士道："你们谁有耳洞，自去捡来，算是大汗的赏赐。"于是，怯薛侍卫们纷纷捡拾宝珠，甚至耳朵没洞的也纷纷用利器刺耳。

当年六月，铁木真命人到西夏中兴府去谕降。此时，中兴府被围困半年后城中早已粮尽，甚至有人易子而食，而且在五月又爆发了一场大地震，全城几成废墟。于是，西夏君臣一致同意投降。铁木真要西夏皇帝李睍前来觐见，可李睍却派使者前来告知："请给他一个月时间准备礼物来觐见大汗。"铁木真表示同意。

使臣走后，铁木真召来大将脱栾，说："西夏民风凶悍，人性反复，屡信屡叛，留之必是蒙古大害。西夏君臣入降时，直接全部杀掉，要亲手绞死西夏皇帝以绝后患。"脱栾是铁木真家族的第一大将蒙力克的长子，也是被铁木真处死的通天巫阔阔出（蒙力克第四子）的大哥。当年，铁木真虽杀掉与他作对的通天巫阔阔出，但对脱栾却一直信任不减，照旧任用，

铁木真边说边对脱栾笑了笑："我知道，十多年前（1205年）我们第一次攻打西夏时你是领军统帅，今天让你最后亲手绞死西夏的皇帝，这叫有始有终。看来这也是长生天的意旨了，我落马之后是你建议我爱护身体，而我因敌人口出狂言愤怒至极，没有听从你的建议出兵至此，长生天算是赐我气力报了此仇。西夏皇帝献给我的宫帐以及金杯、金银器皿，我把它们都赏赐给你。"脱栾泣不成声地接令。

后来，脱栾果然依铁木真之言而行，亲手用弓弦绞杀了西夏所有皇族。

就这样，西夏被铁木真的遗命亡国灭种了。

是年七月初，铁木真已经卧床不起，忠诚的怯薛勇士们把他从六盘山抬到了今甘肃清水，他将在这里归天。

在这里，铁木真对诸子、诸将、诸臣做了最后的嘱托，他首先规划了灭金计划："金精兵在潼关，南据连山，北限大河，难以遂破。若假道于宋，宋、金世仇，必能许我，则下兵唐、邓，直捣大梁（汴梁）。金急，必征兵潼关，然以数万之众，千里赴援，人马疲敝，虽至弗能战，破之必矣。"诸人闻之心潮澎湃，皆感佩铁木真的气魄、智慧和勇毅。七年后，窝阔台、拖雷依铁木真遗计而行，果然一举灭掉金国。

接着，铁木真说道："我这一生以九人九骑开疆万里，亘古未有。但我最自豪的是，我这一生从未杀戮过一个功臣，从未亏待过一个兄弟，这一点我自信做得不比任何汉人帝王差。我这一生灭国四十余，征服民族七百二十余部，纵横万里，论武功堪称前无古人。如今，我得享天年六十六，归天之时妻子、兄弟、朋友、将士们都围着我，我这一生很知足了。你们一定要记住我的话，你们要想做统治别人的人上人，要想成为拥有无数财富的富人，就一定要团结一心地抵御敌人，真诚对待朋友、尊崇自己的兄弟。大蒙古国是需要很多人来支持维护的，你们要尽可能团结最多的人来保卫帝国和王位，这样我们蒙古的统治才能牢不可破。

"你们要牢记，我跟你们讲了无数次的九头蛇在冬天冻死和阿兰豁阿老母折箭训子的故事，一定要团结。你们千万不能做九头蛇，不能人人都想做大汗，若那样我怎样打下的江山，就会在你们的手里又怎样失去。我死之后，你们一定要尊崇窝阔台为大汗，他就是我唯一的继承人。你们所有的人都必须听从窝阔台的号令，如同听从我的号令一样。"

于是，在场众人纷纷立下誓言，拥戴窝阔台为大汗就如同拥戴铁木真一样。

铁木真宽慰地笑了笑，低声道："我这一生做了很多的好事，但也做了很多的坏事；我救了很多人，但也杀了很多人。但是，我不后悔，一切都是长生天的意旨。"

最后，铁木真喃喃地说了一句："我的子孙后代必将锦衣玉食、跨宝马雕鞍、拥绝色美妇，他们永远不会去想此等荣华富贵所赖何人而有之也……"

之后，铁木真再也没有开口，虽然进入了弥留状态，但迟迟断不了最后一口气。

第二天，大帐外突然传来一阵躁动。窝阔台和拖雷出帐一看，顿时惊呆了，原来是多年遍寻不见的蒙古大萨满兀孙老人和一个童子站在帐外，只见老人已须发尽白，长眉垂到脸颊之侧，白髯垂到肚腹之上。

窝阔台和拖雷赶紧上前施礼，询问父命是否还有救。兀孙老人沉静地摇摇头："大汗寿岁到了，要归天了，我只是来送送他。"

于是，众人将兀孙老人请到铁木真的病榻旁。

铁木真听到动静，两眼张开了微微的一丝缝隙，看到兀孙老人后眼里闪过一道微光。兀孙老人在床头盘腿坐下，从怀中掏出一团纯白色的驼毛放在铁木真的鼻下——这是蒙古人的习俗，据说亡者的灵魂将随最后一口气吸附在驼毛之上——而这团驼毛随着铁木真最后的气息微微颤动。然后，兀孙老人清晰地对铁木真说："从长生天那里来，还回长生天那里去。"

铁木真眼睛紧紧地闭上，胸部剧烈地起伏了几下，然后慢慢地平静下来，鼻下的那团驼毛也渐渐地停止了颤动，一切彻底地平静下来。随后，兀孙老人低声地说："大汗走了！"

帐中顿时哀声大作，顷刻间蒙古大军哭声四起，惊天动地。

再看兀孙老人，他已在铁木真之侧奄然坐化，脸上还有一丝神秘的笑容。

据道家传说，当时"长春真人"丘处机正在大兴府讲道，忽然下座沐浴，待沐浴完毕后道："我那位朋友走了，我也要走了。"当即盘腿仙去，而室内却异香扑鼻。

尾声 挽 歌

铁木真死后，蒙古军杀掉了西夏所有君臣，彻底吞并了西夏。按照蒙古习俗，铁木真的遗体放置在一棵掏空了树芯的千年柘木里，外箍十八道纯金金箍，放在十八头白牛拉的大车上，准备返回漠北三河源头归葬。

一万名怯薛勇士做开路前导，军旗猎猎、仪仗鲜明地簇拥着载着铁木真遗体的车驾，后面是浩浩荡荡的蒙古十万大军。

在灵车启动的刹那，蒙古全军更是哭声震天。在这一片悲伤的哭泣声中，载着铁木真遗体的灵车缓缓向漠北前行……

其中，蒙古军文武双全的著名将领客列古台走在最前面，高唱着他献给大汗铁木真的挽歌引路。这是蒙古民族历史上公认最杰出的诗篇之一，挽歌唱道：

> 呜呼，我主！
>
> 雄鹰腾飞民之上兮，汝昨非翱翔于天宇耶？
>
> 呜呼，我主！
>
> 灵车轧而行兮，今岂载汝而去耶？
>
> 呜呼，我主！
>
> 贤妻爱子世所罕兮，汝果离之而独去耶？
>
> 呜呼，我主！
>
> 忠臣良将愿效命兮，汝岂弃之而不惜耶？

呜呼，我主！

雄鹰矫健展翅飞兮，汝昨非盘旋于天宇耶？

呜呼，我主！

马驹欢跃狂奔驰兮，汝岂忽而倒地耶？

嫩绿新草正值春兮，竟遭暴风而折耶？

六十年征战擎大纛兮，今将往蠹乐一统兮，

汝岂离纛而去耶？汝岂堰眠而不起耶？

呜呼，我主！

汝为人杰，天之骄子，

受长生天之遣，降临人世，

汝欲抛弃忠实之百姓耶？

汝欲弃我等将士而去耶？

汝有——

富饶美丽之家乡，

与汝同样高贵之贤妻。

坚如磐石之政权，

精心制定之法律。

昔日星散之百姓，

今已十户为一体。

凡此一切之一切，

均在漠北之草地！

汝有——

威严之宫殿，

心爱之嫔妃，

华丽之金帐，

正义为基之社稷。

凡此一切之一切。

均在漠北之草地！

斡难河畔迭里温·李勒答合①，
印有汝孩提时之足迹。
那里是生汝之土地，
那里有哺育汝之泉水。
那里有众多蒙古兄弟，
那里有汝之臣佐、王族与显贵。
凡此一切之一切，
均在漠北之草地！
汝家族之九足大纛，
咚咚雷鸣之大鼓，
声传千里之号角，
音色悠扬之长笛，
怯绿连河畔之草原，
汝荣登大汗宝座之场地！
凡此一切之一切，
均在漠北之草地！
孛儿帖，汝之结发爱妻，
盛友如云，不渝之友谊，
统一团结，伟大之我族，
强盛安定，巩固之社稷。
凡此一切之一切，
均在漠北之草地！
呜呼，我主！
汝奈何欲弃汝之蒙古百姓耶？
岂因此地风和日丽耶？

---

① 迭里温·李勒答合，铁木真的出生地，在今蒙古国肯特省达达勒县境内。

岂因唐兀惕①已服汝之法律耶？

岂因西夏王后更为娇丽耶？

呜呼，我主！

我等已不可为汝之盾牌也，

但愿运回汝之高贵躯体也，

将汝不朽之躯交与汝妻也，

慰汝之百姓殷切心意也。

呜呼，我主！

汝其行也，且莫迟疑。

蒙古大军在悲壮的挽歌声中缓缓前行……

这一日，蒙古大军来到今内蒙古鄂尔多斯的金碑敖包，忽然灵车车轮陷进土里纹丝不动了。据说，蒙古大军动用了一万名将士也推不动灵车分毫。昔年，铁木真伐金率领蒙古大军路过鄂尔多斯，被美丽的自然景色所陶醉，失手将马鞭掉在了地上。当部下正要拾起时，铁木真制止了他，说："鄂尔多斯是梅花鹿儿栖息之所，戴胜鸟儿育雏之乡，衰落王朝振兴之地，白发老翁享乐之邦，等我死后就埋在这里。"随行将士们一听，认为应该在这里建立敖包（蒙古人祭祀山神、路神的土石堆）。铁木真欣然同意，于是十万蒙古将士每人搬来一块石头堆起了一个大敖包，而这个敖包就是今天的"金碑敖包"，又称"阿拉坦甘地利敖包"。

护送灵车的速不台当年就在铁木真身边，他突然回想起铁木真曾经说过的话，便将其向窝阔台和拖雷作了报告。窝阔台和拖雷哽咽道："如果父汗喜欢这里，就在这里为父汗再建一个陵园。"于是，蒙古大军将铁木真的金鞍、宝剑、雕弓、毡包、中军大帐用的大马奶桶，身穿的布衫和一只袜子安放在了鄂尔多斯，并修建了衣冠冢。

蒙古众将见灵车无法动弹的地方恰好就是金碑敖包之地，心知这是大汗

---

① 唐兀惕，蒙古人对党项人及其建立的西夏政权的称呼。

铁木真的灵魂不想走了，就想在此安居。果然，铁木真的衣冠冢建造完毕，纹丝不动的灵车的车轮却突然开始滚动起来，十二头白牛又开始"哞哞"叫着前行。于是，蒙古众将都认为大汗铁木真的灵魂已停留在此。然后，窝阔台、拖雷二子将此地改名为"伊金霍洛"，意为"圣主的陵园"，并指派五百名蒙古士兵和铁木真的战旗"哈喇苏鲁锭"留在伊金霍洛，永远为大汗铁木真守灵。这就是今天内蒙古成吉思汗陵园的由来。

据说，为了对大汗铁木真的死讯保密，更为了防止金国和刚平定的西夏闻讯异动，铁木真灵车所过之处凡活物统统杀掉，包括所有的路人和动物。

直到蒙古大军将灵车护送到三河源头的蒙古大营时，大蒙古帝国才公布了大汗铁木真的死讯。

据说，铁木真被埋葬在不儿罕山的某处山谷，离其父也速该和其母诃额仑夫人的埋骨处不远，埋葬后驱万马将其坟地踏平。

岁月日久，周围树木丛生成为密林，后人就找不到确切的埋葬地点了。后来，无数的盗墓贼和探险队试图找到铁木真的陵墓，但至今没有人能找到这位十三世纪的世界征服者——一代天骄成吉思汗的真实墓地。

铁木真生于草原，又回到了草原，但只有长生天知道祂（他）的骄子在何处安息……

参 考 书 目

［1］蒙古秘史［M］.特·官布扎布，阿斯钢，译.北京：新华出版社，2006.

［2］［伊朗］志费尼.世界征服者史［M］.何高济，译.北京：商务印书馆，2011.

［3］［波斯］拉施特.史集：第一卷［M］.余大钧，周建奇，译.北京：商务印书馆，1983.

［4］［波斯］拉施特.史集：第二卷［M］.余大钧，周建奇，译.北京：商务印书馆，1998.

［5］［波斯］拉施特.史集：第三卷［M］.余大钧，周建奇，译.北京：商务印书馆，1998.

［6］汉译蒙古黄金史纲［M］.朱风，贾敬颜，译.北京：中国国际广播出版社，2016.

［7］刘利华.长生天［M］.北京：新华出版社，2017.

［8］度阴山.成吉思汗：意志征服世界［M］.北京：北京联合出版公司，2015.

［9］［英］约翰·曼.成吉思汗与今日中国之形成［M］.姚建根，译.重庆：重庆出版社，2018.

［10］［法］勒内·格鲁塞.草原帝国［M］.魏英邦，译.西宁：青海人民出版社，1991.

［11］［瑞典］多桑.多桑蒙古史［M］.冯承钧，译.北京：东方出版社，

2013.

　　［12］李强.黄金家族：成吉思汗和他的继承者们［M］.北京：现代出版社，2018.

　　［13］宋宜昌.风暴帝国：解读世界史上版图最大的蒙古王朝［M］.北京：中国国际广播出版社，1997.

　　［14］易强.蒙古帝国［M］.上海：上海人民出版社，2011.

　　［15］［美］杰克·威泽弗德.成吉思汗与今日世界之形成［M］.温海清，姚建根，译.重庆：重庆出版社，2017.

　　［16］［法］勒内·格鲁塞.活着就为征服世界：蒙古帝国史［M］.吕维斌，译.北京：现代出版社，2016.

　　［17］姜正成.奠基蒙元——耶律楚材［M］.北京：中央编译出版社，2014.

　　［18］叶童.战神家族：成吉思汗纵横天下纪实［M］.成都：四川人民出版社，1995.

　　［19］田诚.成吉思汗传［M］.哈尔滨：北方文艺出版社，2005.

　　［20］［美］梅天穆.世界历史上的蒙古征服［M］.马晓林，求芝蓉，译.北京：民主与建设出版社，2017.